Howard und Dorothy Sun

Neuer Schwung durch Farbe

RESTEXEMPLARE JETZT GÜNSTIGER

statt DM 36,-

nur DM 24,80

Lieferung nur solange Vorrat

Dem Buch beigelegt sind:

6 getestete Farbfilter in der jeweils benötigten Behandlungsfarbe.
Größe pro Karte: 9x12 cm

Inhaltsangabe umseitig

Howard und Dorothy Sun

Neuer Schwung durch Farbe

Entdecken Sie Ihre wahre Persönlichkeit durch das Colour Reflection Reading

Verlag Hermann Bauer
Freiburg im Breisgau

Die Deutsche Bibliothek – CIP-Einheitsaufnahme

Sun, Howard:
Neuer Schwung durch Farbe : mit den richtigen Farben
das Leben meistern / Howard und Dorothy Sun.
[Dt. von Christine Bender]. – [1.–4. Tsd.]. –
Freiburg im Breisgau : Bauer, 1994
Einheitssacht.: Colour your life ⟨dt.⟩
ISBN 3-7626-0671-1
NE: Sun, Dorothy:

Mit 15 Zeichnungen und 2 Farbtafeln

Deutsch von Christine Bendner

Die englische Originalausgabe erschien 1992
bei Piatkus Publishers, Ltd., London, unter dem Titel
Colour Your Life

1994
ISBN 3-7626-0471-9

Umschlag: Design-Studio Gnosa, Hannover
Satz: CSF · ComputerSatz GmbH, Freiburg im Breisgau
Druck und Bindung: Ebner Ulm
Printed in Germany

Dieses Buch möchte Ihnen helfen,
mehr Farbe in Ihr Leben zu bringen,
und soll Ihnen als Wegweiser zu Gesundheit,
Heilung und persönlichem Wachstum dienen.

Danksagung

Unser tiefster Dank gebührt Theognosia Theophilou, Dorothys Mutter, die uns unermüdlich unterstützte und ermutigte, unserem gewählten Weg treu zu bleiben.

Besonderer Dank gilt auch der verstorbenen Komtesse Dorothy du Chêne, Theo Gimbel und Gita Bellin für ihre spirituelle Unterweisung, ihre Liebe und Unterstützung. Ganz besonders danken möchten wir auch unseren Klienten und Schülern, die uns unterstützten und an uns glaubten. Indem sie ihre Lebenserfahrungen mit uns teilten, ermöglichten sie uns, von ihnen zu lernen.

Aufrichtiger Dank gebührt auch Paris Marinakis, unserem lieben Freund, dessen fachmännischer Umgang mit dem Computer uns viele Stunden mühsamer manueller Arbeit ersparte.

Darüber hinaus möchten wir auch jenen engen Freunden und Familienmitgliedern danken, die sich regelmäßig nach unseren Fortschritten erkundigten und uns während der Entstehung dieses Buches ermutigten.

Inhalt

Vorwort

Schon früh in unserem Leben wurden wir uns der Wirkung von Farben bewußt, und für uns beide war dies untrennbar mit unserem Erleben der Natur und den lebendigen Farben unseres jeweiligen Heimatlandes verbunden. Dorothys Eltern stammen von Zypern, und sie erinnert sich noch heute an die starke Wirkung, die die Farben dort auf sie ausübten, wenn sie als Kind die Insel besuchte: der klare blaue Himmel und das blaue Meer, die goldenen Strahlen der Sonne und das tiefe, satte Rot der Erde. Es erfüllte sie mit Freude, wenn sie an die leuchtenden Strahlen der mediterranen Sonne dachte, die ihre Haut gewärmt hatte, und so sehnte sie sich in England oft nach diesen sonnigen Tagen.

Ich selbst wurde auf Jamaika geboren und bin dort aufgewachsen, und ich erinnere mich sehr lebhaft an das üppige grüne tropische Blätterwerk der Bananenstauden und der Zuckerrohrpflanzungen. Auch an das kristallklare und frische türkisfarbene Wasser der Karibischen See an der Nordküste Jamaikas und an die exotischen, bunten Vögel, die mich faszinierten.

Als wir älter wurden, drückte sich unsere Wahrnehmung der Farben durch die Wahl unserer Kleidung aus und dadurch, wie wir unser Heim gestalteten. Für mich war es ganz natürlich, meine Vorliebe für Farben durch das Tragen buntgemusterter Krawatten, Hemden und Hosen zu zeigen.

Dorothy bekam ihr eigenes Zimmer, als sie zwölf Jahre alt war. Obwohl sie sehr glücklich darüber war, fühlte sie sich nicht in der Lage, in das Zimmer einzuziehen, bevor nicht die Farbe der Wände – ein eiskaltes Blau, das eine kalte und ungemütliche Atmosphäre schuf – geändert worden war. Sie wählte eine Mischung aus helleren Orange-, Pfirsich- und Apricottönen und begann so zum erstenmal, bewußt mit Farben bei der Innenraumgestaltung zu experimentieren. Innerhalb weniger Stunden hatte sie eine unbehagliche Atmosphäre in eine lichte und heitere verwandelt, die ihrer Persönlichkeit und ihren Bedürfnissen entsprach.

Diese Wahrnehmung der Farben hatte sich uns unauslöschlich eingeprägt, und wir erkannten durch diese frühen Erfahrungen, wie wichtig sie war. Obwohl wir uns damals der machtvollen Wirkung, die Farben auf uns ausübten, noch nicht voll bewußt waren, spürten wir doch schon, daß es mit den Farben eine tiefere Bewandtnis hatte. Diese instinktive Erkenntnis führte schließlich zu unserem Engagement in einem Institut für Farbwahrnehmung und persönliches Wachstum, das wir im Jahre 1984 gründeten und *Living Colour* (Lebendige Farben) nannten.

Unser Interesse an alternativen Heilweisen hatte uns dazu angeregt, Anfang der achtziger Jahre Seminare über die Wirkung von Farben zu besuchen, doch wir stellten fest, daß dies allein nicht genug war, um unser wachsendes Interesse an diesem Thema zu befriedigen. Erst als Dorothy einen Vortrag über Farbtherapie der inzwischen verstorbenen Komtesse Dorothy du Chêne besuchte, sahen wir deutlich, in welche Richtung wir uns bewegen mußten. Das Zusammentreffen dieser zwei Dorothys beeinflußte stark den Weg, den wir in den darauffolgenden Jahren wählten, und markierte für uns den Beginn einer aufregenden Reise. Komtesse du Chêne empfahl uns an Theophilus Heliodor Gimbel, der schon seit Jahren Pionierarbeit im Bereich der Farblehre und -therapie leistete.

Wir erinnern uns bis heute genau an unser erstes Treffen mit Theo Gimbel. Mehrere »Zufälle« (oder synchronistische Ereignisse) verliehen unserem Zusammentreffen eine besondere Bedeutung. So stellten wir beispielsweise fest, daß zwischen unseren Namen eine geheimnisvolle Verbindung bestand. Dorothys Mädchenname, das heißt ihr damaliger Nachname, war Theophilou. Dieses Wort stammt aus dem Griechischen und bedeutet »Freund oder Geliebter Gottes«. Theo Gimbels Vorname lautet Theophilus. Ich selbst heiße mit Nachnamen Sun, ein aus dem Chinesischen stammender Name (siehe auch meine Anmerkung über Sun Yat-Sen, Seite 215). Theo Gimbels mittlerer Name ist Heliodor, und »helios« ist ein griechisches Wort für Sonne. Im Verlauf der folgenden drei Jahre verbrachten wir viel Zeit miteinander; wir forschten und arbeiteten mit Theo Gimbel, wir stellten Fragen, lernten und experimentierten mit unseren Ideen und Vorstellungen über Farben. Diese Zeit diente als wunderbares Fundament für die Arbeit, die dann folgte, und war, rückblikkend betrachtet, wahrscheinlich die wertvollste Lernerfahrung, die wir in Anbetracht des damaligen Mangels an Seminaren über Farben überhaupt machen konnten.

Living Colour
(Lebendige Farben)

Nachdem wir uns im Jahre 1983 als Farbtherapeuten qualifiziert hatten, begannen wir, unsere Fähigkeiten professionell anzuwenden, doch wir erkannten bald, daß unsere Ausbildung auf gewisse Weise noch unvollständig war. Um wirklich erfolgreiche Farbtherapeuten zu werden, mußten wir spirituelle Lehren sowie Erkenntnisse der humanistischen Psychologie mit den Fähigkeiten zur Beratung und Kommunikation verbinden, so daß wir unseren Klienten wirkungsvoller helfen konnten. So begann ein weiterer, intensiver, drei Jahre dauernder Studien- und Forschungsprozeß über physische, emotionale und mentale Verhaltensmuster, den wir neben unserer Beratungstätigkeit durchliefen und der uns schließlich ermöglichte, ein umfassendes, ganzheitliches Therapiesystem zu entwickeln. Kurze Zeit später begann Dorothy, sich intensiver der Vermittlung von beratenden und kommunikativen Fähigkeiten zu widmen, und leitete Selbsthilfegruppen sowie Gruppentherapieseminare, während ich selbst mich auf mein lebenslängliches Interesse an Körperarbeit und an persönlichem Wachstum konzentrierte und begann, ein Körperbewußtheitsseminar mit dem Titel *The Way of the Sun* (Der Weg der Sonne) anzubieten. Beide Seminare bezogen unsere Arbeit mit Farben ein und wurden später Teil des vollständigen *Living-Colour*-Ausbildungsprogramms.

Durch ihre Ausbildung zur Farb- und Stilberaterin brachte Dorothy den ästhetischen Umgang mit Farben in unsere Arbeit ein. Sie verband ihre Erkenntnisse über die Ästhetik der Farben im Bereich der Bekleidung mit Farbtherapie und gründete im Jahre 1984 die erste offiziell anerkannte Farbtherapiepraxis in Großbritannien.

Durch das Interesse der Klienten angeregt, begannen wir, spezielle Tagesseminare anzubieten, aus denen bald eine Reihe von Wochenendseminaren hervorging, und so wurde *Living Colour* – Lebendige Farben – Realität. Dieser Name, den wir unserem Institut im Jahre 1984 gaben, ist dem Titel eines Gedichtes entlehnt, das ich im Mai 1978 auf Jamaika schrieb.

Living Colour
(Lebendige Farben)

Lebe in Farben
Natur umgibt uns
Lebendige Schwingungen sind überall
Stimmen chanten
Kerzen brennen
Das Leben bewegt sich
in lebendigen Farben
Liebe in Rot
Lache in Gelb
Sei in Blau
Entdecke die Farben
durch lebendige Farben
Erfahre die Farben
Heile mit Farben
In lebendigen Farben
tanzt die Schönheit
geht die Sonne unter
In lebendigen Farben
ruft die Dämmerung
Wir sind Farben
lebendige Farben

Mit der Gründung des *Living-Colour*-Instituts begannen wir, unsere Arbeit auch auf Ausstellungen zu präsentieren. Wir entwickelten das *Colour Reflection Reading* (CRR), dessen Bedeutung und Effektivität als präzises Instrument zur Selbstentdekkung und persönlichen Wahrnehmung im Lauf der Zeit immer mehr zutage trat. Da das allgemeine Bewußtsein über Licht und Farben wächst und immer mehr Individuen, Gruppen und Organisationen ihre Bedeutung erkennen und akzeptieren, wird die Farbtherapie zunehmend als eine der Heilweisen der Zukunft anerkannt werden. *Living Colour* bietet professionelle Beratung an sowie Vorträge und Seminare, die auf die Bedürfnisse eines breiten Spektrums von Zuhörern zugeschnitten werden können. Unser Ziel ist, die Bedeutung und Macht der Farben vielen Menschen ins Bewußtsein zu rufen und sie mit den Anwendungsmöglichkeiten von Farben zu Heilzwecken, auch zur Selbstheilung, vertraut zu machen. Wir möchten Ihnen helfen, Ihr Leben zu verändern.

Howard Sun
London, 1991

Einleitung

Farben sind machtvoll. Sie können stimulieren oder beruhigen, aufregen oder besänftigen, sich warm oder kalt anfühlen, uns verwirren oder Freude schenken, Gefühle der Leidenschaft hervorrufen oder uns spirituell erheben. Das Verstehen der Farben eröffnet uns eine neue Dimension unserer Wahrnehmung.

Die meisten von uns erinnern sich daran, wie sie als Kinder gefragt wurden: »Was ist deine Lieblingsfarbe?« Schon damals spürten wir, wenngleich auch unbewußt, daß wir eine Menge über einen Menschen herausfinden können, wenn wir wissen, welche Farben er bevorzugt. Offensichtlich üben die Energien verschiedener Farben bestimmte Sinnesreize auf uns aus. Unsere Sprache enthält viele Redewendungen, die mit Hilfe von Farben nicht nur Sinneswahrnehmungen, sondern auch emotionale Erfahrungen ausdrücken. Wir sagen, daß wir »rotsehen« oder »schwarzsehen«, und sprechen von »Weißer Magie«. Wir nennen ein Leben ohne Gefühl »farblos« und können vor den leuchtenden Farben eines großen bunten Bleiglasfensters einige unserer tiefsten spirituellen Erfahrungen machen.

Farben können unsere Umgebung verändern und unsere Produktivität steigern. Sie können unser gesellschaftliches Leben intensivieren und unsere Gesundheit verbessern. Farben können uns helfen, unser Selbstbewußtsein zu entwickeln und damit lebendigere und »farbenfrohere« Menschen zu werden. Wir beginnen gerade erst, die Sprache der Farben und die Bedeutung ihrer magischen Botschaft zu verstehen.

Wir hoffen, daß dieses Buch Ihnen ein Führer auf Ihrer Reise zu Selbsterkenntnis und Selbstheilung sein wird. Es basiert auf einer machtvollen Technik, genannt *Colour Reflection Reading* (CRR) (Farbdiagnose), die im Laufe von vielen Jahren praktischer Arbeit entwickelt wurde. Diese Technik kann Ihnen helfen, Ihre Wahrnehmung der Farben zu steigern und die Bedeutung der Farbenergien, die für Sie wichtig sind, zu erfahren. Sie können die Methode anwenden, um auf völlig neue Art und Weise mit Ihrem gesamten Wesen in Kontakt zu kommen (physisch, emotional, mental und spirituell), und Sie können lernen, Ihren mentalen Zustand zu ändern und ins Gleichgewicht zu bringen sowie Ihre Emotionen zu verstehen und zu steuern. Sie können damit sogar im voraus erspüren, wenn Sie im Begriff sind, krank zu werden, und Schritte unternehmen, um sich selbst zu heilen. Und da Farben andere Menschen direkt ansprechen, können Sie sich durch die Farben in Ihrer Kleidung und Ihrer Umgebung individueller und kraftvoller denn je zuvor ausdrücken. Wir schlagen vor, daß Sie zunächst Kapitel 1 lesen und dann das *Colour Reflection Reading* für sich selbst durchführen. Lesen Sie dann die folgenden Kapitel, nehmen Sie die wesentlichen Informationen in sich auf, und kehren Sie jeweils wieder zu den Abschnitten zurück, mit denen Sie besonders intensiv arbeiten möchten.

Wir möchten hier noch anfügen, daß alle in den Fallgeschichten vorkommenden Namen geändert wurden, um den Schutz der Persönlichkeit zu wahren.

Dieses Buch kann Ihr Leben verändern. Wir wünschen Ihnen persönliches Wachstum, Gesundheit, Heilung und eine Menge Spaß.

Erstes Kapitel

Colour Reflection Reading

(Die Farbdiagnose)

Farbtests

Welche Farbe gefällt Ihnen am besten? Was sagt diese Farbe über Sie als Mensch aus? Die Methode, Farbpräferenzen als Indikator für die Persönlichkeitsstruktur eines Menschen zu benutzen, ist umstritten, denn die Menschen sind so verschieden voneinander. Jeder von uns hat seine eigenen, ganz persönlichen Eigenschaften und drückt sich auf seine spezielle Art aus. Es gibt nicht zwei Menschen auf der ganzen Welt, die sich auf exakt die gleiche Weise ausdrücken.

Die Psychologie der Farben wurde von vielen erforscht – von Max Pfister, Max Lüscher, E. R. Jaensch, Hermann Rorschach, um nur einige zu nennen. Jeder von ihnen entwickelte ein bestimmtes System, mit dem man Farben als Mittel einsetzen kann, um die Charakterzüge von Menschen zu erfassen, und mit dem wir mehr über uns selbst herausfinden können. Auch wurden Farbtests in der einen oder anderen Form in den vergangenen Jahren auf der Suche nach neuen Methoden und Theorien zur Diagnose von Geisteskrankheiten benutzt. Farben werden oft in der Psychiatrie eingesetzt, um komplexe individuelle mentale und emotionale Charakterzüge ans Licht zu bringen und eine tiefere Erforschung der Geheimnisse des menschlichen Geistes zu ermöglichen.

Farben können unser Leben auf viele Arten radikal beeinflussen, und eine der wichtigsten ist ihre Auswirkung auf unsere Gefühle. Positiv eingesetzt, haben Farben eine tiefe heilende Kraft. Vielleicht haben Sie das schon einmal erfahren, als Sie Frühlingsblumen betrachteten oder ein wunderschönes Gemälde studierten. Die Frage ist: Wie können wir diese wundervolle Energiequelle nutzen und konstruktiv anwenden, um unser Wohlbefinden zu erhöhen, unser Leben allgemein zu verbessern und gleichzeitig noch mehr über uns selbst zu erfahren? Der wohl bekannteste Farbtest ist jener, den Max Lüscher entwickelte, ein Professor der Psychologie der Universität von Lausanne, dessen *Lüscher-Farbtest* erklärt, wie Farben mit Charakterzügen korrespondieren. Sein System wurde von vielen Psychologen und Ärzten übernommen, die hofften, mit seiner Hilfe sowohl auf der psychischen als auch der physischen Ebene mehr über ihre Patienten zu erfahren. Bei diesem Test wird eine Person gebeten, eine Auswahl von acht Farben von links nach rechts in der Reihenfolge, in der sie bevorzugt werden, auszulegen. Dann werden die Lieblingsfarben und jene, die am stärksten abgelehnt werden, interpretiert. Der Lüscher-Farbtest arbeitet mit folgenden Farben: Orange-Rot, Hellgelb, Blau, Grün, Dunkelblau, Violett, Braun, Naturgrau und Schwarz.

Lüschers Beitrag zu unserem wissenschaftlichen Verständnis der Farben kann nicht hoch genug eingeschätzt werden, dennoch weist sein Farbsystem einen schwerwiegenden Mangel auf. Wenn wir uns die von ihm gewählten Farben betrachten, erscheinen sie stumpf und düster und haben wenig mit jenen Farben gemein, auf die die Menschen in der Farbtherapie und beim Heilen mit Farben ansprechen: Farben, die nachgewiesenermaßen von der menschlichen Aura (siehe Kapitel 3) ausstrahlen und die durch das Chakra-System auf den Menschen wirken. Dieses System schleust mit Hilfe spezieller Kraftzentren oder Energiewirbel Farben in den Körper ein (auf der physischen, emotionalen, mentalen und spirituellen Ebene). Jede der acht Farben wird mit einem der acht Chakras assoziiert (siehe auch Kapitel 3).

Farben, die zum Heilen benutzt werden, sollten strahlend und klar sein. Schwarz, Grau und Braun sind Farben, die nicht im Regenbogen und auch nicht im Farbkreis zu finden sind. Im allgemeinen werden diese Farben nicht zum Heilen eingesetzt. Natürlich haben auch sie positive Eigenschaften, wenn sie im richtigen Kontext angewendet werden, aber im großen und ganzen gelten sie als dichte und schwere Farben, die für therapeutische Zwecke ungeeignet sind (siehe Seite 116). Die acht beim *Colour Reflection Reading* benutzten Farben werden allgemein als positiv und erhebend erlebt. Ihr Spektrum reicht von Rot bis Magenta.

Wir haben das *Colour Reflection Reading* im Jahre 1985 als

praktische Methode entwickelt, mit deren Hilfe man sowohl Farben zum Diagnostizieren der Persönlichkeitsstruktur eines Menschen einsetzen kann, als auch mehr Bewußtheit und Ausgewogenheit in das Leben von Menschen zu bringen vermag. Das *Colour Reflection Reading* wurde an Tausenden von Menschen aus allen Gesellschaftsschichten und Lebenszusammenhängen getestet, und wir lehrten es auch unseren Schülern, die eine Ausbildung in Farbtherapie absolvierten. Es wurde zu einem der wichtigsten Werkzeuge unserer Arbeit, und in diesem Kapitel beschreiben wir, wie Sie es mit Hilfe der speziellen Farbmuster, die Sie am Ende dieses Buches finden, zu Ihrem eigenen Nutzen und dem Ihrer Freunde anwenden können.

Die *Colour-Reflection*-Methode ist eine einfache, klare Technik, die von jedem angewendet werden kann. Sie können damit ganz leicht feststellen, was in Ihrem Leben zur Zeit geschieht und was geschehen sollte. Da sie auf vielen verschiedenen Ebenen funktioniert, könnte man diese Technik vielleicht als »Partyvergnügen« betrachten, doch sie ist in Wahrheit eine sehr tiefgreifende Methode, die unbewußte Inhalte und Erkenntnisse ans Licht bringt, und sie kann, ernstgenommen, eine herausfordernde Erfahrung sein. Diese Technik kristallisierte sich im Verlauf unserer therapeutischen Arbeit und unserer Forschungen auf dem Gebiet der Farbpsychologie ganz unbeabsichtigt heraus. Wir hatten allerdings bereits einen definitiven Zusammenhang zwischen den Farben, auf die Menschen reagieren, und bestimmten Charakterzügen festgestellt (je nachdem, ob die Person positiv, negativ oder gleichgültig reagiert). Mit diesen Persönlichkeitsmerkmalen korrespondieren acht spezifische Farben: Rot, Orange, Gelb, Grün, Türkis, Blau, Violett und Magenta. Diese Farben sind im komplementären Farbkreis (siehe unten) enthalten. Sie können ihn ausmalen, wenn Sie möchten.

Wir bitten unsere Klienten, aus den Farbmustern drei Farben auszuwählen und bieten dann eine Interpretation an, das heißt, wir erklären ihnen, was ihre Wahl über sie aussagt. Die Erfahrungen, die wir mit dieser Technik sowohl mit unseren eigenen Klienten, als auch mit Menschen aus dem Publikum auf Messen machten, haben gezeigt, daß dieser Prozeß den emotionalen und physischen Zustand und die (oftmals unbewußten) Bedürfnisse des betreffenden Menschen widerspiegelt. Die Wahl bestimmter

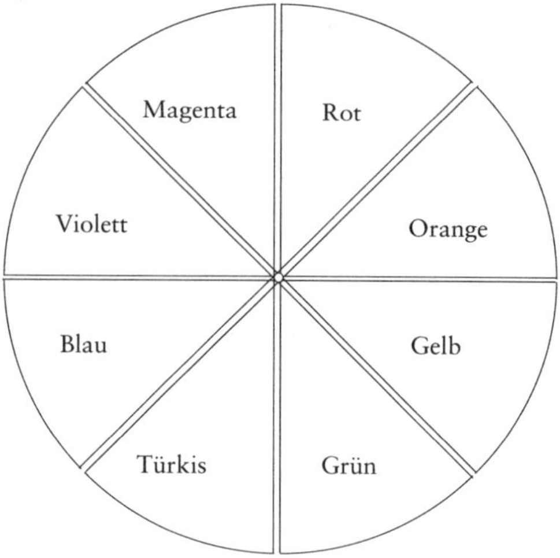

Abb. 1 Komplementär-Farbkreis

Farben kann emotionale und physische Mangelerscheinungen und Unausgewogenheiten offenbaren, aber auch machtvolle positive Aspekte der Persönlichkeit aufzeigen, die dem Individuum gar nicht bewußt waren. Sie kann uns dazu anleiten, die Verantwortung für die Lösung unserer Probleme zu übernehmen oder das Beste aus unserem Potential zu machen. Sie kann auch helfen, Krankheiten zu vermeiden, indem sie Unausgewogenheiten im Energiefluß auf einer ganzheitlichen Ebene aufspürt, bevor sie sich auf der physischen Ebene manifestieren. So können vorbeugende Maßnahmen getroffen werden. Das *Colour Reflection Reading* kann von jedermann zuverlässig angewendet werden, um zu diagnostizieren oder Antworten zu erhalten.

Die einzelnen Schritte beim Colour Reflection Reading (CRR)

Diese Technik umfaßt drei Schritte. Der erste besteht darin, drei Farben nach persönlicher Vorliebe auszuwählen. Der zweite besteht in der Interpretation dieser Auswahl in bezug auf die Person, die die Farben ausgewählt hat. Beim dritten Schritt geht es darum, die gewonnenen Erkenntnisse umzusetzen. Beobachten Sie, was Sie zusammen mit der Person, der Sie eine Sitzung geben, entdecken. Es ist ein Lernprozeß. Sie werden, so wie wir, wahrscheinlich feststellen, daß Ihre Intuition, je erfahrener Sie werden, eine immer stärkere Rolle bei der Interpretation und der anschließenden Beratung spielt. Für den Anfang empfehlen wir jedoch, daß Sie diesen Prozeß zunächst einmal für sich selbst durchlaufen.

1 Das Auswählen der Farben

Schneiden Sie die acht Farbmuster, die Sie am Ende des Buches finden, aus. Legen Sie sie in zwei geraden Linien auf ein weißes Blatt Papier oder einen anderen weißen Hintergrund. Beginnen Sie mit Rot, dann folgen Orange, Gelb und Grün in der ersten und Türkis, Blau, Violett und Magenta in der zweiten Reihe, wie in Abbildung 2 gezeigt. Wählen Sie nun aus diesen acht Farbmustern drei aus, und zwar in *der Reihenfolge, in der Sie sie in diesem Moment bevorzugen.*

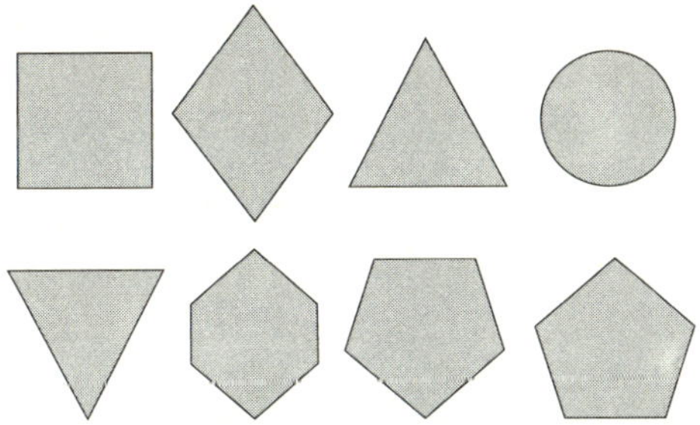

Abb.2 Wie man die Farbmuster auslegt

Es ist wichtig, daß Sie die Farben intuitiv auswählen, ohne sich von intellektuellen Wertungen oder Beurteilungen beeinflussen zu lassen. Nehmen Sie sich nicht länger als etwa dreißig Sekunden Zeit, wählen Sie die Farben, ohne zuviel nachzudenken, und vergessen Sie in diesem Moment auch Ihre üblichen Lieblingsfarben und alles, an das Sie eine bestimmte Farbe vielleicht erinnert. Versuchen Sie auch nicht, die Farben so auszuwählen, daß sie miteinander harmonieren. Legen Sie nun die drei von Ihnen gewählten Farben vor sich hin, und zwar in der Reihenfolge, in der Sie sie gewählt haben: die erste, die zweite und dann die dritte. Legen Sie die übrigen Farbmuster beiseite.

2 Interpretation

Einzelheiten über die Bedeutung jeder Farbe in der jeweiligen Position und über die Bedeutung der verschiedenen Formen finden Sie, zusammen mit einigen Fallbeispielen, an anderer Stelle in diesem Kapitel. Hier wollen wir uns zunächst allein auf die Reihenfolge konzentrieren.

Die erste Farbe

spiegelt das eigentliche Wesen, die Essenz, eines Individuums. Sie drückt aus, wer Sie wirklich sind, zeigt Ihre grundlegende Persönlichkeitsstruktur auf und gibt Hinweise darauf, wie Sie normalerweise auf Alltagssituationen reagieren. Es ist der Ausdruck Ihres wahren Selbst. Es kann auch die vorherrschende Farbe sein, die Sie generell ausdrücken.

Die zweite Farbe

sagt etwas über die Gegenwart aus. Sie bezieht sich auf Ihren gegenwärtigen Zustand, und zwar auf allen Ebenen des Hier und Jetzt: der physischen, der emotionalen, der mentalen und der spirituellen. Diese Farbe (oder ihre Komplementärfarbe) ist gewöhnlich diejenige, mit der Sie unmittelbar arbeiten müssen, und sie spiegelt Ihre tiefen, unbewußten Bedürfnisse, Mangelerscheinungen oder Schwächen. Sie zeigt Ihnen auch, wo Ihre größte Herausforderung liegt.

Die dritte Farbe

steht für Ihre Ziele und sagt Ihnen, wie Sie sie erreichen können. Es ist die Farbe, die Ihre geheimsten Hoffnungen, Visionen und Träume widerspiegelt, die die Richtung Ihrer Bestimmung aufzeigt und auf den nächsten notwendigen Schritt hinweist. Sie kann Ihnen helfen zu wachsen, wenn Sie bereit sind, volle Verantwortung für die Befriedigung Ihrer eigenen Bedürfnisse zu übernehmen. Die an dritter Stelle gewählte Farbe zeigt Ihnen, welche konstruktiven Schritte Sie unternehmen müssen, um zu einer neuen Perspektive zu gelangen.

Farbharmonien

Es gibt dreihundertsechsunddreißig mögliche Kombinationen, die man aus den acht Farbmustern auswählen kann. Falls unter den drei von Ihnen ausgewählten Farben zwei sind, die sich auf dem auf Seite 20 abgebildeten Farbkreis gegenüberstehen, so wird dies als »Farbharmonie« bezeichnet. Es gibt in diesem System einhundertvierundvierzig mögliche Kombinationen, in denen eine Farbharmonie auftreten kann. So bilden beispielsweise Rot und Türkis, Violett und Gelb sowie Grün und Magenta eine solche Farbharmonie. Das bedeutet, daß diese zwei Farben sich außergewöhnlich gut ergänzen, wenn es darum geht, ein Gleichgewicht in Ihrem Leben herzustellen und Phasen der Veränderung und des Übergangs reibungslos zu gestalten. Sie weisen darauf hin, daß Sie die richtige Richtung eingeschlagen haben, daß Sie sich auf einem positiven und konstruktiven Weg befinden, der mit Ihrer Persönlichkeit, den äußeren Umständen oder Ihren Zielen in Einklang steht. Das Auftreten von Farbharmonien bedeutet außerdem, daß es unwahrscheinlich ist, daß die Energien sich zerstreuen oder chaotisch werden, denn die Komplementärfarben stabilisieren sich gegenseitig: Die eine wirkt jeweils auf die andere wie ein Anker. Dies spiegelt sich natürlich in den allgemeinen Erfahrungen, die Sie in Ihrem Alltag machen.

Die dritte Farbe harmoniert mit der ersten

Die langfristigen Entwicklungen sind in Einklang mit Ihrem wahren Selbst: Diese Kombination weist darauf hin, daß Sie in Ihrem Leben auf Erfolgskurs sind. Das kann sich jedoch nur verwirklichen, wenn Hindernisse, die sich durch die zweite Farbe offenbarten, überwunden wurden.

Als Bill beispielsweise zuerst Magenta wählte, dann Violett und als dritte Farbe Grün, wählte er eine Farbharmonie, denn Grün harmoniert mit Magenta. Bill, ein Verwaltungsangestellter, möchte sich beruflich verändern und als Berater in einem städtischen Gesundheitszentrum arbeiten. Seine Zukunftspläne stehen in Einklang mit seinem inneren Wesen und seine berufliche Zukunft wird sich lohnend und erfüllend gestalten, wenn es ihm gelingt, die Herausforderung, die Violett in der zweiten Position darstellt und die mit einem Mangel an Selbstwertgefühl zu tun hat, zu überwinden.

Die zweite Farbe harmoniert mit der ersten

In diesem Fall ist das Ergebnis der gegenwärtigen Situation in Einklang mit Ihrer wahren Natur, so daß positive Resultate erzielt werden. Diese Kombination weist auf eine Stärkung der Persönlichkeit hin, die das individuelle Wachstum der betreffenden Person unterstützt.

Jane wählte beispielsweise Blau als erste Farbe, Orange als zweite und Gelb als dritte. Sie wählte also eine Farbharmonie aus, denn Orange harmoniert mit Blau. Jane, eine Handelsvertreterin, mußte lernen, eine positivere und stärker nach außen gerichtete Haltung einzunehmen, die ihr auch in ihrer Arbeit zugute kommen würde.

Die dritte Farbe harmoniert mit der zweiten

Auch hier ist Erfolg möglich, obwohl die günstigen Entwicklungen nur mit der gegenwärtigen Situation oder den gegenwärtigen Bedingungen verknüpft sind. Die Herausforderung der zweiten Farbe muß auch hier überwunden werden, damit Sie Ihr Endziel erreichen können.

Susan, eine freischaffende Graphikerin, wählte Blau an erster Stelle, Türkis an zweiter und Rot an dritter. Sie wählte eine Farbharmonie zwischen Rot und Türkis. Susan war gerade dabei, ein neues Projekt, an dem sie seit längerer Zeit gearbeitet hatte, abzuschließen und die ersten Früchte für ihre Bemühungen zu ernten.

Wenn keine Farbharmonien auftauchen, heißt das nicht unbedingt, daß eine negative Entwicklung zu erwarten ist. In diesen Fällen ist es besonders wichtig, welches Farbspektrum bei den ausgewählten Farben vorherrscht und ob es sich hauptsächlich um warme oder kalte Farben handelt. Diese Informationen geben unmittelbar Hinweise darauf, wie man in einem solchen Fall auf ein Gleichgewicht hinarbeiten kann. Handelt es sich hauptsächlich um kalte Farben, muß man den Ausgleich durch warme

Farben suchen; wurden warme Farben gewählt, dann muß man einen Ausgleich durch Farben des kalten Farbspektrums schaffen. Diese allgemeine Regel ist bei allen Farbberatungen anwendbar. Zu den warmen Farben gehören Magenta, Rot, Orange und Gelb. Kalte Farben sind Türkis, Blau und Violett. Grün tendiert eher zu den kühlen Farben, wird aber oft als neutrale Farbe betrachtet.

3 Praktische Umsetzung

Nun, da Sie den zweiten Schritt hinter sich haben, sind Sie sich einiger Harmonien, aber auch einiger Disharmonien in Ihrem Leben bewußt. Jetzt ist es Zeit, zu handeln und Ihr neues Wissen praktisch umzusetzen. Wie kann man das erreichen?

Indem Sie die in diesem Kapitel (und im Rest des Buches) gegebenen Informationen anwenden, beginnen Sie, Ihre persönlichen Farben zu integrieren. Dieser Prozeß wird sich sowohl heilend als auch energetisierend auswirken: Indem Sie die von Ihnen benötigte(n) Farbe(n) auf praktische Art und Weise in Ihr Leben einbeziehen, werden Sie nicht nur die Macht der Farben kennenlernen und sich ihrer bewußter werden, sondern auch jene Aspekte Ihrer selbst stärken, die schwach oder mangelhaft ausgebildet sind. Wir werden spezielle Farbmedien erläutern und Empfehlungen im Hinblick auf die praktischen Anwendungsmöglichkeiten von Farben geben. Darüber hinaus finden Sie Beispiele und Fallgeschichten sowie Illustrationen, die Ihnen als Richtlinien dienen können. Im allgemeinen empfehlen wir, das *Colour Reflection Reading* etwa alle drei Monate zu wiederholen, da sich die individuelle Farbbalance mit aller Wahrscheinlichkeit ändert und das vorangegangene Ergebnis der gegenwärtigen Situation nicht mehr angemessen ist.

Die Bedeutung der Formen

Die acht von uns für das *Colour Reflection Reading* gewählten Formen – und in der Tat alle Formen – gehen auf drei Grundformen zurück: das Quadrat, das Dreieck und den Kreis.

Jede Form hat ihre eigene Qualität und drückt ihr eigenes Energiemuster aus. Diese unterstützen die acht Farben, indem sie sich mit deren individuellen Qualitäten und allgemeinen Eigenschaften verbinden.

Das Erkennen von Formen wird hauptsächlich der linken Hirnhälfte zugeordnet, da es mit logischen und rationalen Fähigkeiten zu tun hat. Farben dagegen sprechen die rechte Hirnhälfte an, die für Gefühle und Emotionen, Kreativität und Intuition zuständig ist. Diese Hirnhälfte drückt sich durch instinktive Reaktionen und inneres, intuitives Wissen aus. Farben sind eher mit der emotionalen, unbewußten Ebene verbunden und können uns daher helfen, Aspekte unseres Wesens ans Licht zu bringen, die unserer eher mechanistischen, bewußten Seite normalerweise nicht zugänglich sind.

Gemeinsam bringen diese beiden Seiten komplementäre Kräfte hervor, die mit den bewußten und unbewußten Aspekten unserer Persönlichkeit als Ganzes in Verbindung stehen. Formen sprechen überwiegend die bewußte Ebene in uns an, das heißt, es geht um greifbaren Ausdruck, während Farben auf subtile Weise die verborgeneren Aspekte unserer Persönlichkeit ausdrücken. Indem wir diese beiden Aspekte unseres Wesens kombinieren, ermutigen wir beide Seiten des Gehirns, in einem ausgewogenen, harmonischen Wechselspiel zusammenzuarbeiten.

Wenn wir beim *Colour Reflection Reading* die Farbkarten auswählen, beruhen unsere endgültige Wahl und unsere allgemeinen Reaktionen auf unseren (unausgedrückten und ausgedrückten) persönlichen Erfahrungen und Lebensumständen als Ganzes. Auf diese Weise hilft uns das *CRR*, mehr über uns selbst zu entdecken und kann uns als Werkzeug für unser persönliches Wachstum und unsere Weiterentwicklung dienen.

Farben und ihre Formen im Colour Reflection Reading

Rot

Diese Farbe wird durch ein Quadrat repräsentiert, dessen gerade Linien auf die grundlegendste physische Struktur, die Stabilität und Solidität widerspiegelt, hinweisen. Es ist die dichteste Farbe des Spektrums, und die ihr zugeordnete Form ist am besten geeignet, um Erdverbundenheit und physische Stärke auszudrücken. Das Quadrat spiegelt Starrheit, Spannung und die Eigenschaften des Festhaltens. Das sind Eigenschaften, die die Farbe Rot ebenfalls in sich trägt.

Orange

Diese Farbe wird durch eine Raute repräsentiert, die die gleichen geraden Linien aufweist wie die Farbe Rot und im Prinzip auch von ähnlicher Form ist. Es sieht aus, als hätte man das Quadrat auf die Seite gedreht und während dieser Bewegung nach unten und oben gedehnt. Orange vereint Elemente von Rot und Gelb in sich, jenen Farben, die im Spektrum diese Farbe einrahmen. Die Linien der orangefarbenen Form sind diagonal, wodurch größere Flexibilität in der Bewegung als bei Rot angezeigt wird. Orange bewegt sich von der physischen Festigkeit von Rot hin zur Leichtigkeit der nächsten Farbe, die nach Orange kommt: Gelb.

Gelb

Diese Farbe wird durch ein aufrecht stehendes Dreieck repräsentiert. Die einzelne gerade Linie an der Basis weist auf ein solides Fundament, eine gute Erdung hin, und die beiden diagonalen Linien, die sich an der Spitze treffen, ziehen die Aufmerksamkeit nach oben, als würden sie zur Sonne weisen und auf das Erreichen von Weisheit und Wissen hindeuten. Diese Form inspiriert uns und hebt uns empor wie die ihr zugeordnete Farbe.

Grün

Diese Farbe wird durch einen Kreis repräsentiert, dessen Form die Eigenschaften von Gleichgewicht, Harmonie und Schutz verkörpert. Er ist sanft und rund, ohne scharfe Kanten, und spiegelt die Qualitäten der Farbe Grün. Diese Farbe steht für Sicherheit und Freiheit, auch der Freiheit, die wir anderen zugestehen. Wie man diese Form auch dreht, sie bleibt ewig gleich, konstant und neutral.

Türkis

Diese Farbe wird durch ein umgekehrtes Dreieck repräsentiert, was darauf hinweist, daß Energien von oben nach unten geleitet werden. Die gerade Linie befindet sich in diesem Fall oben;

dadurch wird ausgedrückt, daß ihre Solidität innerhalb der spirituellen Ebenen liegt, während die beiden diagonalen Linien nach unten zeigen, um an der Erdverbundenheit ihrer komplementären Energie – Rot – teilzuhaben. Mit der Bewegung von einer Ebene auf eine andere können viele Wandlungen verbunden sein, und so ist auch die Tendenz zu Veränderungen eine der grundlegenden Eigenschaften der Farbe Türkis.

Blau

Diese Farbe wird durch ein aus sechs Linien bestehendes Hexagon repräsentiert; vier der Linien sind diagonal und bilden zwei Spitzen: eine nach oben gerichtete und eine nach unten gerichtete. Die nach oben zeigende Spitze deutet auf spirituelle Weisheit und Erkenntnis hin, während ihr nach unten gerichtetes Gegenstück auf die physische Energie von Orange, die Komplementärfarbe von Blau, hinweist. Die beiden geraden Seitenlinien verbinden die zwei Spitzen miteinander wie Säulen oder Pfeiler und vermitteln so den Eindruck von Geradlinigkeit, spiritueller Stärke und Wahrheit. Das Hexagon steht für allmähliche Ausdehnung, Tiefe und Ruhe. Es hat das Potential, als Katalysator zu wirken, da der Energiefluß entweder nach oben zur spirituellen Ebene oder nach unten zur physischen Ebene kanalisiert werden kann.

Violett

Diese Farbe wird durch ein auf dem Kopf stehendes Pentagon repräsentiert, das sich aus fünf Linien zusammensetzt, von denen die einzige Horizontale sich oben befindet. Diese Form bedeutet Solidität und Stärke auf den spirituellen und psychischen Ebenen. Die zwei unteren Linien bilden eine Spitze und deuten so auf die Bewegung in Richtung der physischen Dimension und auf den allgemeinen Wunsch, geerdet, stabiler und fester zu sein, hin. Diese beiden Linien sind mit zwei weiteren Diagonalen verbunden, die wiederum die Basislinie mit der Spitze verbinden. Das umgekehrte Pentagon weist, wie die Farbe Violett, auf praktischere Fähigkeiten hin, denn es ist durch seine Grundeigenschaften in der Lage, spirituelle Weisheit mit der physischen, irdischen Ebene zu verbinden.

Magenta

Diese Farbe wird durch ein aufrecht stehendes Pentagon repräsentiert. Es hat also die gleiche Form wie Violett – nur umgekehrt. Die nach oben zeigende Spitze drückt den Wunsch nach stärkerer Verbindung mit den spirituellen Dimensionen des Universums aus. Die Grundlinie verläuft horizontal, was auf die Fähigkeit, gleichzeitig stabil und geerdet zu sein, hinweist. Die Spitze und die Basis sind durch zwei weitere Linien auf jeder Seite verbunden. Diese beiden Linien sind diagonal und geben nach oben mehr Raum, was auf das Potential zur Entfaltung hindeutet. Die mit dieser Farbe assoziierten Eigenschaften sind sowohl spiritueller als auch physisch-praktischer Natur. Dies paßt zu Magenta, das eine überwiegend warme Farbe ist und ein starkes Element von Rot beinhaltet. Allgemein betrachtet symbolisiert diese Form Ganzheit, Einheit und universelle Harmonie.

Die Bedeutung der Farben in den jeweiligen Positionen

Die folgenden Informationen sollen als Grundlage für Ihre Interpretation dienen, die auf der Auswahl der drei Farben beruht.

Rot

Rot in der ersten Position

Ihrem innersten Wesen nach möchten Sie lieber führen, als folgen. Sie sind ein Pionier, Initiator und Schöpfer und im allgemeinen extrovertiert. Außerdem neigen Sie dazu, stark zu konkurrieren und legen dabei eine ursprüngliche, leidenschaftliche Energiequalität an den Tag. Menschen, die hauptsächlich von Rot geprägt sind, neigen außerordentlich stark dazu, vorwärts, vorwärts und nochmal vorwärts zu streben, ohne je innezuhalten. Etwas erreichen, Erfolg haben – dies ist Ihr spontaner Lebensausdruck. Sie konzentrieren sich auf ein Ziel und machen sich nicht sonderlich Gedanken darüber, wie Sie es erreichen werden. Sie verlassen sich nicht auf Planung oder Strategien, sondern eher auf physische Stärke und Entschlossenheit. Sie sind ein aktives, intensives und leidenschaftliches Individuum, und Ihr Gespür für physische und emotionale Energien wird ständig stärker. Für Sie ist es wichtig zu lernen, in ein Gleichgewicht zu kommen und Ihre Gefühle mit Ihrer rationalen, logischen Seite in Einklang zu bringen, um die Balance zu finden, die Sie in allen Aspekten Ihres Lebens anstreben.

Rot in der zweiten Position

Ihre Herausforderung liegt darin, sich selbst zu energetisieren und zu stärken, ganz besonders auf der physischen Ebene. Da eine der wesentlichsten Eigenschaften von Rot jedoch darin liegt, nach außen zu gehen und sich ständig vorwärts zu treiben, besteht Ihre Herausforderung zum Teil auch darin, zu vermeiden, Ihren Körper völlig zu erschöpfen und auszubeuten. Es ist außerdem wichtig, daß Sie lernen, diese feurige Energie in die richtigen Bahnen zu lenken: Geduld ist eine Eigenschaft, die von »roten Menschen« dringend gebraucht wird. Eine extreme Konzentration von Rot ist eine Herausforderung, nicht zu dominant, aggressiv oder streitlustig zu werden oder Sexualität überzubewerten. Statt dessen sollten Sie daran arbeiten, die Liebesfähigkeit, Wärme und Freundlichkeit, die Sie von Natur aus besitzen, auszudrücken.

Rot in der dritten Position

Eines Ihrer wichtigsten Bedürfnisse ist es, sich auf praktische Art und Weise zu betätigen. Sie möchten gegenwärtig auf erdverbundene Weise handeln und fest mit beiden Beinen auf dem Boden stehen. Jetzt ist nicht die Zeit, zu träumen oder Dinge aufzuschieben, sondern Gelegenheiten zu ergreifen, die sich in jedem Augenblick bieten können. Tief im Inneren wünschen Sie sich, etwas Neues zu beginnen, etwas auf der realen Ebene zu verwirklichen. Vielleicht möchten Sie beispielsweise umziehen, ein Geschäft eröffnen oder einem Sportverein beitreten. Sie sind bereit, aufzustehen und loszulegen, obwohl die Wahl von Rot in der dritten Position auch anzeigen kann, daß Sie völlig ausgelaugt und erschöpft sind, insbesondere auf der körperlichen Ebene. Deshalb sollten Sie sich immer wieder Zeit nehmen, um innerlich zur Ruhe zu kommen und Stille und Frieden zu finden. In den blauen Himmel oder in tiefblaues oder türkisfarbenes Wasser zu schauen könnte für Sie die ideale Art sein, sich zu regenerieren.

Orange

Orange in der ersten Position

Sie haben ein lebhaftes, überschwengliches Naturell. Sie lieben das Leben und sind von Natur aus begeisterungsfähig und voller Lebensfreude. Sie nehmen am Leben teil und genießen es in vollen Zügen. Sie zeigen Mut und Spontaneität und verbreiten gute Stimmung, wo immer Sie auftauchen. Sie sind oft zum Reden aufgelegt und haben keine Angst, ein Gespräch zu beginnen. Sie sind extrovertiert und lieben Gesellschaft. Sie können Menschen, mit denen Sie zu tun haben, den »Lebenskuß« einhauchen und ihre Stimmung heben. Andererseits neigen Sie oft dazu, hastig und übereilt zu handeln und Extreme zu leben, da Sie nicht in der Lage sind, lange genug ruhig zu bleiben, um Ihr von Natur aus überaktives Wesen ins Gleichgewicht zu bringen. Dadurch fühlen Sie sich oft müde, erschöpft und ausgelaugt, was dazu führen kann, daß Sie gereizt und ungeduldig reagieren. Versuchen Sie, Prioritäten zu setzen, und ziehen Sie Bilanz über Ihre Gesamtsituation. Menschen, deren Grundfarbe Orange ist, legen oft zuviel Wert darauf, daß andere *sehen*, daß sie das Richtige tun. Lernen Sie, Ihrem ursprünglichen Instinkt zu vertrauen.

Orange in der zweiten Position

Sie müssen mehr in Kontakt mit Ihrem inneren Wesen kommen, das sich nach einem Gleichgewicht sehnt. Körper und Geist müssen zur Ruhe kommen. Da diese Farbe zwischen Gelb und Rot liegt, weist sie sowohl auf ein starkes, physisch aktives Naturell (Rot) als auch auf die Eigenschaften eines Suchers (Gelb) hin. Eine Verbindung dieser Eigenschaften verleiht Ihnen eine Energie, die von anderen oft als überwältigend und herrisch empfunden wird. Hier besteht die Herausforderung darin, eine entspanntere, ruhigere Haltung dem Leben gegenüber einzunehmen. Sie müssen sich Zeit für sich selbst nehmen, um den Teil in Ihnen zu nähren, der sich nach Ruhe sehnt. Nur durch solche Phasen der Stille können sich Orange-betonte Menschen in Richtung einer ausgewogeneren Seinsweise entwickeln.

Orange in der dritten Position

Sie müssen versuchen, konstruktiv zu handeln und Destruktivität zu vermeiden. Da Sie dazu neigen, aus dem Moment heraus zu handeln, bleibt Ihnen wenig Zeit für realistisches Abwägen.

Daher hegen Sie oft Zweifel, ob Sie richtig gehandelt haben. Beschaulichkeit und Besonnenheit sind wichtig für Sie, damit Sie Ihre Energie effektiver und weiser einsetzen können. Vielleicht haben Sie Orange an dritter Stelle gewählt, weil Sie sich innerlich zurückgezogen haben. Dann ist es für Sie wichtig, nach außen zu gehen und Mut, Vertrauen und Lebensfreude zu entwickeln. Bei der hier zu lernenden Lektion geht es darum, Risikobereitschaft zu zeigen und die eigenen üblichen Verhaltensmuster zu überwinden.

Gelb

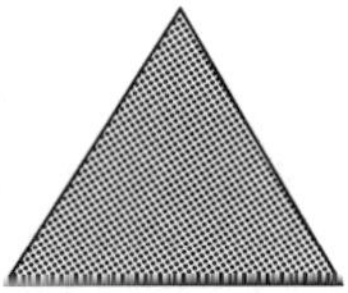

Gelb in der ersten Position

Gelb in dieser Position deutet auf das Erwachen der bewußten Kräfte im Menschen, wie zum Beispiel der fünf Sinne, hin. Sie neigen dazu, das Leben durch die Brille der Vernunft, Logik und des prüfenden Verstandes zu sehen, wofür Sie ständig von Ihrem Gehirn Informationen anfordern. Sie können Dinge leicht auf der intellektuellen Ebene erfassen und sind unablässig damit beschäftigt, zu analysieren und zu kalkulieren. Sie haben einen starken Hang, andere zu kontrollieren und dominieren, und wenn Sie nicht Ihren Willen bekommen, können Sie sogar boshaft und rachsüchtig werden. Menschen, deren Grundfarbe Gelb ist, können normalerweise gut mit Worten umgehen und flüssig und interessant über alle möglichen Themen sprechen. Vorträge über bestimmte Themen zu halten oder mit Worten oder Zahlen zu arbeiten könnte ein ideales Ventil für Ihre Energien sein. Im allgemeinen haben Sie eine verantwortliche Position inne, in der Sie Autorität ausüben. Vielleicht sind Sie Abteilungsleiter, Selbständige(r), Wissenschaftler oder Forscher. Gewöhnlich genießen Sie die Gesellschaft der Menschen um Sie herum, ganz besonders, wenn Sie im Mittelpunkt der Aufmerksamkeit stehen.

Gelb in der zweiten Position

Hier besteht die Herausforderung darin, nicht nur die geistigen und intellektuellen Kräfte einzusetzen, sondern auch die physische Ebene wichtig zu nehmen. Es ist für Menschen wie Sie nicht ungewöhnlich, sich in eine Welt der Phantasien, Träume und Imagination zu erheben und die reale, praktische Seite des Lebens zu vernachlässigen. Sie müssen aus Ihren intellektuellen Luftschlössern herauskommen. Es mag sein, daß Sie mit Ihren brillanten Ideen Ihrer Zeit um Jahre voraus sind, doch Ihre Herausforderung besteht darin, Ihre Energie auf funktionelle und kreative Art und Weise in der Gegenwart auszudrücken. Das fällt Ihnen oft schwer, da es Ihnen häufig an Geduld mangelt. Sie zerstreuen Ihre Energien in viele Richtungen gleichzeitig, und das läßt Sie oft frustriert und unerfüllt zurück.

Gelb in der dritten Position

Es kann sein, daß Sie zur Zeit ein spezielles Training oder eine spezielle Ausbildung brauchen, um Ihren Geist zu erweitern und zu öffnen. Das Studienfach muß für Sie jedoch »stimmig« sein, und Sie sollten, wenn Sie sich entschieden haben, positive praktische Schritte in die Wege leiten, um die Einzelheiten zu regeln – Studienkurse belegen, Informationen über Kosten, Dauer und Unterrichtsort einholen. Es ist wichtig, daß Sie dabei sehr sorgfältig zu Werke gehen. Wenn Sie diesen Schritt machen, laden Sie Sonnenschein und Licht, Optimismus und Glück in Ihr Leben ein. Es könnte auch sein, daß Sie im jetzigen Lebensabschnitt einen Urlaub mit viel Sonne brauchen. Die Farbe Gelb weist außerdem darauf hin, daß Sie Ihr intellektuelles Wissen und Verstehen in den Dienst anderer stellen sollten, indem Sie die Menschen, mit denen Sie in Kontakt kommen, etwas lehren. Ihr Dienst wird immer wertvoller, je mehr Sie Ihre Intuition einbringen und zulassen, daß Ihr Potential und Ihre natürliche Weisheit durch Sie hindurchfließen.

Grün

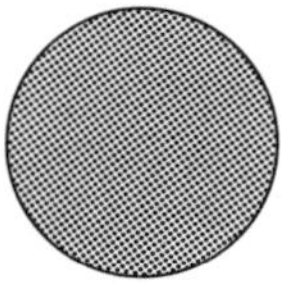

Grün in der ersten Position

Sie sind weder dominant noch unterwürfig, weder extrovertiert noch introvertiert, sondern streben stets ein Gleichgewicht an. Sie meiden gewöhnlich alle Extreme. Oft fehlt es Ihnen allerdings auch an Spontaneität, da Sie stets genau abwägen, bevor Sie handeln. Bei Ihrer Arbeit sind Sie normalerweise sehr effizient und verantwortungsbewußt, und zu Hause achten Sie auf Sauberkeit und Ordnung. Wie alle Menschen, deren inneres Wesen mit der Farbe Grün schwingt, lieben Sie die Natur und wissen ihre Schönheit zu würdigen; oft zieht es Sie in Parks, an eine Küste oder aufs weite Land. Auch umgeben Sie sich gerne mit Pflanzen und Blumen, sowohl in Ihrem Heim als auch an Ihrem Arbeitsplatz, sofern das dort möglich ist. Sie lieben Dinge, die aus Holz, Ton oder Stein gefertigt sind, und fühlen sich zu erdigen, natürlichen Materialien hingezogen. Sie können eine harmonische, besänftigende, weiche Energie ausstrahlen, und Sie sind aufrichtig. Sie neigen jedoch dazu, dem Leben und anderen Menschen übermäßig vorsichtig zu begegnen, und es kann sein, daß es Ihnen öfter schwerfällt, die selbst auferlegten Grenzen zu überschreiten. Für »grüne Menschen« ist es besonders wichtig, regelmäßig die eigene Lebenseinstellung zu überprüfen und die Notwendigkeit für bestimmte Veränderungen zu erkennen.

Grün in der zweiten Position

Hier besteht die Herausforderung darin, emotionale Verletzungen zu verarbeiten. Solche Verletzungen können die Ursache für ein tiefes Gefühl der Unsicherheit sein und zu einer desillusionierten, bitteren, neidischen und eifersüchtigen Haltung führen. Es kann auch sein, daß Sie das Gefühl haben, das Leben behandle Sie grundsätzlich ungerecht, und daß Sie Dinge tun, um dieses Gefühl in Ihrem Innern zu besänftigen. Von außen betrachtet, erscheinen diese Handlungen vielleicht sogar positiv und lohnend, doch gewöhnlich stammen sie aus einem unerfüllten Bedürfnis. Sie fühlen sich oft bedroht und verletzlich und sind ständig auf der Suche nach Schutz. Es mag Ihnen auch schwerfallen, sich anderen mitzuteilen, und Sie neigen häufig dazu, Ihre innersten Gefühle zu unterdrücken. Ganz besonders hassen Sie das Gefühl des Eingeschlossenseins oder Eingeschränktseins. Ihre größte Herausforderung besteht darin, zu lernen, Ihre Gefühle gerade dann auszudrücken, wenn Sie sich am stärksten verschließen wollen.

Grün in der dritten Position

Für Sie ist es wichtig, mit Menschen in Kontakt zu kommen, mit denen Sie sich wohl fühlen, und neue Freundschaften und tiefe Beziehungen einzugehen. So wird Ihnen bewußt, wieviel andere von Ihnen profitieren können, welchen Wert Ihre Gesellschaft für andere haben kann, und Ihr grundsätzliches Gefühl von Verlust und Entfremdung wird sich auflösen. Sie werden das Leben nicht mehr als ganz so ernst und schwer empfinden und mehr Freude spüren. Gefühle von Schuld, Scham und allgemeiner Antriebslosigkeit, die typisch für Grün sind, werden in den Hintergrund treten. Sie werden beginnen, das Leben mit neuen Augen zu betrachten. Diese Farbe fordert Sie zu Wachheit und Achtsamkeit heraus – es ist wichtig, Situationen nicht vorüberziehen zu lassen, ohne Entscheidungen zu treffen.

Türkis

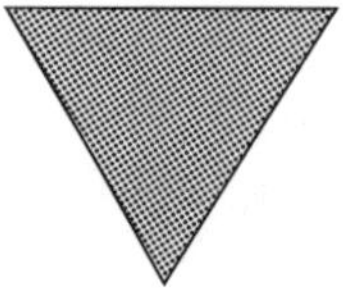

Türkis in der ersten Position

Sie haben eine lebenssprühende, jugendliche Energie und bringen in die meisten Situationen frischen Wind und neue Ideen ein. Nach außen hin wirken Sie oft ruhig und kühl und können auch mit kritischen oder herausfordernden Situationen umgehen. Ihre innere Haltung erlaubt Ihnen, Dinge spielend zu bewältigen, und Sie geraten nicht in Hektik. Als Mensch, dessen Wesen mit der Farbe Türkis schwingt, sind Sie gewöhnlich in der Lage, schnelle Entscheidungen zu treffen und aus einer inneren Klarheit heraus zu handeln. Diese Eigenschaften machen Sie beliebt. Im Umgang mit anderen sind Sie direkt und zielgerichtet. Sie verfügen über eine Menge Scharfblick und Talent, und Sie können Ihre Fähigkeiten einsetzen, um auf Ihrem eigenen spirituellen Weg weiterzukommen. Sie können im allgemeinen gut kommunizieren, und es fällt Ihnen leicht, sich auszudrücken. Da die Türkis-betonte Persönlichkeit hauptsächlich spirituell orientiert ist, fällt es Ihnen jedoch oft schwer, Ihre Ideen zu verwirklichen und Ihren Mangel an Erdung zu überwinden.

Türkis in der zweiten Position

Sie müssen sich von der Masse absetzen, um ein gesundes Identitätsgefühl aufrechtzuerhalten. Das hängt möglicherweise damit zusammen, daß andere sich zu Ihrer erfrischenden Energie hingezogen fühlen, in Ihren Raum eindringen und Forderungen an Sie stellen. Sie müssen lernen, sich Zeit zu nehmen, die Sie allein, fern von anderen Menschen verbringen, um nach innen zu schauen. Es kann auch nötig sein, sich einem Reinigungsprozeß zu unterziehen, der Körper, Geist und Gefühle klärt, da Sie vielleicht in Extremen gelebt oder geschwelgt haben. Dies ist Ihre wichtigste Herausforderung, und da Sie grundsätzlich sensibel sind, kann es, wenn diese Herausforderung ignoriert wird, zu Vergiftungserscheinungen oder Krankheiten kommen, die sich im Körper oder auf der Haut manifestieren.

Türkis in der dritten Position

Sie haben die Fähigkeit, jede Lebenssituation als Herausforderung zu betrachten. Türkis unterstützt Veränderungen, und Sie sind in der Lage zu erkennen, daß Veränderungen, auch wenn sie oft Umbrüche und Störungen mit sich bringen, die einzige Konstante im Leben sind. Gewöhnlich heißen Sie Veränderungen willkommen, weil Sie verstehen, daß das, was getan werden muß, nichts anderes als eine persönliche Transformation bedeutet (physisch, emotional, mental und spirituell). Häufig wird durch diesen Prozeß ein Vakuum der Verwirrung, Furcht und des inneren Aufruhrs erzeugt, und doch ist er notwendig für das Wachstum und die Weiterentwicklung der Persönlichkeit. Wenn man erfolgreich Herausforderungen und Hindernisse gemeistert hat, wird man immer mit gesteigerter Lebensfreude und Lebenskraft belohnt. Sie sind gewöhnlich bereit, »loszulegen«, und die Schwingung und Energie von Türkis wird Ihnen helfen, auf eine neue Bewußtseinsebene zu gelangen.

Blau

Blau in der ersten Position

Sie haben ein sanftes und friedliches Naturell; lautes, aufgeregtes Gehabe ist ihnen fremd. Gewöhnlich werden Sie von anderen als passiv und introvertiert eingeschätzt. Normalerweise verbringen Sie viel Zeit damit, Ihr inneres spirituelles Wesen und die Bedeutung Ihrer Existenz zu erforschen. Ihr Selbst bewegt sich hauptsächlich auf einer spirituellen Ebene und schätzt Qualitäten wie Wahrheit und Ehrlichkeit. Menschen, die auf der Ebene von Blau schwingen, sind im allgemeinen vertrauenswürdig, zuverlässig und gewissenhaft. Andere fühlen sich wohl in Ihrer Gegenwart, weil Sie eine friedvolle, stille und Sicherheit vermittelnde Energie ausstrahlen. Auf der anderen Seite neigen Sie jedoch dazu, sich zu sehr mit sich selbst zu beschäftigen. Das ist oft der Grund für Isolation und Hemmung, was schließlich dazu führen kann, daß Sie das Vertrauen in sich selbst und Ihre Fähigkeit, mit alltäglichen Situationen fertig zu werden, verlieren. »Blaue Menschen« streben nach Ordnung in ihrem Leben und schätzen die Beständigkeit und Sicherheit, die ein fester Rahmen oder eine feste Struktur bieten.

Blau in der zweiten Position

Ihre Stärke liegt in Ihrer Klugheit und Ihrer Fähigkeit, in die Stille zu gehen, und nicht in physischer Kraft wie bei den

Rot-betonten Menschen. Andere nehmen in Ihnen eine Ruhe von Körper und Geist wahr. Um diese friedvolle Ausstrahlung werden Sie von allen Menschen, die von den warmen Farben beherrscht werden, beneidet, doch für Sie liegt die Herausforderung darin, die Stille, die so mächtig in Ihrem Inneren ist, zu durchbrechen und sich mehr in der Außenwelt auszudrücken. Andernfalls werden Sie in die Tiefen von Melancholie und Depression, Antriebslosigkeit und Lethargie versinken und sich immer weiter zurückziehen. Der Schlüssel liegt in einem aktiven Kontakt mit der Außenwelt und dem Vermeiden von Rückzug und Isolation. Sie müssen Ihre Kommunikationsfähigkeit und Ihren Selbstausdruck (besonders durch die Stimme) entwickeln, damit Sie sich als Mensch ganzheitlich entwickeln können.

Blau in der dritten Position

Der Kontemplation und der Beschäftigung mit spirituellen und meditativen Themen, die Ihnen ganz natürlich zufallen, sollten Sie nicht soviel Bedeutung beimessen wie einer erdverbundenen, realistischen, praktischen Haltung auf der materiellen Ebene. Sie müssen dem Prozeß des Lebens vertrauen und sich scheinbar gewöhnlichen, alltäglichen Dingen zuwenden. Indem Sie das tun, werden Sie die wahre Schönheit, Freiheit und Spiritualität, die Sie suchen, finden. Ihr Schlüsselwort heißt Flexibilität: Sie müssen in der Lage sein, auf das Leben zu antworten und daran teilzunehmen, ohne sich davor zu fürchten, von einer »großen bösen Welt« geschluckt zu werden. Zeiten der Ruhe, Entspannung und Stille wirken heilend und befriedigend auf Sie, aber diese Zeiten sollten Ruhepausen sein und nicht Mittel zur ständigen Flucht.

Violett

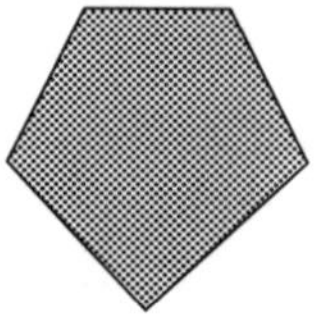

Violett in der ersten Position

Sie sind von Ihrem Wesen her ein spiritueller und bewußter Mensch. Gewöhnlich sind Sie an allen Aspekten der mystischen und geistigen Kräfte interessiert, die jenseits der physisch erklärbaren Welt wirken, doch sind Sie im allgemeinen praktischer und erdverbundener als blau-betonte Menschen, da die Farbe Violett aus der Verbindung von Rot und Blau entsteht und Sie so die Fähigkeit besitzen, Ihre Spiritualität auf eine geerdete Art und Weise anzuwenden. Sie sind bereit, anderen auf bereichernde Art zu dienen, oft in irgendeiner Form des Heilens. Der violett-betonte Mensch hat wahre Würde und Noblesse. Es ist für Sie ganz natürlich, sich ästhetisch und künstlerisch auszudrücken; vielleicht engagieren Sie sich in den schönen Künsten, der Kirche oder in Aktivitäten, die ein gewisses Maß an Zeremoniell erfordern oder in irgendeiner Form extravagant sind. Viele Heiler und Medien sind ebenfalls in dieser Gruppe zu finden. Eine der Schwächen der violett-betonten Persönlichkeit ist jedoch die häufig anzutreffende Unfähigkeit, daran zu glauben, daß sie ihre Vision verwirklichen kann.

Violett in der zweiten Position

Sie haben die Fähigkeit, Dinge zu vereinen oder zusammenzubringen. Sie sind von Natur aus eine Führungspersönlichkeit und haben wahrscheinlich eine Position inne, in der Sie

Autorität ausüben. Doch obwohl Sie oft Dinge erreichen, die anderen viel zu schwierig erscheinen, leiden Sie gewöhnlich an einer grundlegenden emotionalen Unsicherheit, die in Zusammenhang mit Ihrem Selbstwertgefühl und Ihrer Selbstachtung steht. Ihre Herausforderung besteht darin, von Ihrer Umgebung Anerkennung, Beachtung und ehrliche Rückmeldung zu erbitten. Wenn Sie diese Rückmeldungen nicht wirklich in sich aufnehmen, besteht die Gefahr, daß Sie sich in einen Elfenbeinturm zurückziehen und sich weigern, Verantwortung in Ihrem Leben zu übernehmen (negatives Rot) und sich dem Eskapismus verschreiben (negatives Blau). Andere betrachten dies als Unreife oder Egoismus. Sie werden also herausgefordert zu erkennen, daß Sie in diesem Leben eine Bestimmung haben, die erfüllt werden muß und unter keinen Umständen vernachlässigt werden darf. Nur durch hingebungsvolle, aktive Beharrlichkeit werden Sie zur Reife gelangen.

Violett in der dritten Position

Hier ermutigt Sie Violett, Ihre natürliche Kreativität zu nutzen und sie mit anderen zu teilen. Sie verfügen über besondere Heilkräfte und müssen diese anwenden, indem Sie Ihre inneren Qualitäten wie Vertrauen, Intuition und Weisheit einsetzen. »Heilen« bedeutet nicht, daß Sie in einem bestimmten Therapiebereich ausgebildet sein müssen, sondern bezieht sich eher darauf, diese Fähigkeiten auf ganz allgemeine Art und Weise einzusetzen. Sie sollten sich auch darüber bewußt sein, daß Sie nicht so spirituell sind, daß Sie auf der Erde nicht zu gebrauchen wären!

Magenta

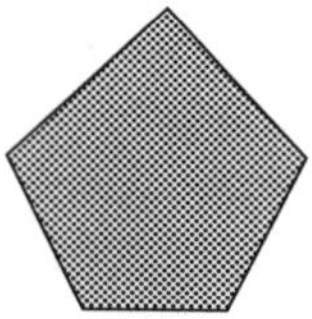

Magenta in der ersten Position

Ihre grundlegenden Qualitäten sind Freundlichkeit, Sanftheit und Rücksichtnahme. Sie sind im allgemeinen liebevoll und warmherzig und zeigen Mitgefühl für andere. Aufgrund Ihrer Reife sind Sie zu einem tiefen Verständnis über das Leben gelangt. Instinktiv ermutigen Sie andere und führen sie zu ihrem vollen Potential. Magenta-betonte Menschen sind kooperativ, wohlwollend und aufrichtig. Häufig sind sie in Pflegeberufen anzutreffen; sie arbeiten als Berater(in), Krankenschwester oder Pfleger oder Sozialarbeiter(in). Eine ihrer typischen Qualitäten ist bedingungslose Liebe und Zuneigung, und oft werden sie als »das Salz der Erde« bezeichnet.

Magenta in der zweiten Position

In dieser Position besteht für Sie die Herausforderung darin, in Ihrem Leben ein Gleichgewicht zwischen Geben und Nehmen herzustellen. Sie neigen dazu, anderen Unterstützung und Beistand zu geben, sie beständig zu ermutigen und das Beste für sie herauszuholen. Doch gleichzeitig vernachlässigen Sie oft Ihre eigenen Bedürfnisse – zu Ihrem Schaden. Sie werden herausgefordert zu lernen, daß Empfangen ebenso wertvoll ist wie Geben und daß Sie nicht aus Verpflichtung oder Schuldgefühlen heraus geben müssen. Indem Sie auf diese Weise für Ihre eigenen Bedürfnisse sorgen, können Sie auch sich selbst lieben und nähren. Das ist für Ihren Lebenszweck genauso wichtig, wie anderen zu helfen. Nähren Sie sich selbst, und entwickeln Sie die Fähigkeit, »nein« zu sagen, wenn ein Ja der bequemere Weg zu sein scheint.

Magenta in der dritten Position

Sie haben die Fähigkeit, die physische Vitalität von Rot und die spirituellen Lektionen von Violett zu vereinen – eine Hochzeit zwischen der ersten und siebten Farbe des Spektrums und daher ein wunderbares Gleichgewicht zwischen den ursprünglichen Kräften des Lebens und den himmlischen Mächten. Diese Verbindung hat das Potential, eine Energie zu erzeugen, die für die Menschheit von enormem Wert sein kann, da Magenta die höchste Farbe ist, auf die wir uns in der physischen Welt hinentwickeln können. Es ist eine Synthese des Höchsten und Reinsten in der menschlichen Natur und trägt das Potential in sich, auf universaler Ebene Ganzheit zu schaffen. Sie streben entweder dieses Ziel an oder haben es bereits bis zu einem gewissen Grad verwirklicht. Hier besteht die Herausforderung darin, nicht im Ego steckenzubleiben oder ein grandioses Selbstbild zu entwickeln, indem man sich selbst über andere Menschen erhebt. In diesem Fall zeigt sich ein arroganter, dominierender und fordernder Charakter. Sie müssen loslassen und dem weiblichen und sanften Teil Ihres Selbstes erlauben, die Führung zu übernehmen. Andernfalls werden Sie eine Tendenz zur Monopolisierung, Manipulation und Kontrolle verspüren, und das wird Sie von anderen trennen und Sie letztendlich einsam zurücklassen.

Sitzung 1

Beverley, eine Frau mittleren Alters, etwa 1,60 Meter groß und mittelstark gebaut, hatte weiche, graublaue Augen, eine klare Haut und mittelbraunes Haar. Von Beruf war sie Journalistin in den Bereichen Umwelt, Natur und alternativen Heilweisen. Sie war sehr eloquent, konnte sich gut ausdrücken und erschien mir außerordentlich intelligent. Beverley hatte ein gewinnendes Wesen, das sie anziehend machte und anderen das Gefühl von Leichtigkeit vermittelte. Ihr breites Lächeln war sehr einladend, warm und freundlich. Als Beverley ihre Farben auswählte, hielt sie nach jeder Farbe abwägend inne. Bei der Beratung trug sie einen blaugrauen Pullover, marineblaue Hosen und eine marineblaue Jacke. Sie wählte Türkis als erste, Magenta als zweite und Blau als dritte Farbe.

Interpretation

Türkis

Dies ist die Farbe von Klarheit, der Fähigkeit, neue kreative Ideen einzubringen. Beverley hatte ein ständiges Bedürfnis nach Klarheit und fand es wichtig, jung und in allen Bereichen ihres Lebens offen für Neues zu bleiben. Türkis entsteht durch die Verbindung von Blau und Grün, daher ist diese Farbe von Natur aus kühl und beruhigend. Beverley hatte ein sensibles, verletzliches Wesen; sie zog Leute an, die in ihr die sprühende und leuchtende Persönlichkeit sahen, doch sie brauchte auch Zeit für sich selbst, um zu reflektieren und allein zu sein.

Magenta

Dies ist die achte Farbe unseres Spektrums, die aus der Verbindung von Rot und Violett entsteht. Ihr wohnt eine sehr tiefe spirituelle Qualität inne, und in dieser Position zeigt sie, daß Beverley ein Bedürfnis nach nährender, mütterlicher Energie hatte und dazu neigte, anderen gegenüber zu behütend zu sein. Wir schlugen vor, daß sie Wege finden sollte, sich diese Bedürfnisse zu erfüllen, und die Erfahrung des Empfangens machen sollte, anstatt immer nur diejenige zu sein, die andere unterstützte und anderen beistand. Die wichtigste Herausforderung für Beverley bestand darin, ihre Energie konstruktiv für sich selbst einzusetzen.

Blau

Diese Farbe weist auf das Ziel hin, inneren und äußeren Frieden zu finden. Blau vermittelt eine heilende, spirituelle Energie und spiegelt in dieser Position Beverleys verborgene Wünsche wider. Diese Farbe wies auf ihr unterschwelliges Bedürfnis nach Rückzug und Ruhe hin. An diesem Punkt der Beratung offenbarte Beverley, daß sie sich innerlich ausgelaugt und ausgebrannt fühlte und sich nach Urlaub sehnte, um sich von dem Streß ihrer Arbeit zu erholen. Wir wiesen sie darauf hin, daß sie diese Ruhepause nicht als eine Form des Rückzugs oder der Flucht betrachten sollte, sondern als Zeit der Kontemplation, die ihr erlauben würde, ruhig und klar in die materielle Welt des Alltags zurückzukehren. Beverley brauchte Zeit für eine innere Sammlung, die sie der Farbe Türkis, ihrer wahren Natur, näherbringen würde.

Beratung und Umsetzung

Die Farbe, die Beverley im Moment am dringendsten brauchte, war Magenta; sie war für sie noch wichtiger als Türkis oder Blau, da die gegenwärtigen Umstände darauf hinwiesen, daß ein starker Mangel an Magenta-Schwingungen herrschte. Um diese Energien wieder ins Gleichgewicht zu bringen und den Mangel, der sich zur Zeit in Beverleys Leben zeigte, wettzumachen, war es sehr wichtig, daß sie Magenta bewußter in ihr alltägliches Leben einfließen ließ. Wir rieten ihr, regelmäßig etwas aus dem Magenta-Spektrum am Körper zu tragen, vielleicht eine Bluse, ein Halstuch, ein Kleid oder ein Nachthemd, oder die Farbe in Form von Bettwäsche oder Handtüchern in ihr Leben zu bringen. Sie könnte auch Blumen dieser Farbe in ihre Wohnung stellen. Pinkfarbene Rosen oder Nelken sind ziemlich leicht zu bekommen und könnten ihr helfen, sie an ihre Bedürfnisse zu erinnern. Da Magenta eine nährende Farbe ist, rieten wir Beverley, ihre femininen Bedürfnisse wahrzunehmen und zu befriedigen, indem sie sich pflegte und verwöhnte und dadurch mehr Liebe und Zuneigung für sich selbst zeigte. Sie schien eine Erlaubnis zu brauchen, um liebevoller mit sich umgehen zu können. Wir empfahlen ihr, sich die Zeit für eine ausgiebige Schönheitsbehandlung zu nehmen, damit sie die positiven Aspekte von Magenta in sich aufnehmen und für sich arbeiten lassen könnte. Wir hofften, dies würde etwas Farbe in ihr Leben bringen und ihre Welt etwas »rosiger« erscheinen lassen. Nach etwa drei Monaten sahen wir Beverley wieder. »Erst als ich begann, mir regelmäßig einmal in der Woche eine Schönheitsbehandlung zu gönnen«, erzählte sie uns, »merkte ich, wieviel Zuwendung ich brauchte und wie sehr ich mich vernachlässigt hatte. Die regelmäßigen Besuche in dem Schönheitssalon erinnerten mich daran, wie dringend ich Magenta brauchte.« Indem sie sich auf diese Weise pflegte und verwöhnte, brachte sie die Farbe, die sie am meisten brauchte, in ihr Leben, und dies half ihr, auch ihre inneren, femininen Bedürfnisse zu entdecken und zu würdigen.

»Die rosaroten Blumen in meiner Wohnung und das Benutzen magentafarbener Dinge wirkten wie ein täglicher Wink und machten mir meine persönlichen Bedürfnisse nach Sanftheit, Weichheit, Liebe und Unterstützung bewußt. Ich fühle mich viel entspannter und allgemein ausgeruhter, und das macht sich auch in meiner Arbeit bemerkbar. Wenn ich mich hinsetze, um zu schreiben, ist mein Geist klar und frei von den alten Spinnweben, und ich kann viel klarer und effektiver schreiben.

Ich bin begeistert von meinem *Colour Reflection Reading* und den Resultaten, die ich aufgrund Ihrer Ratschläge erzielt habe. Ich fühle mich wie ein neuer Mensch!«

Sitzung 2

Vanessa, eine junge Frau von vierundzwanzig Jahren, lebte getrennt und war alleinerziehende Mutter. Sie war grazil und zerbrechlich, hatte langes, dunkelbraunes Haar, braune Augen und war etwa 1,60 Meter groß. Sie wirkte erschöpft und unsicher, doch ihre Lebensgeister erwachten, als wir die Farbmuster vor ihr auslegten. Sie wählte ihre drei Farben ganz spontan und war auch hinterher sehr zufrieden mit ihrer Wahl. Vanessa trug bei der Beratung eine blaßblaue Strickjacke, eng anliegende dunkelviolettfarbige Leggings und einen gemusterten Rock in Herbstfarben. Vanessa wählte an erster Stelle Violett, an zweiter Grün und an dritter Orange.

Interpretation

Violett

Vanessas erste Wahl zeigte, daß ihr inneres Wesen grundsätzlich spirituell ausgerichtet war. Sie besaß ein großes Potential und die Fähigkeit, ein Gleichgewicht zwischen ihren spirituellen Bestrebungen und ihren praktischen Verantwortlichkeiten herzustellen. Oft drückte sie ihre Begabung durch künstlerische Betätigung und kreatives Schaffen aus, doch sie mußte lernen, sich viel mehr auf ihre Intuition zu verlassen und ein stärkeres Selbstwertgefühl zu entwickeln, beides typische positive Eigenschaften von Violett. Zu diesem Zeitpunkt ihres Lebens wäre es sehr nützlich für Vanessa, diese Eigenschaften zu verstärken, da sie arbeitslos war und gerade eine Scheidung durchmachte.

Grün

Die Farbe Grün spiegelte ihr Bedürfnis nach Raum und persönlicher Freiheit im Selbstausdruck. Besonders wichtig war das Ausdrücken von emotionalem Schmerz, der bei ihr schon lange aufgrund früher Erfahrungen zu existieren schien. Sie bestätigte dies und bejahte, daß dieser alte Schmerz sich auf ihren gegenwärtigen Zustand auswirkte.

Vanessa wollte wissen, auf welche Weise sie am besten ihre natürlichen Begabungen einsetzen und ihren persönlichen Wert betonen könnte. Ihr Baby könnte ihr die Möglichkeit bieten, auf eine positive und fürsorgliche Art tätig zu sein. Wir sagten ihr, daß sie sich auf der positiven Ebene von Grün bewegen würde, wenn sie sich auf diese Weise um ihr Kind kümmerte. So könnte sie Aspekte ihres Wesens zurückgewinnen, die ihr abhanden gekommen waren und die mit ihrem Identitätsgefühl in Zusammenhang standen.

Orange

Orange an dritter Stelle offenbarte Vanessas Mut und ihre konstruktive Energie. Während sie sich auf ihr Ziel zubewegt, kann diese Farbe ihr das Vertrauen schenken, Hindernisse in ihrem Leben zu überwinden und Vitalität und dringend benötigte Lebenslust in ihr Dasein bringen. Diese Farbe würde Vanessa auch helfen, das Trauma und die Depression, die sie gegenwärtig durchmachte, hinter sich zu lassen.

Beratung und Umsetzung

Für Vanessa war es ganz wichtig, weite, offene Plätze in der Natur mit viel Grün aufzusuchen – entweder auf dem Land oder in einem Park in ihrer Nähe – und sich zu erlauben, sich in dem Gefühl der Freiheit zu sonnen, dem Gefühl, ganz und gar von der heilenden Energie der Natur umhüllt zu sein. Das würde ihr helfen, die Prioritäten in ihrem Leben klarer zu sehen und entsprechende Entscheidungen zu treffen. Durch das Essen grüner Nahrungsmittel, das Tragen grüner Kleidungsstücke und das Aufstellen grüner Pflanzen in ihrer Wohnung könnte sie sich eine emotional stabile und ausgeglichene Umgebung schaffen, die sie unterstützen würde. Diese Farbe würde ihr emotionalen Schutz bieten und ihr helfen, sich innerlich sicher zu fühlen. Wir rieten Vanessa auch, die Farbe Orange (ihre dritte Farbe) durch orangefarbene Kleidung, Blumen wie Tigerlilien und Chrysanthemen oder andere orangefarbene Dinge in ihr Leben zu bringen. Das würde die negativen Aspekte von Grün, zum Beispiel Stagnation, in den Hintergrund drängen. Da sie sich ohnehin auf Orange zubewegte, war es sinnvoll, ihr dies zu raten.

Nach sechs Monaten kam Vanessa wieder zu uns, um uns zu erzählen, wie sich ihr Leben entwickelt hatte. Sie berichtete uns von einer zehntägigen Reise nach Irland, auf der sie viel Zeit mit ihren Eltern verbracht hatte. Dort wurde Vanessa bewußt, wie groß ihr Hunger nach der Farbe Grün gewesen war, und da Irland ja bekannt für seinen Überfluß an Grün ist, kam sie in den vollen Genuß dieser Farbe! Sie machte lange Spaziergänge und spürte, wie ihre Sorgen schwanden. Auf einem dieser Spaziergänge faßte sie den Entschluß, sich nach einer Teilzeitarbeit umzusehen, um etwas Geld zu verdienen, ihre künstlerischen und kreativen Fähigkeiten einsetzen zu können und dennoch genug Zeit für ihre Tochter zu haben. Als Vanessa uns im November 1988 noch einmal besuchte, hatte sie noch keine passende Arbeit gefunden, doch sie vertraute darauf, daß sie nun, da sie wußte, was sie wollte, viel leichter etwas finden würde. Fünf Monate später berichtete sie uns, daß sie den »perfekten« Job als Helferin in einer Spielgruppe gefunden hatte, was bedeutete, daß sie ihre Tochter sogar zur Arbeit mitnehmen konnte. Zusätzlich bot diese Stelle die Möglichkeit, mehr Orange in ihr Leben zu bringen, indem sie viel mit Kindern zusammen war.

Ihre Scheidung verlief komplikationslos; sie hatte eine neue Arbeit, verdiente ein bescheidenes Gehalt und hatte genug Zeit, sich um ihre Tochter zu kümmern. »Was könnte ich mehr verlangen?« sagte sie. »Ich habe schon soviel in so kurzer Zeit erreicht – wer weiß, was die Zukunft noch für mich in petto hat?« Ihre Stimme war voller Hoffnung, und sie war sehr dankbar dafür, wie die Dinge sich für sie entwickelt hatten.

Sitzung 3

Robert, Beamter in einer Justizvollzugsanstalt, achtundzwanzig Jahre alt, hatte einen sehr starken, kräftigen Körper. Er schien sehr angespannt, so, als stünde er unter Streß, doch ansonsten wirkte er selbstsicher und schien Selbstvertrauen zu besitzen. Er hatte schwarzes Haar, braune Augen, eine blasse Haut und trug eine schwarze Bomberjacke, schwarze Hosen und ein rotes T-Shirt mit Kragen, als er zum erstenmal zu uns kam.

Robert wählte als erste Farbe Rot, als zweite Blau und als dritte Gelb.

Interpretation

Rot

Die Farbe Rot in der ersten Position zeigte, daß Robert grundsätzlich extrovertiert und lebensbejahend war. Er hatte ein aktives, zupackendes Wesen und ein starkes Verlangen nach materiellem Erfolg. Er war warm und freundlich, beliebt bei anderen und im allgemeinen zuverlässig und verantwortungsbewußt.

Blau

Diese Farbe spiegelte Roberts Bedürfnis nach Streßabbau in seinem Leben wider. Sein aktives Wesen und ein fordernder und anstrengender Beruf hatten dazu geführt, daß Robert nun an einer inneren Grenze angelangt war. Er brauchte dringend Erholung, um seine Energien durch irgendeine Form von Ruhe und Entspannung regenerieren zu können. Wir schlugen ihm vor, vorübergehende Erleichterung durch Meditation oder Gebet zu suchen, und er zeigte sich interessiert, mehr über diese Dinge zu erfahren.

Gelb

Diese Farbe wies auf seinen Wunsch nach Leichtigkeit hin, den Wunsch, etwas möge ihm helfen, den depressiven, niederdrükkenden Zustand seiner gegenwärtigen Situation zu überwinden. Zur Zeit war er unfähig, die positiven oder optimistischen Seiten des Lebens zu sehen – und es schien, als sei jegliche Farbe aus seinem Leben verschwunden. Er mußte einen Weg finden, auf dem er wieder Hoffnung schöpfen und etwas Neues und Bedeutsames für sich entdecken konnte. Da er daran interessiert war, etwas über verschiedene streßabbauende Übungen und Selbsthilfetechniken zu lernen, empfahlen wir ihm, an einem Seminar teilzunehmen, das seine geistigen Kräfte anregen und ihm ein positiveres Zukunftsbild vermitteln würde.

Beratung und Umsetzung

Bei Roberts Farbauswahl überwogen die warmen Farben des Spektrums (Rot in der ersten Position und Gelb in der dritten). Daher war es wichtig für ihn, ein Gleichgewicht mit den kühleren Farben des Spektrums herzustellen (ganz besonders mit Blau und, in geringerem Maße, auch mit Türkis). Er war ausgebrannt und erschöpft, und wir rieten ihm, allgemein in seinem Leben in eine langsamere Gangart umzuschalten. Da er Blau an zweiter Stelle gewählt hatte und diese Farbe daher seine gegenwärtigen Bedürfnisse widerspiegelte, empfahlen wir ihm, sich mit blauen Dingen zu umgeben. Das konnte er in seiner Wohnung tun, und das Tragen der tieferen Schattierungen dieser Farbe würde ihm helfen, sein überaktives Wesen zu entspannen. In Verbindung mit dem regelmäßigen Praktizieren streßabbauender Techniken würde er in der Lage sein, genug Energie aus dem blauen Spektrum zu erzeugen, um sich ins Gleichgewicht zu bringen.

Am Ende der Sitzung sagte Robert, er sei anfangs etwas skeptisch gewesen, doch es habe ihn verblüfft, daß drei Farben soviel korrekte Informationen über seinen allgemeinen Zustand liefern könnten. Er verließ uns mit einem größeren Bewußtsein über seine gesamte Situation und spürte wieder mehr Hoffnung.

Einen Monat nach unserer Beratung entschloß sich Robert, an einem unserer Seminare teilzunehmen. Dies und sein *Colour Reflection Reading* motivierten ihn und weckten in ihm den Wunsch, seine allgemeine Erschöpfung und Lethargie zu überwinden. Er fühlte sich nun in der Lage, sich positiv mit seiner unmittelbaren Situation auseinanderzusetzen.

Die Auswirkungen der Sitzung und des Kurses ermutigten Robert dazu, uns einigen seiner Freunde zu empfehlen. Sie bestätigten uns, daß es nun sehr viel vergnüglicher und erfreulicher sei, mit ihm zusammenzusein, und erzählten, daß er nun sogar an einem Meditationskurs teilnehme!

Zweites Kapitel

Die acht elementaren Farben

Um das Wesen der Farben zu verstehen, sollten wir uns zunächst die beiden bekanntesten historischen Konzepte, die Natur der Farben zu definieren, betrachten. Das eine stammt von einem berühmten analytisch denkenden Wissenschaftler, das andere von einem großen Dichter und Philosophen. Ihre Forschungen helfen uns, sowohl zu einem wissenschaftlichen Verständnis der Farben als auch zu einem mehr intuitiven und emotionalen Zugang zu finden. Darüber hinaus helfen sie uns, ein ausgewogeneres und praktikableres System der Farbenlehre für Heilzwecke zu entwickeln, aus dem auch ersichtlich wird, weshalb wir bei unserer Methode acht anstatt sieben Farben benutzen.

Die Aufspaltung des Lichtes wurde erstmals im siebzehnten Jahrhundert von Isaac Newton beschrieben. Während er mit einem Prisma experimentierte, bemerkte er, daß es einen Strahl des Sonnenlichtes in schmale Farbbänder zerlegte, so daß ein vollständiges Farbspektrum oder ein »Regenbogen«, wie man später sagte, entstand. Newton stellte die Theorie auf, daß weißes Licht eine Zusammensetzung verschiedener Lichtstrahlen darstellt, die durch das Prisma in sieben Grundfarben zerlegt werden: Rot, Orange, Gelb, Grün, Blau, Indigo und Violett (siehe Abbildung 3). Die sieben Farben schienen auch perfekt zu den sieben Grundtönen in der Musik und den sieben Hauptplaneten zu passen.

Im Jahre 1706 fertigte Newton die ersten bekannten Zeichnungen des Farbkreises an; er wies auf die Ähnlichkeit zwischen Violett und Rot hin und stellte die Farben so zusammen, daß sie einen kontinuierlichen Farbkreis bildeten.

Johann Wolfgang von Goethe, der Philosoph und Dichter, veröffentlichte im Jahre 1792 ebenfalls das Modell eines Farbkreises und entwickelte in seiner umfangreichen *Farbenlehre* von 1810 seine Theorie über die Farben.

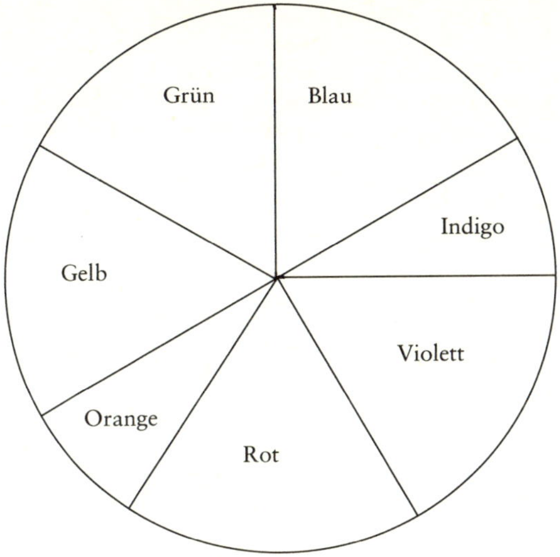

Abb. 3 Newtons Farbkreis

Goethes Farbkreis bestand aus sechs Farben: Magenta, Orange, Gelb, Grün, Blau und Violett (siehe Abbildung 4). Er kritisierte Newtons Farbtheorie, da er sie für zu mathematisch und abstrakt hielt. Für Goethe waren Farben Teil des dynamischen Lebensflusses, und er betonte, wie wichtig es sei, Farben als lebendige Empfindungen und als ein aktives Wechselspiel zwischen Licht und Dunkelheit wahrzunehmen. Für Goethe waren Farben Ausdruck der Schönheit, und Newtons Beobachtungen erschienen ihm mechanisch, statisch und leblos.

Goethes Bemühungen, die Energien der Farben und ihre Wirkungen auf uns zu beschreiben, bilden zusammen mit Newtons analytischen Betrachtungen die Grundlage unserer heutigen Farbtheorie. Doch weder Newton noch Goethe bescherten uns einen vollständigen Farbkreis. Ihre Ansätze unterschieden sich in folgenden Punkten:

- Newton betrachtete Rot als reine Farbe und nahm Indigo in sein Farbspektrum auf;
- Goethe ließ reines Rot und Indigo weg und nahm Magenta in seinen Farbkreis auf;

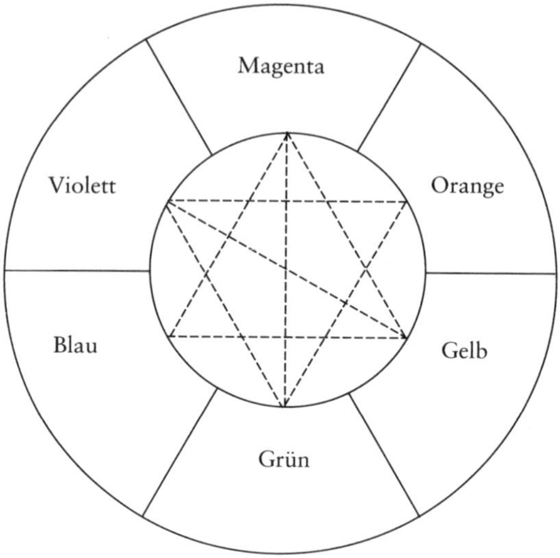

Abb. 4 Goethes Farbkreis

- Newtons Farbkreis bestand aus sieben verschiedenen Farben, während Goethes nur sechs enthielt;
- Goethes *Farbenlehre* enthielt das Konzept der Komplementärfarben, das bei Newtons Farbkreis nicht anwendbar war, da seine Theorie auf einer ungeraden Anzahl von Farben beruhte.

Bei unserer Methode benutzen wir ein Spektrum von acht Farben. Bei diesem Farbkreis ist das Konzept der Komplementärfarben ein wichtiger Bestandteil, und er enthält jeweils die gleiche Anzahl von Farben mit warmen und kühlen Eigenschaften. Das Konzept der Komplementärfarben fügt unserem Verständnis der Wirkungen von Farben eine neue Dimension hinzu. Im Lichte dieser Idee nahmen wir Rot und ihre Komplementärfarbe Türkis auf, um einen Farbkreis von harmonischer Ausgewogenheit zu schaffen. Unser Farbkreis setzt sich aus Rot, Orange, Gelb, Grün, Türkis, Blau, Violett und Magenta zusammen, den für uns elementaren acht Farben. In diesem Farbkreis steht jede Farbe in einer harmonischen Beziehung mit ihrem gegenüberliegenden Pendant. Es ist wichtig, daß die Farben sich nicht gegenseitig »erschlagen«; sie sind einander statt dessen so zugeordnet, daß sie sich verstärken und harmonisch unterstützen.

Das Prinzip der Ergänzung

Die Theorie der Ergänzung beruht auf einem der fundamentalen Prinzipien der Philosophie des Taoismus, die Tausende von Jahren alt ist. Mit Hilfe dieses Prinzips wurden die Vorgänge in der Natur interpretiert, und es spielt eine bedeutende Rolle in der chinesischen Medizin und Astrologie. Die Chinesen betrachten das Leben grundsätzlich als ein Wechselspiel zweier Kräfte, die sich zwar gegenüberstehen, sich jedoch nicht antagonistisch verhalten. Diese Kräfte sind als Yin und Yang (siehe Abbildung 5) bekannt. Yin wird mit dem Weiblichen, Yang mit dem Männlichen assoziiert; Yin bedeutet Expansion, Yang Zusammenziehung; Yin ist die Nacht, Yang der Tag; Yin ist kalt, Yang heiß und so weiter. Beide Kräfte bewegen sich zyklisch und wandeln sich ständig in ihrer Beziehung zu sich selbst und zum anderen entsprechend dem Pulsieren der Lebenskräfte unseres Universums.

Abb. 5 Yin-Yang-Symbol

Um dieses Ergänzungsprinzip auf Farbe anwenden zu können, müssen wir zunächst eine gleiche Anzahl von Farben haben. Eine Farbe würde stets ohne Ergänzung übrig bleiben, so wie im Fall von Newtons Farbkreis. Obwohl Goethe eine gleiche Anzahl von Farben in seinem Kreis aus sechs Farben benutzte, ließ er eine der wichtigsten Grundfarben, nämlich Rot, einfach weg.

Für uns war es ganz selbstverständlich, diese Farbe in unser Spektrum einzubeziehen, da sie neben Gelb, Grün und Blau eine der Primärfarben darstellt. Türkis nahmen wir ebenfalls in unseren Farbkreis auf, da es die perfekte Ergänzung für Rot ist. Türkis gleicht Rot aus – es geht in Beziehung zu dieser Farbe weder unter, noch dominiert es. Im Laufe unserer Arbeit haben wir erkannt, daß Türkis eine Brücke zwischen der physischen und der spirituellen Ebene bildet, und an diesem Punkt unserer Evolution repräsentiert Türkis eine neue und wachsende Bewegung in Richtung persönlicher Weiterentwicklung des Menschen. Türkis steht in Einklang mit dem neuen Ethos des Wassermannzeitalters, das die Möglichkeit der Massenbewußtheit mit sich bringt, insbesondere, was das persönliche und planetarische Wachstum angeht.

Indigo, ein sehr dunkles Blau, wird mit Selbstaufopferung in Verbindung gebracht: Diese Farbe repräsentiert Bestrafung und Leiden, was zu einem Mangel an Erfüllung, zu Schmerz und Märtyrertum führt. Das Fischezeitalter, das dem Wassermannzeitalter vorausging, war eine Zeit schwerer Prüfungen und großen Leids. Indigo ist daher eine Farbe, die ihre Bedeutung für unser Spektrum und für die allgemeine Geisteshaltung unserer Gesellschaft verloren hat. Aus diesem Grunde entschlossen wir uns, in unserem Farbkreis Indigo nicht zu verwenden.

Wenn man zwei Komplementärfarben von gleicher Intensität nebeneinander stellt, kreieren sie den stärkstmöglichen Farbkontrast. Die Wirkung kann je nach der Intensität der Farben subtil oder dramatisch sein, und die Reaktionen der Menschen auf diese Kontraste reichen von starker Anziehung bis hin zu tiefster Ablehnung. Komplementärfarben vermitteln ein Gefühl von Vollständigkeit, da sie sich zu einer ausgeglichenen Energie verbinden.

Die als Yang bezeichneten Farben sind die warmen Farben des Spektrums, die Yin-Farben die kühlen. Magenta, Rot, Orange und Gelb sind grundsätzlich Yang; Grün, Türkis, Blau und Violett sind Yin. Babbitt, ein im ausgehenden neunzehnten Jahrhundert lebender Chromopath, sprach von »magnetischen« und »elektrischen« Farben, was man als einen weiteren Versuch, ihre unterschiedlichen Eigenschaften zu definieren, betrachten könnte. Magnetische Farben sind Yang, elektrische sind Yin.

Man darf jedoch nicht vergessen zu erwähnen, daß sowohl in Yin als auch in Yang immer das jeweilige Gegenstück existiert. Daher enthält Yin ein Element von Yang, während Yang ein Element von Yin in sich birgt.

Jede Farbe hat ihre eigene Dualität, ihre positiven und negativen Eigenschaften, die entweder fördernd oder schwächend wirken, Licht oder Dunkelheit hervorrufen können. Die helleren, lichteren Rottöne haben überwiegend stärkende Eigenschaften und sind mehr Yang, während die dunkleren Rottöne eher schwächende Eigenschaften besitzen und Yin sind. Jede Farbe hat ihre Komplementärfarbe, also ihr kühles oder warmes, passives oder aktives Gegenstück.

Wenn wir Farben therapeutisch einsetzen, ohne gleichzeitig die Komplementärfarben zu verordnen, können wir ernste Nebenwirkungen hervorrufen. Es ist dann wahrscheinlicher, daß man die Probleme, die man lösen wollte, noch verstärkt, anstatt sie zu beseitigen. Nehmen wir an, daß Sie die Farbe Rot benötigen, weil Sie unter einem Mangel an Energie und Vitalität leiden. Sie setzen sich nun also über einen längeren Zeitraum der Farbe Rot auf jede erdenkliche Weise aus, ohne sie durch ihre Komplementärfarbe Türkis auszugleichen. Früher oder später werden Sie feststellen, daß Sie physisch völlig erschöpft und ausgebrannt sind, weil Sie sich zu sehr und zu ausschließlich der Farbe Rot ausgesetzt haben. Mit anderen Worten: Sie haben die Farbe Rot überdosiert. In diesem Fall raubt Rot Ihnen Energie, anstatt Ihnen welche zu geben; es zapft Ihre eigenen Energievorräte an. Die Anwendung von Farben für therapeutische Zwecke ohne den Ausgleich durch Komplementärfarben erhöht die Wahrscheinlichkeit, daß der gewünschte Effekt sich ins Gegenteil verkehrt, und das wäre mit Sicherheit kontraproduktiv.

Die Psychologie der Farben

Wissenschaftliche Studien weisen darauf hin, daß das Licht verschiedener Farben, das über die Augen aufgenommen wird, indirekt unser Gefühlszentrum beeinflussen kann, und zwar über den Hypothalamus und über die Hirnanhangdrüse oder Hypophyse. Auch wenn exakte wissenschaftliche Beweise dafür, daß

Farben unser Gemüt wie unseren Körper beeinflussen, noch ausstehen, können wir doch die Tatsache, daß jeder von uns auf ganz individuelle Weise auf Farben reagiert, nicht leugnen. So kann beispielsweise ein Blauton, der auf einen Menschen beruhigend wirkt, von einem anderen als kalt empfunden werden und ihn frösteln lassen; Rot kann als sinnlich anregend oder extrem aufreizend empfunden werden.

Nach unserer Erfahrung fühlen sich Menschen aufgrund einiger weniger bestimmender Faktoren zu bestimmten Farben hingezogen; ihre Wahl kann durch ihren Charaktertyp, ihre Lebensumstände oder tiefe, möglicherweise unbewußte, geheime Wünsche und Gedanken bestimmt werden. Manche Menschen wissen ganz genau, welche Farben sie brauchen, während andere keine Ahnung haben.

Viele Menschen wählen eine Farbe nicht deshalb, weil sie gut für sie ist, sondern weil sie diese Farbe mögen, selbst wenn sie ihren Bedürfnissen zuwiderläuft. Weshalb aber mögen Menschen bestimmte Farben? Was ist es, das uns anzieht oder abstößt, das uns bestimmte Farben lieben oder ablehnen läßt? Solche Reaktionen auf Farben können bis auf bestimmte Kindheitsassoziationen zurückgehen; sie mögen von bestimmten Vorlieben für oder Antipathien gegen eine symbolische oder traditionelle Bedeutung, die einer Farbe zugeordnet wurde, beeinflußt sein. Manchmal wird die Wahl auch einfach durch den Wandel der Mode oder die schmeichelnde Wirkung einer Farbe auf den Teint bestimmt.

Viele psychologische Tests wurden entwickelt, um uns zu helfen, uns selbst durch die Macht der Farben zu entdecken. Goethe glaubte, daß Farben sich unmittelbar auf unser Gemüt auswirken. C. G. Jung, der das Yang-Prinzip »Animus« und das Yin-Prinzip »Anima« nannte, glaubte an die symbolische Macht der Farben und ermutigte seine Patienten, sich spontan durch das Malen mit Farben auszudrücken. Er wollte ihnen damit helfen, für ihre Ganzwerdung den tiefsten, unbewußtesten Teil ihrer Psyche ans Licht zu bringen und zu integrieren.

Max Lüscher, der den »Lüscher-Farbtest« (siehe Seite 18) entwickelte, als er die Wirkungen der Farben auf die Psyche erforschte, glaubte, daß Farben emotionale Qualitäten ausdrükken und daß die Vorliebe einer Person für bestimmte Farben grundlegende Persönlichkeitszüge offenbart. Die starke Vorliebe eines Menschen für Rot weist demnach auf den extrovertierten Persönlichkeitstyp hin, auf jemanden, der nach außen geht und einen starken Willen hat, während eine Abneigung gegen diese Farbe auf einen scheuen Menschen hinweist, der sich wahrscheinlich vom Gesellschaftsleben zurückzieht.

Im Prinzip hilft uns unsere Farbberatungstätigkeit, bei der wir das *Colour Reflection Reading* einsetzen, die physischen, emotionalen und mentalen Aspekte eines Individuums zu verstehen. Die so gewonnenen Informationen und die spätere gründliche Erörterung der Farbwahl versetzen den jeweiligen Menschen oft in die Lage, alle Aspekte, die zu seiner Persönlichkeit gehören, zu integrieren. Wir sind überzeugt, daß diese Technik ein machtvolles Instrument ist, das Menschen hilft, sich selbst objektiv zu sehen und ganzheitlicher zu leben.

Wie die acht elementaren Farben die Gesundheit beeinflussen

Jede unserer acht elementaren Farben beeinflußt den Menschen auf der emotionalen, mentalen und physischen Ebene. Sie können Ihrem in Kapitel 1 beschriebenen *Colour Reflection Reading* eine weitere Dimension hinzufügen, indem Sie es mit den in diesem Abschnitt gemachten Vorschlägen für die Anwendung von Farbenergien zur Korrektur von Unausgewogenheiten verbinden. So kann man auf einfache Weise Farben zu Heilungszwecken einsetzen.

Betrachten Sie sich die Farben, die Sie beim *Colour Reflection Reading* gewählt haben, und lesen Sie den Abschnitt über die jeweilige Farbe. Versuchen Sie, intuitiv und spontan die Stärken und Schwächen zu erkennen und die förderlichen oder beeinträchtigenden Aspekte zu erforschen. Die folgenden Ausführungen sollen Ihnen helfen, Stärken und Schwächen in Ihrem gegenwärtigen Gesundheitszustand aufzuspüren. Danach können Sie, mit Hilfe der Informationen in den anderen Kapiteln, grundlegende Veränderungen vornehmen, indem Sie die Farben auf positive und praktische Art und Weise in Ihr Leben bringen. Seien Sie sich bewußt, daß ein beeinträchtigender Aspekt oft genau das

Gegenteil eines förderlichen ist. So ist zum Beispiel ein förderlicher Aspekt von Rot die Bereitschaft zu handeln. Das genaue Gegenteil davon (die Weigerung zu handeln) ist hier der beeinträchtigende Aspekt.

Mentale und emotionale Eigenschaften von Rot
(Komplementärfarbe: Türkis)

Förderliche Aspekte
Rot, die erste Farbe des Spektrums, repräsentiert Motivation, Stimulation, Aktivität und Willen. Sie steht für neues Leben und neue Anfänge. Sie hat, verglichen mit den anderen Farben, eine ursprüngliche, urwüchsige Energie. Sie wird mit Wärme und Erregung, mit Initiative und der Bereitschaft zu handeln assoziiert und verkörpert den Pioniergeist, der uns beflügelt. Andere typische Eigenschaften, die mit Rot in Verbindung gebracht werden, sind Beharrlichkeit, physische Stärke und Antriebskraft, Freundlichkeit und die Bereitschaft zu verzeihen. Großzügigkeit und Dankbarkeit sind weitere schöne Züge dieser Farbe. Rot ist ein Synonym für körperliche Liebe und Leidenschaft.

Beeinträchtigende Aspekte
Obszönität und Grobheit, ein Mangel an Feinheit und eine gewisse Neigung zu Hartnäckigkeit können sich hier zeigen. Physische Grausamkeit, Rohheit und Bedrohlichkeit können zutage treten. Die Rot innewohnende Intensität und Kraft können sich in Wut und rasenden Zorn verwandeln oder sich als Brutalität, Rücksichtslosigkeit, Groll oder Rebellion ausdrücken.

Die physischen Wirkungen von Rot

Rot ist eine warme Farbe mit extrovertiertem Charakter. Sie verleiht einem lebenden Organismus Vitalität und Energie und regt dort zu Aktivität an, wo Trägheit vorherrschte. Rot stimuliert die Adrenalinausschüttung, unterstützt den Blutkreislauf und die Bildung von Hämoglobin, das zur Produktion neuer roter Blutkörperchen benötigt wird. Rot erhöht den Blutdruck, erzeugt Hitze im Körper und stimuliert das Nervensystem, deshalb ist diese Farbe so gut geeignet, verschiedene Formen von Erstarrung sowie Lähmungserscheinungen zu behandeln. Weitere Beschwerden, die durch Rot positiv beeinflußt werden können, sind Anämie, Erkältungen und Lungenentzündung.

Rot stimuliert die Körperfunktionen und wirkt sich positiv bei Trägheit, Melancholie, Traurigkeit, Depression und Lethargie aus. Rot trägt die Energie in sich, die zum Aufbau und zur Kräftigung des Körpers benötigt wird. Diese Farbe ist besonders nützlich in Zeiten der Erschöpfung oder herabgesetzten Widerstandskraft. Rot wirkt wie ein Tonikum und kann die ersten Anzeichen einer Erkältung im Keim ersticken. In diesem Fall kann man die Energie der Farbe Rot auf ganz einfache und praktische Weise zuführen, indem man rote Socken oder rote Handschuhe, eine rote Strickjacke oder einen roten Schal trägt. Eine weitere ausgezeichnete Methode, den Körper zu wärmen und die Lebensgeister zu wecken, ist die regelmäßige Anwendung der Farbatmung, der Farbvisualisierung und die Durchführung der Meditationen für die Farbe Rot (siehe Kapitel 7).

Rot wird nicht empfohlen für die Behandlung von Fieber, hohem Blutdruck oder entzündlichen Prozessen wie Schwellungen, offene Wunden, Verbrennungen oder Quetschungen.

Mentale und emotionale Eigenschaften von Orange
(Komplementärfarbe: Blau)

Förderliche Aspekte

Die Energie von Orange ist, wie die von Rot, nach außen gerichtet und extrovertiert, doch ist sie ganz allgemein konstruktiver. Orange spiegelt Begeisterung, eine natürliche, impulsive Lebhaftigkeit. Diese Farbe weckt die Lebensgeister; sie schenkt gute Gesundheit, Vitalität, Kreativität und Freude sowie Selbstvertrauen, Mut, Spannkraft, Spontaneität und eine positive Lebenseinstellung. Oft steht diese Farbe auch für Kommunikation, Bewegung und Unternehmungsgeist, und eines ihrer schönsten Attribute ist die Glückseligkeit.

Beeinträchtigende Aspekte
Die negative Seite von Orange kann sich in einem Hang zur Übertreibung äußern, was sich auch in Form von ausschweifendem oder exhibitionistischem Verhalten zeigen kann. Die negativen Schwingungen von Orange werden mit Freudlosigkeit, Melancholie und Trauer und im Extrem mit einem Vitalitätsverlust, mit Verzweiflung und Destruktivität assoziiert.

Die physischen Wirkungen von Orange

Diese Farbe hat einige grundlegende Eigenschaften mit Rot und Gelb gemein: Sie regt die Blutbildung und den Blutkreislauf an und beeinflußt die Mentalebene sowie das Nervensystem und die Atmungsorgane. Orange energetisiert den Körper und unterstützt die Verdauungs- und Verteilungsprozesse. Es ist die Farbe des Kalziums und wird daher für schwangere Frauen und stillende Mütter empfohlen, die die Milchbildung anregen wollen. Orange wirkt sich positiv auf Haare, Nägel, Knochen und Zähne aus und kann auch für die Behandlung von Milz- oder Nierenbeschwerden eingesetzt werden.

Eine gute Möglichkeit, dem Körper die Energie dieser Farbe zuzuführen, ist das Tragen von orangefarbener Kleidung im mittleren und unteren Körperbereich, zum Beispiel in Form von Hosen oder Hemden oder sogar Unterwäsche. Orange beeinflußt die physiologischen Funktionen des Magens, der Bauchspeicheldrüse, der Blase und der Lunge und wirkt positiv bei Geschwüren und Gallensteinen. Ganz besonders wirksam ist Orange bei Darmgasen und Darmkrämpfen und wirkt heilsam auf einen trägen oder spastischen Darm. Auch Verstopfung kann wirksam mit der Farbe Orange behandelt werden.

Orange stärkt den Herzschlag und unterstützt die Leberfunktion. Deshalb ist es auch in der Behandlung von Alkoholikern angezeigt. Seine Wirkung auf die Atmungsorgane kann man sich bei Bronchitis zunutze machen, da seine Schwingungen eine tiefe, rhythmische Atmung fördern. Die helleren Töne dieser Farbe können zur Behandlung von Arthritis und Rheumatismus eingesetzt werden.

Orange ist nicht geeignet für Menschen, die leicht reizbar sind oder unter Streß leiden.

Mentale und emotionale Eigenschaften von Gelb
(Komplementärfarbe: Violett)

Förderliche Aspekte
Gelb ist die »leichteste« Farbe des warmen Spektrums, und sie erinnert am stärksten an die Sonne. Sie bringt Hoffnung mit sich und das Gefühl, daß alles gut werden wird. Sie hat Strahlkraft und verbreitet Licht, Heiterkeit und Freude. Gelb spiegelt geistige Offenheit und Inspiration; es leuchtet und scheint, und in seiner positivsten Schwingung steht es für Wissen und Weisheit. Gelb wird auch mit Vernunft und Logik, Unterscheidungsvermögen, Scharfsinnigkeit und Entscheidungsfreudigkeit assoziiert.

Beeinträchtigende Aspekte
Die negative Schwingung von Gelb kann extrem destruktiv sein. Sie umfaßt Täuschung, Verirrungen, kontrollierendes Verhalten, Berechnung, Bosheit, Rachsucht und Schmeichelei. Sie kann zu extremer Negativität in Verbindung mit Depression und tiefem Pessimismus führen.

Die physischen Wirkungen von Gelb

Gelb stärkt das Nervensystem und die Muskeln, einschließlich des Herzmuskels, und unterstützt den Kreislauf. Es regt verschiedene Körperfunktionen an wie zum Beispiel die Leberfunktion, die Funktion der Gallenblase und den Gallenfluß. Es unterstützt auch die Bildung des Magensaftes und lindert Verstopfung und Verdauungsschwäche, indem es die Darmperistaltik anregt. Gelb ist eine ausgezeichnete Farbe für die Behandlung entzündlicher Prozesse der Gelenke und der Bindegewebe und kann sich sehr positiv bei Arthritis, Rheumatismus und Gicht auswirken.

Eine praktische Methode, die Energie der Farbe Gelb aufzunehmen, ist die regelmäßige Anwendung der in Kapitel 7 beschriebenen Farbatmung, Farbvisualisierung und Meditationstechniken. Konzentrieren Sie sich auf die betroffenen Körperstellen, indem Sie die Energie der Farbe dorthin lenken. Oder setzen Sie sich, falls möglich, regelmäßig eine Zeitlang in die

Sonne, und baden Sie in den leuchtenden, goldgelben Strahlen, sooft Sie können.

Gelb hat die Fähigkeit, Kalziumablagerungen innerhalb des Organismus zu lösen, und eignet sich daher gut zur Linderung von Gelenksteifheit und Gelenkschmerzen, die bei Bewegung auftreten. Es ist auch eine reinigende Farbe, die außerordentlich positiv auf die Ausscheidungsfunktionen von Nieren und Leber wirkt und dem Körper hilft, Schleim zu lösen. Sie kann das Blut reinigen und den Lymphfluß anregen. Gelb ist außerdem hilfreich für Diabetiker, da es ihnen helfen kann, die täglich notwendige Insulindosis zu senken und die Produktion des natürlichen Insulins aus der Bauchspeicheldrüse anzuregen. Jod, Phosphor, Gold und Schwefel tragen die Energie der Farbe Gelb in sich.

Obwohl Gelb die Gehirnfunktion und die Denkprozesse anregt, wird es nicht für Menschen empfohlen, die an schweren Geisteskrankheiten oder Neurosen leiden.

Mentale und emotionale Eigenschaften von Grün
(Komplementärfarbe: Magenta)

Förderliche Aspekte

Die Energie der Farbe Grün repräsentiert Teilen, Anpassungsfähigkeit, Großzügigkeit und Kooperationsbereitschaft. Sie besänftigt die Emotionen und fördert Urteilsvermögen, Bewußtheit und Verstehen. Grün steht für Sicherheit und Schutz und schafft eine Atmosphäre, die sich günstig auf Entscheidungsprozesse auswirkt. Der natürliche Gerechtigkeitssinn, der mit dieser Farbe assoziiert wird, schafft Raum, Freiheit, Harmonie und Gleichgewicht. Grün signalisiert die Erneuerung des Lebens, und in seiner höchsten Schwingung spiegelt es den Geist der Evolution.

Beeinträchtigende Aspekte

Geiz, Gleichgültigkeit und Unsicherheit sind einige der negativen Eigenschaften von Grün. Schlechtes Urteilsvermögen, Überängstlichkeit und Mißtrauen zählen ebenso zu den negativen Aspekten dieser Farbe. Darüber hinaus kann sich die negative Seite von Grün in Altklugheit, Eifersucht, Neid, Egoismus und dem Hang zu Vorurteilen äußern. Auf den niedrigeren Schwingungsebenen führt Grün zu Stagnation und schließlich zu Degeneration.

Die physischen Wirkungen von Grün

Grün wirkt sich ganz besonders wohltuend auf das sympathische Nervensystem aus, es unterstützt ganz allgemein die Heilung des Körpers, schafft Ausgleich und fördert die Zellregeneration. Grün steht mit dem Herzen in Verbindung und beeinflußt direkt die Funktion des Herzens und der Lunge. Es löst Blutgerinsel auf und wirkt positiv bei Stagnation und Verhärtung der Zellen. Grün unterstützt den Aufbau der Muskeln, der Haut und der Gewebe. Darüber hinaus fördert es die Ausscheidung toxischer Stoffe und wirkt wie ein mildes Astringens.

Grün entspannt und kann den Blutdruck senken. Es wirkt besänftigend und beruhigend, kann jedoch bei falscher Anwendung auch zu Müdigkeit, Benommenheit oder Verwirrtheit führen.

Da diese Farbe die Fähigkeit hat, die grundlegenden Zellstrukturen zu beeinflussen, kann sie sogar zur Behandlung von Tumoren und Zysten eingesetzt werden. Besonders positiv wirkt sie sich bei Brustbeschwerden wie Asthma, chronischer Bronchitis und bei Angina aus. Falls Sie ein Engegefühl im Brustbereich verspüren, sollten Sie die Atemübung und die Meditation für die Farbe Grün, die in Kapitel 7 beschrieben ist, ausprobieren. Das wird Ihnen helfen, Ihren Brustkorb zu erweitern, Ihren ganzen Brustbereich zu öffnen und die Spannung und Enge loszulassen. Außerdem werden Ihnen regelmäßige Spaziergänge in einem Park oder auf dem Land, um frische Luft zu schnappen, guttun.

Grün wird auch bei entzündlichen Lebererkrankungen, Erkältungen und Kopfschmerzen angewendet. Da Grün als ausgleichende Kraft wirkt, lindert es die Angst in traumatischen Situationen und wird mit guten Ergebnissen in der Schockbehandlung eingesetzt. Grün ist auch hilfreich für Menschen, die an Klaustrophobie leiden.

Mentale und emotionale Eigenschaften von Türkis
(Komplementärfarbe: Rot)

Förderliche Aspekte
Türkis hat eine konstante Schwingung, die weder überwältigend noch aufdringlich wirkt. Es hat eine Aura von Wachheit und Bewußtheit, die große Klarheit im Ausdruck schenkt. Diese leuchtende, klare Farbe spiegelt eine aufmerksame Präsenz und geistige Offenheit, die Wohlbefinden hervorruft. Sie ist freiheitsliebend, unterstützend und zieht Erfolg an. Das frische Türkis gibt uns die Möglichkeit zur Veränderung bis hin zur Transformation auf höchster Ebene.

Beeinträchtigende Aspekte
Türkis haftet manchmal eine gewisse Unreife an, die sich als Verwirrung und als Unfähigkeit, im Leben weiterzukommen, manifestieren kann. Weitere negative Eigenschaften sind der Hang zur Isolation und Trennung, verbunden mit Gefühlen der Leere und einem Mangel an Klarheit auf der emotionalen, spirituellen und mentalen Ebene.

Physische Wirkungen von Türkis

Türkis entsteht durch die Verbindung von Blau und Grün. Es ist eine wunderbar kühle, entspannende und erfrischende Farbe, die sehr gut zur Behandlung jeglicher entzündlicher Prozesse geeignet ist und beispielsweise ausgezeichnet bei Kopfschmerzen, Schwellungen, Schnittwunden, Quetschungen oder Verbrennungen wirkt. Wenn Sie sich das nächstemal verbrennen oder schneiden, sollten Sie sofort Ihre Hand auf die betreffende Stelle legen (oder das jemand anderen für Sie tun lassen), während Sie die entzündungshemmende Farbe Türkis direkt auf diesen Bereich lenken (siehe Seite 170). Mit Hilfe der Farbatmung und der Farbvisualisierungstechniken sowie der Meditation für Türkis, die alle in Kapitel 7 beschrieben sind, können Sie in Ihrem Innern ein Bild der sich beruhigenden Wunde erzeugen.

Türkis ist besonders gut zur Behandlung von Hautproblemen (Akne, Ekzemen und Psoriasis [Schuppenflechte]), geeignet.

Es lindert Streßsymptome und Spannungen und hilft, toxische Schlacken und Ansammlungen aus dem Körper auszuscheiden.

Türkis beeinflußt auch das Immunsystem positiv, da es eine Schutzwirkung gegen das Eindringen schädlicher Bakterien und Viren entfaltet. Auch Kolitis, Ruhr und fieberhafte Erkrankungen sprechen gut auf Türkis an, das alle Ausscheidungsprozesse unterstützt. Es reinigt die Nebenhöhlen, hilft, geistige Erschöpfung zu beseitigen und lindert Heuschnupfen. Es erfrischt und regeneriert den gesamten Organismus. Tatsächlich scheint Türkis die Lieblingsfarbe von Menschen zu sein, die an Aids leiden, besonders in den frühen Stadien der Erkrankung.

Türkis wird nicht für Menschen empfohlen, die an hypotonen Zuständen leiden.

Mentale und emotionale Eigenschaften von Blau

(Komplementärfarbe: Orange)

Förderliche Aspekte

Mit der Farbe Blau gelangen wir in die tieferen Bereiche des Geistes, und eine der höchsten ihr zugeordneten Qualitäten ist die spirituelle Sehnsucht. Blau gehört dem kühlen Spektrum an, und in seiner Stille und Tiefe fördert diese Farbe Hingabe und Vertrauen. Es ist eine beliebte Farbe, die mit Pflichttreue, Schönheit und Takt assoziiert wird. Die klare Ruhe von Blau löst Gefühle des Friedens, Vertrauens und der angenehmen Entspannung aus. Ihr Fluidum und ihre stille Kraft wirken sehr anziehend und lösen Bewunderung aus.

Beeinträchtigende Aspekte

Seinem Wesen nach ist Blau ständig auf der Suche. Bekannte Züge der negativen Schwingung von Blau sind Zweifel und Unglaube sowie ein Mangel an Takt. In der negativen Schwingung spiegelt diese Farbe unrealistisches Verhalten und verstärkt den Hang zu Tagträumen, zu Nachlässigkeit, Selbstgefälligkeit und Mißtrauen. Blau kann von Müdigkeit, Trägheit und Benommenheit in einen Zustand der Melancholie übergehen, der zu vollkommener Antriebslosigkeit führt.

Physische Wirkungen von Blau

Blau wirkt beruhigend und entspannend. Es ist das Gegenmittel zu Rot und wird erfolgreich zur Behandlung von fieberhaften Erkrankungen, beschleunigtem Puls und hohem Blutdruck eingesetzt. Im allgemeinen senkt es die Hitze im Körper und wirkt daher gut bei Sonnenbrand oder Hitzschlag. Blau bringt Gelassenheit und löst sowohl Spannungen als auch Streßsymptome und lindert Kopfschmerzen und Halsbeschwerden wie zum Beispiel Halsentzündungen, Husten, Heiserkeit und Kehlkopfentzündung (siehe auch Seite 175).

Diese Farbe wurde auch schon erfolgreich zur Behandlung von Menstruationsbeschwerden, zum Beispiel Unterleibskrämpfen, Rückenschmerzen oder unregelmäßigen Blutungen, eingesetzt. Frauen mit Menstruationsbeschwerden können sich die heilende Energie der Farbe Blau kurz vor, während und nach ihrer Periode zunutze machen. Blaue Nachtwäsche, Unterwäsche und Bademäntel sowie blaue Kleidungsstücke für den Tag können hilfreich sein, aber auch Haushaltswäsche wie Bettücher und Handtücher können helfen, Unregelmäßigkeiten des Menstruationszyklus auszugleichen. Ein blaues Licht, das über Nacht im Schlafzimmer brennt, kann helfen, Menstruationsschmerzen und Spannungen zu lindern.

Weitere Beschwerden, die gut auf Blau ansprechen, sind Migräne, Meningitis, Kolitis, Ruhr, Schlaflosigkeit und Durchfall. Blau wirkt auch ganz besonders gut bei Beschwerden von Kindern: zum Beispiel beim Zahnen, bei Halsschmerzen, Mandelentzündung, Masern, Keuchhusten, Windpocken und Schluckauf. Viele Augenprobleme können durch Blau behoben werden, so zum Beispiel Kurzsichtigkeit, Katarakte und Lichtüberempfindlichkeit. Blau sollte nicht bei Lähmungserscheinungen, niedrigem Blutdruck oder Erkältungen angewendet werden. Auch bei Melancholie oder Depression ist diese Farbe nicht angezeigt.

Mentale und emotionale Eigenschaften von Violett
(Komplementärfarbe: Gelb)

Förderliche Aspekte
Diese Farbe, aus Blau und Rot zusammensetzt, spiegelt Würde, Noblesse und Selbstachtung. Es ist eine königliche Farbe, die in ihrer feinsten Schwingung die Kraft der Integration und Einheit repräsentiert. Wenn die ihr innewohnende Qualität durch mediale Energie mit visionärer Kraft und Intuition vereint wird, kann sie das Schicksal lenken. Künstlerische Fähigkeiten, Toleranz und Rücksichtnahme werden mit Violett assoziiert. Seine besänftigende, beruhigende Energie verkörpert einen praktischen Idealismus, der mit Demut und Bescheidenheit gepaart ist.

Beeinträchtigende Aspekte
Die negative Seite von Violett äußert sich in Vergeßlichkeit und einem Mangel an Durchhaltevermögen. Rücksichtslosigkeit, Mißachtung anderer und eine streitsüchtige, fordernde Haltung entspringen dem Mißbrauch dieser Energie. Sie kann zu einem wirklichkeitsfernen Idealismus degenerieren und zu Isolation, Korruption und Desintegration führen. Auf dieser Ebene begegnen wir auch Stolz und Arroganz.

Physische Wirkungen von Violett

Violett normalisiert die Funktion aller Drüsen sowie den Hormonhaushalt, da es mit der Hypophyse oder Hirnanhangdrüse an der Basis des Gehirns in Verbindung steht. Violett wirkt sich positiv auf zerebrospinale Meningitis, Gehirnerschütterung, Epilepsie und andere Erkrankungen des Gehirns oder Nervensystems aus wie zum Beispiel Zwangsneurosen und Persönlichkeitsstörungen. Violett lindert Neuralgien und Beschwerden, die mit den Augen, Ohren oder der Nase in Zusammenhang stehen. Regelmäßige Anwendung der Farbatmung und der Farbvisualisierungsübungen können helfen, die Augen beweglicher und flexibler zu machen, und schwache Augen stärken.

Violett eignet sich besonders gut zur Blutreinigung und unterstützt die Bildung von Leukozyten (weißen Blutkörperchen).

Außerdem hilft diese Farbe, ein Gleichgewicht zwischen Natrium und Kalium im Körper aufrechtzuerhalten, was wiederum den Wasserhaushalt ausgleicht und den Herzrhythmus normalisiert. Die Lunge, Leber und Nieren können ebenfalls erfolgreich mit dieser Farbe behandelt werden. Auch Ischias und allgemeine Nervenerkrankungen sprechen gut auf Violett an.

Mentale und emotionale Eigenschaften von Magenta

(Komplementärfarbe: Grün)

Förderliche Aspekte
Die feinste und subtilste aller Farben, Magenta, wandelt Wünsche in ihre physischen Manifestationen um. Hingabe, Ehrerbietung, Dankbarkeit und Engagement werden dieser Farbe zugeschrieben, die danach strebt, Idealismus in seiner reinsten Form auszudrücken. Magenta ist die letzte unserer elementaren Farben und verkörpert einen hohen Grad an Bewußtheit und Reife als Ergebnis ihrer Reise durch all die anderen Farben. Charakteristisch für Magenta sind ordnende und verwaltende Fähigkeiten, die mit großem Mitgefühl einhergehen. Magenta ist eine sanfte, warme, nährende und schützende Farbe, deren höchster Ausdruck die bedingungslose oder spirituelle Liebe ist.

Beeinträchtigende Aspekte
Die negative Seite von Magenta bringt Überlegenheitsgefühle hervor, was zu Snobismus, Arroganz und schließlich zu Isolation führen kann. Die negativen Aspekte von Magenta können eine dominierende, monopolisierende und fanatische Haltung fördern. Mangel an Selbstliebe, die Nichtbeachtung persönlicher Bedürfnisse und innere Unsicherheit sind hier typisch für Magenta. Ein aufgeblähtes Selbstgefühl kann zu einem Mißbrauch der dieser Farbe innewohnenden Macht führen.

Physische Wirkungen von Magenta

Diese Farbe erhöht den Blutfluß zum Gehirn und stimuliert das sympathische Nervensystem. Sie lindert Kopfschmerzen, Kopfgrippe, hohen Blutdruck und wirkt positiv bei chronischer Erschöpfung oder bei Nervenzusammenbrüchen. Falls Sie dazu neigen, sich übermäßig zu verausgaben, sollten Sie einmal mit magenta- oder pinkfarbener Kleidung experimentieren. Eine gute Methode, die Energie von Magenta aufzunehmen, ist, sich selbst eine Zeit der Entspannung zu gönnen, sei es durch eine Massage oder eine Ferienreise. Magenta wirkt auch besonders gut bei Gedächtnisverlust oder Koma. Außerdem unterstützt Magenta die Herzfunktion und lindert Beschwerden wie Herzgeräusche und Herzstolpern, aber auch Sodbrennen. Die Energie dieser Farbe ist sanft, beruhigend und schützend. Sie unterstützt die Tiefenatmung, regt die Nebennieren sowie die Nierenfunktion an und kann auch als Diuretikum angewendet werden. Magenta kann emotional gestörte Menschen stabilisieren und ist auch bei aggressivem oder gewalttätigem Verhalten angezeigt.

Drittes Kapitel

Die Farben Ihrer Aura

In diesem Kapitel beschäftigen wir uns mit den feinstofflichen Körpern, die den physischen Körper umgeben, das heißt mit dem elektromagnetischen Feld, das auch als Aura bezeichnet wird. Das elektromagnetische Spektrum umfaßt sowohl die sichtbaren Farben als auch einen weiteren Bereich nicht sichtbarer Energien. Das gesamte Spektrum ist hauptsächlich ein Produkt der Sonnenstrahlen, die die Erde umhüllen und alle lebenden Organismen mit strahlender Energie durchströmen. Dieses Feld bringt die Aura hervor.

Wir werden uns außerdem mit dem Chakra-System beschäftigen, das mit unseren acht elementaren Farben in Verbindung steht und das jene Hauptenergiepunkte oder Kraftzentren des menschlichen Körpers umfaßt, durch die die Energien der Farben in den Körper eintreten und austreten können. Diese Farbenergien spiegeln den allgemeinen Gesundheitszustand eines Menschen auf der physischen, emotionalen und mentalen Ebene wider.

Um zu verdeutlichen, wie die Aura und das Chakra-System zusammenarbeiten und uns beeinflussen, möchten wir Ihnen eine alltägliche Situation, die die meisten von Ihnen wahrscheinlich schon erlebt haben, vor Augen führen. Denken Sie einmal an eine Situation, in der Sie schlechte Nachrichten erhielten, die Sie in Streß versetzten, oder eine Situation, in der Sie Angst verspürten (wie zum Beispiel vor einem Examen, vor einem Vorstellungsgespräch, vor einem Bühnenauftritt oder einer Rede, die Sie halten mußten). Wahrscheinlich spürten Sie ein mehr oder weniger starkes Aufwallen oder Flattern (Schmetterlinge) im Bereich Ihres Unterbauches. Dieses Gefühl ist Ausdruck des Chakras, das sich im Nabelbereich befindet, überwiegend die Farbe Gelb absorbiert und in der Aura stärker schwingend als die anderen Farben des Spektrums wahrgenommen werden kann. Gelb ist auch die Farbe, die mit dem Nervensystem und unseren Denkprozessen in Verbindung steht. Wenn wir also besorgt sind oder uns, wie oben beschrieben, ängstlich oder aufgewühlt fühlen, beginnt dieses Chakra, aktiv zu werden, und zeigt eine Energiebewegung in diesem Bereich des Körpers an. Diese Energiebewegung ist der Ausdruck für Energiezerstreuung oder Fehlorientierung. Hellsichtige Menschen können diese Energiebewegungen in der Aura sehen, während andere sie spüren können.

Wir erinnern uns an eine solche Situation, die uns selbst widerfuhr. Wir hatten einen Vortrag vor etwa zweihundert Menschen zu halten, der vom Fernsehen aufgezeichnet werden sollte. Obwohl wir im Laufe der Jahre schon viele Reden und Vorträge gehalten hatten, war es das erste Mal, daß wir dabei vor Kameras stehen würden. Es war natürlich eine wichtige Gelegenheit für uns, und wir waren extrem aufgeregt und nervös. Unsere Nabel-Chakras flatterten schon Tage vorher jedesmal, wenn wir nur daran dachten, und an dem betreffenden Tag, als die Zeit, den Vortrag zu halten, näherrückte, konnte jeder von uns die Nervosität des anderen schon auf Entfernung spüren. Da uns so klar war, was vorging, waren wir in der Lage, uns bewußt in Ruhe zu versetzen und die negativen Schwingungen zu neutralisieren. So wurden wir nicht überwältigt und beherrscht von den Prozessen, die auf einer tieferen Ebene in unseren Körpern stattfanden. Die wirkungsvollsten Methoden, die wir zu diesem Zeitpunkt anwenden konnten, waren tiefes Atmen und das Visualisieren eines entspannenden und beruhigenden, weichen, blauweißen Lichtes, das uns von oben bis unten einhüllte, als regnete ein Lichtschauer von oben auf uns nieder. Beim Ausatmen war es wichtig, alle Spannung, die wir fühlten, so vollständig wie möglich loszulassen. Diese Methode funktionierte außerordentlich gut und half uns vor, während und nach dem Vortrag, der ein großer Erfolg wurde.

Das elektromagnetische Spektrum

Wir beschäftigen uns in diesem Buch mit dem sichtbaren Teil des elektromagnetischen Spektrums, das heißt mit weißem Licht und Farben.

Es war Isaac Newton, der entdeckte, daß weißes Licht sich aus verschiedenen Lichtstrahlen zusammensetzt, die durch ein Prisma in sieben Hauptfarben aufgespalten werden: Rot, Orange, Gelb, Grün, Blau, Indigo und Violett. Diese Strahlen oder elektromagnetischen Wellen bewegen sich mit unterschiedlichen Geschwindigkeiten. Am einen Ende des sichtbaren Spektrums, wo die Wellen gedehnt und langsam sind, sehen wir die Farbe Rot. Am anderen Ende, wo die Wellen kürzer sind und sich schneller bewegen, sehen wir die feineren, weniger dichten Farben wie Blau und Violett. Die Wellen zu beiden Seiten dieses sichtbaren Teils des Spektrums setzen sich aus infraroten und ultravioletten Strahlen, aus Radiowellen, Gammastrahlen, Röntgenstrahlen und kosmischen Strahlen zusammen (siehe Abbildung 6).

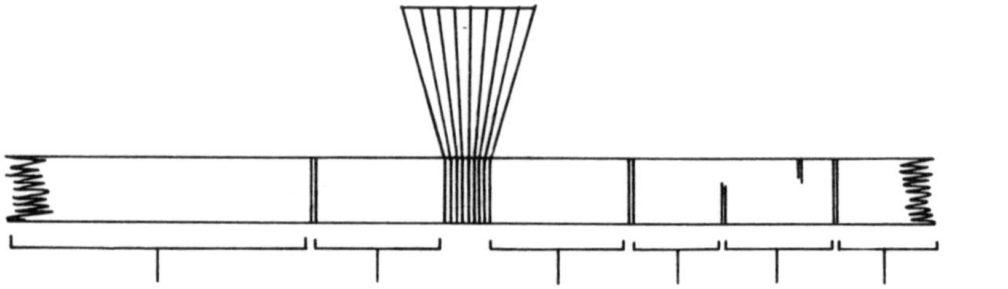

Abb. 6 Das elektromagnetische Spektrum

Die Aura

Alle Materie gibt permanent Schwingungen unterschiedlicher Wellenlängen ab. Diese Schwingungen beeinflussen uns, auch wenn wir sie nicht sehen können und uns ihrer Existenz vielleicht gar nicht bewußt sind. Jenen Teil des elektromagnetischen Spektrums, der uns umgibt und durchdringt, nennen wir Aura.

Die Energien der Farben drücken nicht nur aus, wie wir denken, fühlen und handeln, sondern wirken auch aus unserer Außenwelt auf uns zurück, indem sie uns entweder anregen und beleben oder uns niederdrücken. Alle Veränderungen, ganz gleich, ob auf der mentalen, emotionalen, physischen oder spirituellen Ebene, gehen mit Veränderungen des elektromagnetischen Feldes, das in uns und um uns herum existiert, einher. Jeder von uns kreiert seine individuelle magnetische Atmosphäre, und diese offenbart unfehlbar unsere Neigungen, unser Temperament, unseren Charakter und unseren Gesundheitszustand. So kann einerseits ein Mensch, dem es an der Farbe Rot in der Aura mangelt, dies mental und emotional durch einen Mangel an Antriebskraft oder Initiative in seinem Leben ausdrücken und auf der physischen Ebene an niedrigem Blutdruck leiden. Andererseits wird ein Mensch mit einem Übermaß an Rot wahrscheinlich dazu neigen, sich mehr in der Außenwelt auszudrücken, also mehr extrovertiert denn introvertiert zu sein.

In unserem Sprachgebrauch verwenden wir ständig Wendungen wie »rot vor Zorn«, »grün vor Neid«, »schwarzsehen« oder »durch die rosarote Brille schauen« und so weiter, um auszudrücken, wie wir uns fühlen oder wie wir andere sehen. Ohne dies vielleicht bewußt zu erkennen, reagieren wir tatsächlich auf die Farbe(n) unserer eigenen Aura oder der anderer Menschen.

Edgar Cayce, ein sehr berühmtes amerikanisches Medium, glaubte, daß die Vorliebe eincs Menschen für eine bestimmte Farbe seine Haupt- »Aurafarbe« offenbart, was für ihn auch erklärte, weshalb dieser Mensch sich überhaupt zu dieser Farbe hingezogen fühlt. Beim *Colour-Reflection-Reading* spiegelt die erste Wahl, das heißt Ihre Lieblingsfarbe, im allgemeinen Ihre zu diesem Zeitpunkt erreichte spirituelle Entwicklung und die Farbe, die zur Zeit in Ihrer Aura vorherrscht.

Griechen, Christen und Ägypter glaubten jahrhundertelang daran, daß der Mensch auf einer mikrokosmischen Ebene Licht aussendet, gerade so, wie die Sonne und die Sterne es in ihrer eigenen Sphäre tun. Ihre Darstellungen der Aura können wir in Form der kunstvollen und eleganten Kopfbedeckungen der ägyptischen Porträts bewundern und im Heiligenschein auf christlichen Bildnissen wiedererkennen.

Viele Menschen besitzen die Fähigkeit, die eine Person umgebende Aura zu sehen (wenngleich auch manchmal nur für Momente). Vielleicht ohne es zu wissen, spüren wir eine Aura viel öfter, als wir sie tatsächlich sehen können. Wie oft haben Sie beispielsweise schon einen Fremden einen Raum betreten sehen und sofort ein Gefühl für diesen Menschen gehabt, obwohl Sie ihn noch nie zuvor gesehen hatten? Sie fühlen sich zu dieser Person hingezogen wie Eisenspäne zu einem Magneten. Dann betritt ein anderer Mensch den Raum, und Ihr Interesse wird kaum, wenn überhaupt, geweckt. Vielleicht fühlen Sie sich sogar abgestoßen und möchten sich von dieser Person zurückziehen.

Die Aura wirkt wie eine Antenne, sie kann Informationen empfangen und Botschaften aussenden. Jeder von uns kann lernen, empfänglicher und empfindsamer für die Schwingungen der Aura anderer zu werden. Diese Fähigkeit kann tatsächlich durch Übung entwickelt und verstärkt werden. Während wir uns weiterentwickeln, werden wir uns des Energieaustausches zwischen den uns umgebenden Energien und der Ausstrahlung anderer Menschen bewußter. Indem wir verschiedene Meditationsübungen praktizieren und lernen, unseren intuitiven Reaktionen auf Alltagssituationen und Umstände zu vertrauen, können wir unsere Fähigkeit, das, was wir sehen und spüren, zu interpretieren, verbessern und die Auras anderer Menschen einschätzen.

Beweise für die Existenz der Aura

Viele hellsichtige Menschen und Medien können die Energien, die vom physischen Körper ausgehen, wahrnehmen und besitzen die Fähigkeit, ihre Sensitivität als Instrument zur Diagnose und zur Heilung von Krankheiten zu benutzen. Doch während bei Esoterikern, Hellsehern und Medien schon immer Klarheit über die Existenz der Aura herrschte, standen Ärzte und Wissenschaftler dieser Vorstellung von jeher skeptisch gegenüber. Doktor Walter J. Kilner, Arzt am Sankt-Thomas-Hospital in London, entwickelte eine Vorrichtung, die die normalerweise unsichtbare Energie des ultravioletten Spektrums darstellen kann, und war so in der Lage, die Existenz einer nebelartigen Energie nachzuweisen, die in Form von Lichtbändern vom Körper ausgesandt wird. Auf diese Weise konnte jeder, der die Existenz dieser menschlichen Energieausstrahlungen anzweifelte, nun die Aura sehen.

Semjon und Valentina Kirlian, zwei russischen Forschern, gelang es, Fotoaufnahmen der verschiedene Objekte umgebenden

Energiefelder zu machen. Obwohl die Kirlian-Fotographie die Aura nicht als Ganzes wiedergibt, liefert sie doch ein Abbild der Ausstrahlungen, die sich am dichtesten am physischen Körper befinden. Bei dieser fotografischen Methode wird ein elektrischer Strom benutzt, um die Energiemuster, die aus unserem Körper ausströmen, sichtbar zu machen und aufzuzeichnen. Die Struktur und Zusammensetzung dieser Energie unterscheidet sich von Mensch zu Mensch. Lichtstrahlen schießen im rechten Winkel und in regelmäßigen Abständen aus der gesamten Körperoberfläche heraus, manchmal langsam, manchmal schnell pulsierend. Diese Strahlen reichen horizontal und vertikal verschieden weit hinaus. Die längsten Strahlen gehen normalerweise von den Fingern, Knien, Ellbogen und Hüften aus.

Die Aura, die Hautreaktionen und die Gehirnreaktionen scheinen über elektrische Impulse, die der menschliche Körper erzeugt, mit Farben in Verbindung zu stehen. Die vom physischen Körper ausgesandten Ströme elektrischer und magnetischer Impulse können mit modernen Geräten wie dem Elektroenzephalograph (EEG), der die Hirnwellen mißt, erfaßt werden. (Die wörtliche Übersetzung aus dem Griechischen lautet »ein Bild der elektrischen Impulse innerhalb des Gehirns«.) Heute sind wir durch die Fortschritte der Wissenschaft in der Lage, die Weisheit der Seher und Mystiker mit modernen technischen Instrumenten zu bestätigen.

Übungen, die Ihnen helfen, Ihre feinstofflichen Energien wahrzunehmen

1. Setzen oder stellen Sie sich bequem hin.
2. Bringen Sie Ihre Hände in etwa dreißig Zentimeter Abstand voneinander, und halten Sie diese Position etwa eine Minute lang. Atmen Sie normal.
3. Beginnen Sie nun langsam, Ihre Hände aufeinander zuzubewegen, bis sie noch etwa fünfzehn bis zwanzig Zentimeter voneinander entfernt sind. Halten Sie nun inne.
4. Bewegen Sie Ihre Hände nun langsam voneinander weg, bis sie wieder etwa dreißig Zentimeter entfernt sind, und halten Sie inne. Bewegen Sie Ihre Hände langsam vor und zurück,

indem Sie den Abstand zwischen ihnen verringern oder vergrößern, und achten Sie darauf, was Sie spüren. Während Sie den Abstand zwischen Ihren Händen vergrößern, sollte es sich anfühlen, als dehnten Sie ein Stück Gummi; wenn Sie den Abstand verringern, nimmt der Druck zu oder die Dehnung des Gummis ab.

5. Bewegen Sie nun die Hände aufeinander zu, bis sich die Finger fast berühren. Lassen Sie circa drei Zentimeter Abstand dazwischen, und nehmen Sie Ihre Empfindungen wahr.

Viele Menschen spüren ein Prickeln, manche ein feines und sanftes, andere ein starkes. Einige Personen berichten von intensiven Hitzegefühlen, während andere einen Kältereiz verspüren. Ganz gleich, welche Erfahrungen Sie mit dieser Übung machen (auch wenn das, was Sie zwischen Ihren Händen fühlten, minimal war): Sie soll Ihnen nur zeigen, daß unser Körper nicht mit unserer Haut aufhört.

Nun folgt eine Übung, die Sie gemeinsam mit einer anderen Person durchführen können.

1. Strecken Sie die Hände zueinander aus, und lassen Sie einen Abstand von etwa zwanzig Zentimetern zwischen sich. Halten Sie einen Moment inne.
2. Verständigen Sie sich darüber, wer beginnen soll, und fangen Sie dann an, eine Hand sanft vor und zurück zu bewegen, sagen wir, Sie beginnen mit der linken Hand, bis der andere die empfangene Energie in den Handflächen oder Fingern seiner rechten Hand spüren kann. Achten Sie darauf, daß die Hände sich nicht berühren. Spüren Sie, wie es sich anfühlt, diese Energie zu bewegen und zu empfangen.
3. Nun sollte die andere Person versuchen, das gleiche zu tun. Wenn Sie es beide mit der linken Hand gemacht haben, können Sie es noch mit der rechten probieren. Versuchen Sie wahrzunehmen, mit welcher Hand Ihr Partner vitale Energie zu Ihnen hinlenkt.

Es ist vielleicht erwähnenswert, daß manche Menschen die Energie in den Fingern spüren, während andere sie in ihren Handflächen wahrnehmen. Es gibt keine falsche oder richtige Art und

Weise, diese Energie wahrzunehmen. Es kommt einzig darauf an, daß Sie sie spüren. Machen Sie sich jedoch keine Sorgen, wenn Sie anfangs überhaupt nichts fühlen. Versuchen Sie es weiter. Je mehr Sie üben, desto sensitiver werden Sie und desto mehr werden Sie allmählich spüren, selbst wenn es nur ganz wenig ist.

Funktion und Zusammensetzung der Aura

Der Begriff Aura stammt von dem griechischen Wort *avra* ab, was soviel wie »Windhauch« bedeutet. Die vollständige Aura wird als aus feinstofflichen Emanationen bestehende eiförmige Umhüllung des physischen Körpers wahrgenommen.

Eine der Hauptfunktionen der Aura besteht darin, »weißes« Licht aus der Atmosphäre zu absorbieren, es in seine farbigen Komponenten zu zerlegen – Rot, Orange, Gelb, Grün, Türkis, Blau, Violett und Magenta – und diese zu den zugehörigen Kraftzentren oder Chakras des physischen Körpers weiterzuleiten. Dieser Prozeß hilft uns, gesund zu bleiben oder bei beginnender Krankheit das Gleichgewicht wiederherzustellen, und unterstützt die Ausscheidung toxischer Stoffe oder Abfallprodukte, die der Körper nicht mehr braucht. Die Funktion der Chakras wird auf Seite 89 näher beschrieben.

Die Aura steht direkt mit den Chakras in Verbindung, und deshalb stehen auch die Farben der Aura und der Chakras in direkter Beziehung zueinander. Wenn die Aurafarben eines Menschen leuchten und strahlen, so leuchten und strahlen die zugehörigen Chakras, die diese Farben absorbieren, ebenfalls. Das gleiche trifft natürlich auch im umgekehrten Fall zu.

Bei einem sehr entwickelten Individuum wird die Farbe Violett oder Magenta in der Aura vorherrschen. Das bedeutet, daß das Dritte Auge und das Kronen-Chakra, die direkt mit Violett und Magenta in Verbindung stehen, bei diesem Menschen am stärksten und aktivsten sind. Bei einem weniger entwickelten Individuum wird Rot in der Aura vorherrschen. Allgemein kann man sagen, daß die Aura um so ausgedehnter erscheint, je entwikkelter ein Mensch ist. Das heißt, daß die Ausdehnung der Aura und ihr allgemeiner Zustand in direkter Beziehung zur Entwicklung des Geistes und der Seele des betreffenden Menschen ste-

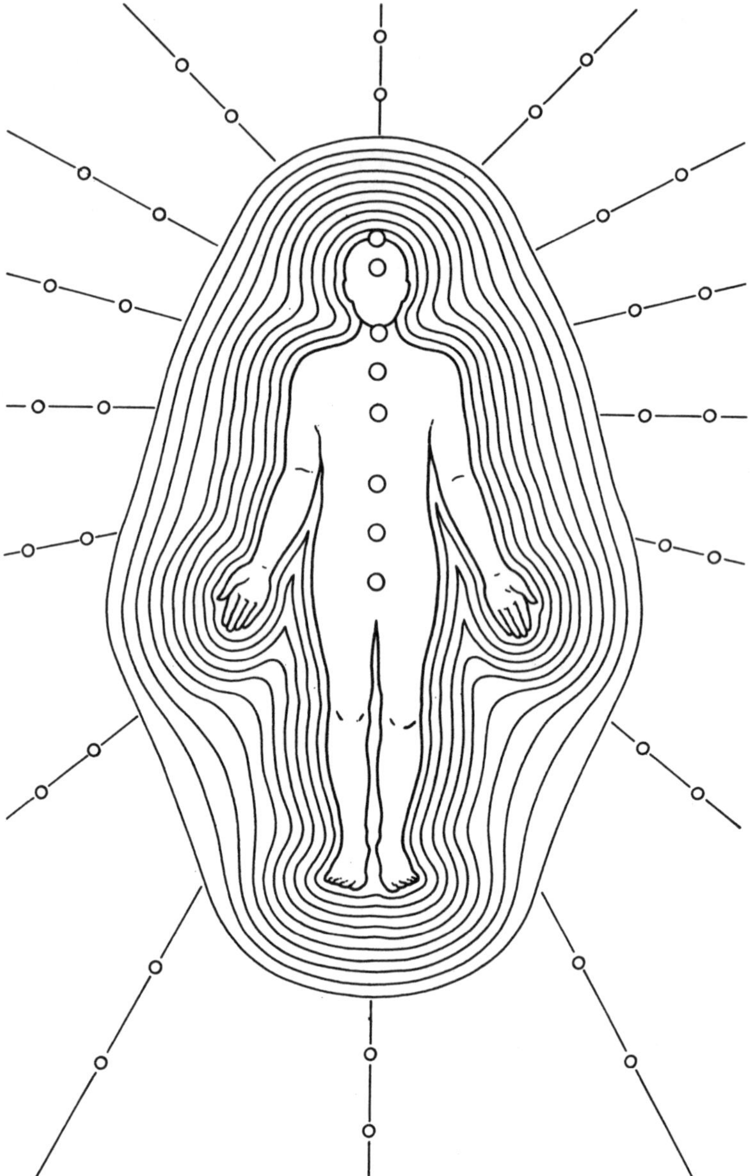

Abb. 7 Eine gesunde Aura

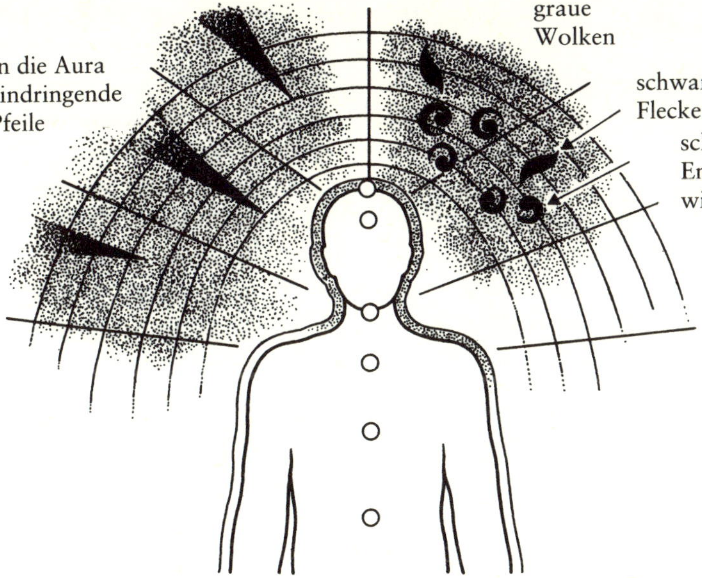

Abb. 8 Eine verletzte Aura

hen. Bei einem gesunden Menschen sind die Farben der Aura vital und klar, und die Aura weist keine »Löcher« auf (siehe Abbildung 7 auf Seite 82).

Müdigkeit und physische Erschöpfung beeinflussen den Zustand der Aura hinsichtlich ihrer Vitalität. Wenn die Aura einer Person »aus dem Gleichgewicht« geraten ist oder keine klaren Farben ausstrahlt, können statt dessen dumpfe, blasse oder graue Töne zu sehen sein. Manchmal zeigen sich in den betroffenen Bereichen auch dunkle Schatten mit Sprenkeln, Flecken oder pfeilförmigen Mustern. Manchmal erscheinen Brüche in der Aura, die darauf hinweisen, daß der Körper an diesen Punkten ein «Energieleck« hat. Gewöhnlich sieht man eine solche erschöpfte Aura mit all den oben genannten Anzeichen bei Menschen, die viel trinken oder rauchen (siehe Abbildung oben).

Die Aura setzt sich aus drei Hauptschichten zusammen, die sich vom Körper weg ausdehnen. Diese drei Schichten haben hauptsächlich drei Funktionen: zu schützen, zu absorbieren und zu kommunizieren.

Das ätherische Feld

Das erste Energiefeld, das den physischen Körper durchdringt, wird als ätherisches Feld bezeichnet. Es ist das Medium, durch das uns die lebensspendende und lebenserhaltende Energie der Sonne und der Planeten, der uns umgebenden Atmosphäre und des fernen Kosmos zufließt. Dieses Feld ist normalerweise acht bis zehn Zentimeter breit und liegt wie eine Schutzhülle um unseren physischen Körper. Oft wird es als vom physischen Körper ausstrahlender hellblauer oder silberner Lichtschimmer wahrgenommen, ganz besonders im Bereich von Kopf und Schultern. Zusammen mit dem physischen Körper repräsentiert es die dreidimensionale Welt auf der materiellen Ebene. Es ist das niedrigste der Aurafelder, hat die größte Dichte und ist solider und fester als alle anderen Schichten.

Das emotionale Feld

Die zweite Schicht, die in das ätherische Feld hineinreicht, wird als emotionale Aura bezeichnet. Dieses Feld reicht etwa sechzig bis hundertzwanzig Zentimeter über den physischen Körper hinaus, obwohl dies individuell sehr unterschiedlich sein kann, je nachdem, in welchem Gefühlszustand der betreffende Mensch sich befindet. Dieser feinstoffliche Körper wird auch als Astralkörper oder Emotionalkörper bezeichnet. Es ist das Medium, durch das wir unsere Gefühle und sinnlichen Wahrnehmungen ausdrücken. Unsere Ängste, Hoffnungen und Leidenschaften teilen wir über diesen Körper mit.

Diese Schicht steht in Beziehung zur vierten Dimension, und sein Schwingungsfeld ist weniger dicht als das der physischen, dreidimensionalen Welt. Auf dieser Ebene sind Zeit und Raum aufgehoben, was auch erklärt, wie die Erfahrung von Astralreisen möglich wird. Dabei können Menschen die Erfahrung machen, in relativ kurzer Zeit – *in einem Augenblick* – riesige Entfernungen zu überwinden.

Das mentale Feld

Die dritte Schicht der Aura wird als Mentalkörper oder spirituelle Aura bezeichnet und reicht in den Emotionalkörper hinein. Der dritte feinstoffliche Körper ist hauptsächlich für unsere Denkprozesse zuständig und dafür, welche Art von Gedanken wir konstruieren und ausdrücken – sowohl konkret als auch abstrakt. Dieser Körper erstreckt sich etwa zwei Meter vierzig über den physischen Körper hinaus, manchmal sogar noch weiter, je nach Disposition des Individuums. Diese Schicht ist ständig in Bewegung und ihre Farben und Beschaffenheit sind feiner und subtiler als die des Emotionalkörpers oder des ätherischen Körpers.

Der dritte feinstoffliche Körper steht mit der fünften Dimension in Verbindung, in der, anders als in den beiden anderen Dimensionen, Raum und Zeit transzendiert sind. Über diesen feinstofflichen Körper können wir uns spirituell mit anderen Wesen oder Seelen und mit dem gesamten Universum verbinden.

Ätherische Doppel

Zwischen jeder dieser drei Schichten der Aura existieren weitere Schwingungsebenen. Sie sind als ätherische Doppel bekannt und wirken als Verbindungsglieder zwischen den feinstofflichen Körpern. Sie versorgen die einzelnen Schichten mit lebensspendender Energie und erhalten sie. Diese Ebenen könnte man mit frequenzmodulierten Radiowellen vergleichen, da ihre Schwingungsfrequenz permanent abgestimmt wird, während sie Informationen aussenden und empfangen. Die ätherischen Doppel sind vergleichbar mit den Membranen unserer Zellwände, die durch ihre semiporöse Beschaffenheit in beide Richtungen durchlässig sind, das heißt, sie lassen Sauerstoff und Nährstoffe hinein und Kohlendioxyd und Schlackenstoffe hinaus.

Die drei Körper, die zusammen die Aura bilden, sind wie feinstoffliche Kleider, die das spirituelle Selbst trägt, um sich ausdrücken zu können. Gemeinsam formen sie das Bild der gesamten Persönlichkeit und können auch unabhängig voneinander existieren.

Wenn ein Mensch stirbt und die physische, materielle Ebene

verläßt, lösen sich die ätherischen Doppel, und der Transformationsprozeß, die Reise von der physischen in die geistige Welt, beginnt. Tatsächlich leiten die ätherischen Doppel den Prozeß der Disintegration und Degeneration schon geraume Zeit vor dem physischen Tod ein. Während der Zeitspanne, in der sich eine schwere Erkrankung auf der physischen Ebene entwickelt, kämpfen die ätherischen Körper ums Überleben und versuchen, die physischen Körperfunktionen aufrechtzuerhalten. Falls die Krankheit nicht geheilt werden kann, werden die überlasteten ätherischen Energiefelder schließlich schwächer und verlieren ihre Fähigkeit, den physischen Körper zu schützen, der schließlich aufhört zu funktionieren.

Die Ozonschicht und der ätherische Körper

Die Ozonschicht, die die Erde umgibt und alle auf ihr lebenden Organismen schützt, könnte man als den ätherischen Körper der Erde bezeichnen, ähnlich dem ätherischen Körper des Menschen. Ozon ist ein nahe mit Sauerstoff verwandtes Gas, das mithilft, das Gleichgewicht der Erdatmosphäre zu bewahren und daher eine wichtige Rolle für die Erhaltung des Lebens auf der Erde spielt. Wenn diese wichtige Schicht auf irgendeine Art verletzt oder durchlöchert wird, wie das auch mit dem ätherischen Körper des Menschen geschehen kann, wird sie verwundbar und durchlässig für die schädlichen ultravioletten Strahlen. (In diesem Zusammenhang warnen uns die Wissenschaftler seit längerer Zeit vor dem Treibhauseffekt.)

Das Wahrnehmen der Aura

An einem Herbstabend im Jahre 1981 machten Howard und ich einen Spaziergang und beschlossen, noch auf ein Glas Sherry in ein Pub zu gehen, bevor wir uns auf den Heimweg machten. Als wir dort am Tisch saßen, sah ich in einiger Entfernung eine ziemlich junge, schwarzhaarige Frau, über deren Kopf und Schultern sich viele gezackte schwarze und dunkelgraue Pfeile und Flecken befanden, die mitten in der Luft etwa fünfzehn bis dreißig Zentimeter über ihrem Körper zu schweben schienen.

Zuerst dachte ich, es müsse wohl am Sherry liegen! Doch da mein Glas noch nicht einmal halbleer war, sagte ich mir, daß es etwas anderes sein müsse. Ich schaute wieder hin und versuchte, mich auf das Gesehene zu konzentrieren, und plötzlich dämmerte mir, daß es sich bei dem, was ich dort sah, um eine verletzte Aura handelte. Zu jener Zeit wußte ich noch sehr wenig über die Aura und hatte noch nie eine gesehen. Ich hatte schon oft Aurafelder gespürt, aber noch nie gesehen.

Anfangs schien es, daß es um so schwieriger wurde, die Aura zu sehen, je angestrengter ich es versuchte. Die Flecken in der Aura dieser Frau schienen zu verblassen, um dann plötzlich wieder deutlich zu erscheinen. Was mir wie eine Ewigkeit erschien, dauerte in Wirklichkeit nur wenige Sekunden. Als ich mich noch mehr auf das, was ich sah, konzentrierte, stellte ich fest, daß die schwarzen und grauen Flecken und Pfeile sich aggressiv verhielten, nach innen und außen gerichtet pulsierten und sich auf ihren physischen Körper zu- und davon wegbewegten. Darüber hinaus waren sie von einer dumpfen, grauen Wolke umgeben, die mir das Gefühl von Schwere und Stauung vermittelte.

Inzwischen begann Howard sich zu wundern, weshalb ich ihm überhaupt keine Aufmerksamkeit schenkte. Ich wies ihn auf jene Frau hin, und er drehte sich diskret um, um es selbst zu sehen, aber er konnte nicht wahrnehmen, was ich sah. Wir registrierten beide, daß die Frau rauchte und daß der Tisch, an dem sie saß, mit leeren Halbliter-Biergläsern, die offenbar ihr Begleiter ausgetrunken hatte, und ihren eigenen leeren Weingläsern übersät war. Bei näherer Betrachtung stellte sich heraus, daß die Frau Kettenraucherin war; sie war sehr nervös und schien wütend zu sein. Wir meinten, daß sie sich vielleicht mit dem Mann, mit dem sie am Tisch saß, gestritten hatte. Beide wirkten verärgert und schienen ihre Wut nun ohne Worte auszudrücken.

Zu jener Zeit verstanden wir die Bedeutung meiner Erfahrung noch nicht ganz, doch sie diente mir als wertvolle Lektion, mir meiner eigenen Fähigkeit, die Aura zu sehen und zu fühlen, bewußter zu werden. Heute glaube ich, daß die regelmäßige Einnahme und der Einfluß von Drogen tatsächlich die Qualität der Aura beeinträchtigen und nach einiger Zeit ernste Gesundheitsprobleme hervorrufen können.

Seit dieser besonderen Erfahrung habe ich noch oft die Aura von Menschen sehen können, ganz besonders, wenn ich eine Farbberatung beziehungsweise Farbtherapie- oder Heilungssitzung gebe. Ich glaube, daß dies eine natürliche Fähigkeit ist, die ohne bewußte Anstrengung von meiner Seite kommt und geht.

Wenn sie mir zur Verfügung steht, versuche ich stets, meine Wahrnehmungen im Hinblick auf die zu diesem Zeitpunkt gegebenen Umstände zu interpretieren. Einmal sah ich auf einer Versammlung eine Frau, deren Brustbereich mit einem schmutzigen, dunklen Grün bedeckt war. Zu diesem Zeitpunkt wußte ich noch nicht, daß sie an Brustkrebs litt. Wenn Klienten zur Beratung zu mir kommen und ich die Farben ihrer Aura wahrnehme, sehe ich oft stumpfe oder blasse Farben um ihren Körper herum. Das spiegelt meist den Zustand des betreffenden Klienten in diesem Augenblick. Wenn die Farben leuchten und strahlen, weiß ich, daß der Klient glücklich ist und seine individuelle Situation als positiv empfindet. Während der Sitzung wird dies auch meistens vom Klienten ausgedrückt.

Ich erinnere mich an strahlende, leuchtende Violett- und Pinktöne, die ich zu Beginn einer Farbberatungssitzung um Kopf und Schultern einer Frau namens Belinda sah. Im Laufe ihrer Sitzung berichtete Belinda, daß sie zum erstenmal in ihrem Leben (nach achtundvierzig Jahren) wirklich spürte, was es bedeute, sich selbst wertzuschätzen, ihren eigenen Wert zu erkennen. Jahrelang hatte sie sich kleingemacht und anderen erlaubt, sie zu manipulieren, damit sie sich an deren Befürfnisse anpaßte. Nun war sie zum erstenmal in der Lage, zu einer Freundin nein zu sagen, die dazu neigte, Belinda auszunutzen. Ich konnte die Verwandlung ihres Wesens klar erkennen: Sie strahlte Selbstachtung und Würde aus, beides Eigenschaften, die mit der Farbe Violett assoziiert werden. Dies war auch die erste Farbe, die Belinda bei ihrem *Colour Reflection Reading* auswählte.

Helen

Als Helen mich zu einer Farbtherapiesitzung aufsuchte, wirkte sie wie eine Zeitbombe kurz vor der Explosion. Ihre Aura war von leuchtendem Rot erfüllt, ganz besonders über dem Basis-Chakra und über dem Brustbereich. Meine unmittelbare Wahrnehmung von Helen sagte mir, daß sie wahrscheinlich körperlich, vielleicht sogar sexuell, mißhandelt worden war und daß sie innerlich darum kämpfte, mit ihrem Zorn und ihrer Wut über dieses Ereignis fertig zu werden. Auf der emotionalen Ebene war sie sehr verschlossen und angespannt. Helen war eine starke Persönlichkeit, die andere leicht einschüchtern und dazu bringen konnte, sich unbehaglich in ihrer Gegenwart zu fühlen. Während der Sitzung schien es, als wüßte sie die Antwort auf alles. Sie war sehr aggressiv, dominant und extrem defensiv. Eine Weile ließ ich dies zu, um zu sehen, wie weit sie gehen würde, doch schließlich wurde ich ziemlich direkt und fragte sie, weshalb sie denn überhaupt hier sei, wenn sie soviel wüßte? Das schien mir eine logische Frage zu sein. Ich fuhr fort, daß es unmöglich sei, ihr zu helfen, wenn sie weiterhin in einer so unkooperativen Haltung verharren würde, und sagte ihr, daß sie zweifellos Schwierigkeiten haben würde, einen Therapeuten zu finden, der bereit sei, mit ihr unter derart streßbeladenen Umständen zu arbeiten. Plötzlich brach sie in Tränen aus, und ich nahm unmittelbar wahr, wie ihre Aurafarben sich von hellem Rot über ihrem Brustkorb in ein liebliches, sanftes Pink wandelten, während sie selbst sanfter wurde. Dies war der Beginn einer langen Beziehung, die für uns beide bedeutungsvoll und herausfordernd war.

Das Chakra-System

Innerhalb jeder Schicht der Aura existieren acht Hauptenergiezentren, die Farbschwingungen absorbieren und durch das gesamte System weiterleiten. Es sind dies die Kraftzentren, die auch als Chakras bekannt sind (das Wort stammt aus dem Sanskrit und bedeutet »Feuerrad«). Diese Chakras sind Teil der Aura sowie des physischen Körpers; sie sind ständig in Bewegung und nehmen unaufhörlich Energieströme auf. Freies, ungehindertes Fließen dieser Energien ist lebenswichtig für die Gesundheit und das Wohlbefinden des Menschen.

Alle Chakras durchdringen sich gegenseitig und sind innerhalb des Körpers in bestimmten Abständen mit der Wirbelsäule verbunden. Jedes dieser acht Kraftzentren pulsiert auf der Frequenz einer bestimmten Farbschwingung und steht mit einer bestimmten Drüse oder einem bestimmten Teil des menschlichen Körpers in Verbindung. Diese Drüsen sind uns als die endokrinen Drüsen bekannt, die ständig chemische Elemente in Hormone umwandeln, welche wiederum über den Blutstrom an die Organe weitergeleitet werden (siehe Abbildung 9).

Die Funktion der Chakras besteht darin, eine bestimmte Energieschwingung anzuziehen, die den Körper dabei unterstützt, im Gleichgewicht zu bleiben (auf der physischen, emotionalen und mentalen Ebene) und die Gesundheit in den Fällen wiederherzustellen, in denen durch Krankheit Blockaden oder Widerstände im Energiefluß entstanden sind. Ein solches Ungleichgewicht weist darauf hin, daß der Organismus entweder zuviel oder zuwenig einer bestimmten Farbenergie aufgenommen hat, und dies kann aus verschiedenen Gründen geschehen. In einem gesunden Körper absorbieren und verteilen die Chakras die Energie gleichmäßig; in einem kranken Zustand können sich Giftstoffe ansammeln, die schließlich zu akuten physischen, emotionalen und/oder mentalen Beschwerden führen.

Die folgenden Ausführungen können als Zusatzinformation zu Kapitel 2 genutzt werden und Ihnen die Interpretation der Farben, die Sie im *Colour Reflection Reading* ausgewählt haben, erleichtern. Wenn Sie beispielsweise Orange an erster, Grün an zweiter und Magenta an dritter Stelle gewählt haben, sollten Sie alle Informationen über jedes Chakra, das mit den von Ihnen gewählten Farben in Verbindung steht, lesen.

Das Basis-Chakra: Rot

Dieses Chakra befindet sich an der Basis der Wirbelsäule im Steißbein- oder Keimdrüsen-Zentrum und gilt traditionell als Sitz unserer Lebenskraft.

Auf der physischen Ebene ist dieses Chakra für den Fluß der Lebensenergie zuständig und hat daher hauptsächlich mit unserer physischen Kraft und Vitalität zu tun. Ein gesundes und strahlendes Rot-Chakra weist darauf hin, daß Sie ein energiegeladener, lebenssprühender Mensch sind. Wenn dieses Chakra angegriffen ist und Energie verlorengeht, dann leidet Ihr Körper an einem Mangel an Rot. Damit herrscht ein Ungleichgewicht.

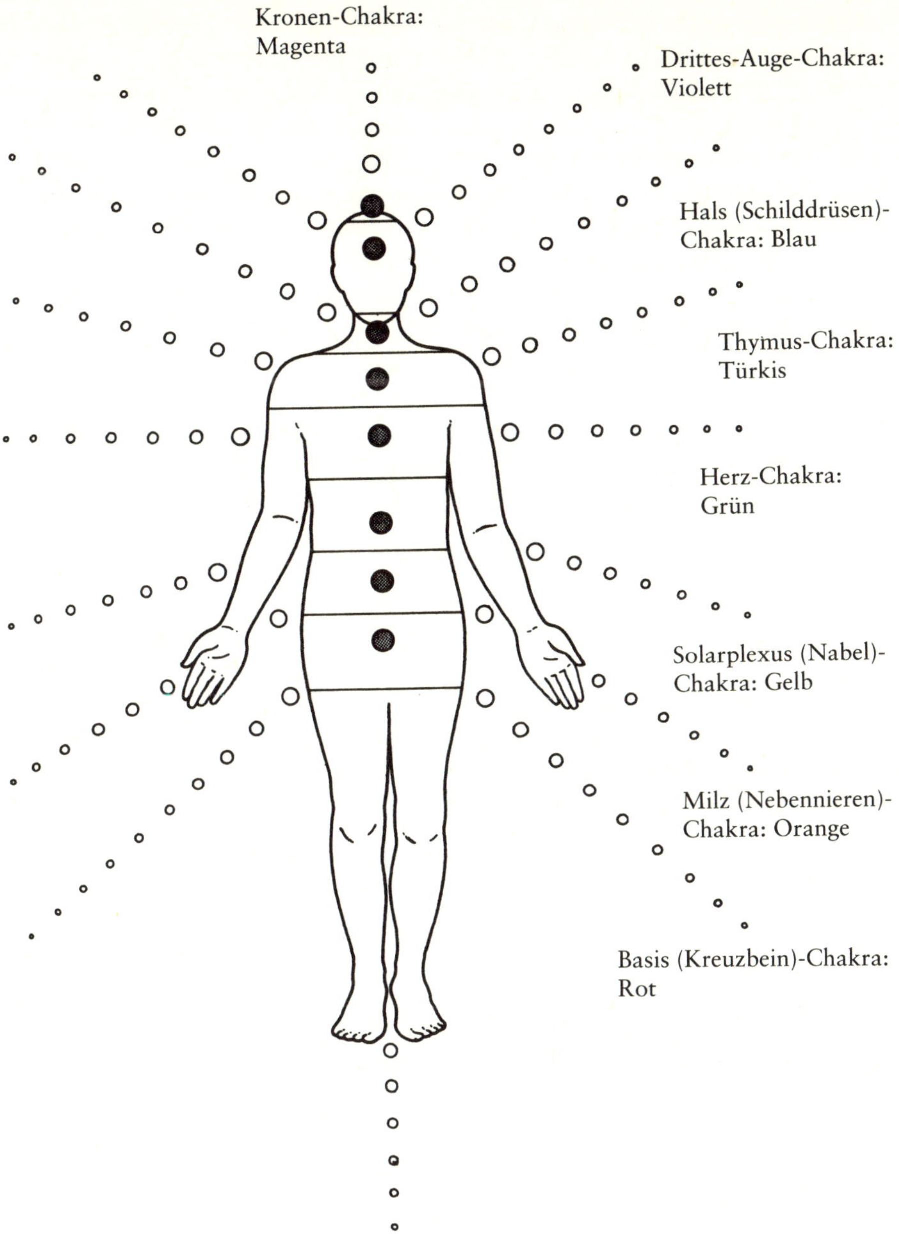

Abb. 9 Das Chakra-System

Auf der physischen Ebene sind Sie nicht mehr in der Lage, die Lebenskraft oder Lebensenergie aufzunehmen, und neigen daher zu chronischer Müdigkeit und einem permanent niedrigen Energiepegel.

Auf der emotionalen Ebene bestimmt dieses Chakra, wie wir durch die Farbe Rot unsere Gefühle ausdrücken. Positive Gefühle werden durch Wärme und Freundschaft und durch ungehemmte Leidenschaft ausgedrückt. Negative Gefühle drücken sich in explosiven Verhaltensweisen aus, wie Zorn, Wut, Groll, Dominanzstreben und Aggressivität.

Auf der mentalen Ebene geben in der Energie der Farbe Rot schwingende Gedankenprozesse Rückschluß auf einen starken Willen sowie Entschlossenheit und Durchhaltevermögen. Negative mit der Farbe Rot in Verbindung stehende Gedankenprozesse sind normalerweise ein Spiegel Ihrer rücksichtslosen Seite und Ihrer Neigung, die Dinge übermäßig zu forcieren.

Das Milz-Chakra: Orange

Dieses Chakra befindet sich im Kreuzbereich und steht mit dem Milz-Zentrum, das sich nahe bei den Nebennieren und Nieren befindet, in Verbindung.

Das Milz-Chakra energetisiert den Körper auf der physischen Ebene und nährt ihn, indem es Nährstoffe aus der Nahrung sowie liebevolle und zärtliche körperliche Berührungen von anderen aufnimmt. Ein gesundes Milz-Chakra weist darauf hin, daß Sie eine Menge nach außen gerichteter Energie besitzen und ein gesundes Interesse am Essen haben. Wenn dieses Chakra im Ungleichgewicht ist, bricht der Verdauungsprozeß zusammen; die Nährstoffe werden dann nicht mehr richtig assimiliert und im Körper verteilt. Das führt oft zu einem Appetitverlust, der wiederum Müdigkeit und Mangel an Vitalität nach sich zieht. Auf der emotionalen Ebene fördert dieses mit der Farbe Orange schwingende Chakra Ihre Fähigkeit, Freude zu empfinden, Spaß und Vergnügen zu haben. Positive Eigenschaften auf der emotionalen Ebene zeigen sich durch Mut und Vertrauen und die Fähigkeit, mit anderen frei zu kommunizieren und umzugehen. Negative emotionale Ausdrucksformen zeigen sich als Ängstlichkeit,

Schüchternheit und Scheu vor anderen. Ein blockiertes Milz-Chakra deutet auf die Unfähigkeit hin, von außen kommende Stimuli richtig einzuordnen und auf sie zu reagieren.

Wenn Ihr Orange-Chakra gesund ist, spiegeln Ihre Gedankenprozesse ein freudiges Interesse am Leben und an Ihrer zukünftigen Entwicklung. Ihre Begeisterung, auf positive, konstruktive Weise vorwärtszugehen und das Beste aus dem Leben zu machen, ist Ihnen anzumerken. Negative Gedankenprozesse offenbaren die Neigung, sich zu sehr anzustrengen, wodurch Sie sich unter ungeheuren Druck setzen, der oft zu einer Zersplitterung der geistigen Kräfte führt.

Das Solarplexus-Chakra:
Gelb

Das Solarplexus-Chakra befindet sich zwischen Nabel und Brustkorb. Es steht mit dem autonomen Nervensystem, der Bauchspeicheldrüse und der Leber in Verbindung. Es ist das größte und stärkste aller Kraftzentren. Es ist zuständig für die Reinigungsprozesse des Körpers, die Ausscheidung von Giftstoffen über das Verdauungssystem, die Nebennieren, die Bauchspeicheldrüse und die Leber.

Auf der physischen Ebene hat dieses mit der Farbe Gelb schwingende Chakra eine stimulierende Wirkung auf die Nerven. Wenn es gesund und im Gleichgewicht ist, vermitteln Sie das Gefühl, die Dinge unter Kontrolle zu haben, und zeigen einen guten Sinn für Koordination und Orientierung. Befindet sich das Chakra jedoch im Ungleichgewicht, dann leiden Sie wahrscheinlich an nervösen Störungen oder einem allgemeinen körperlichen Energie- und Vitalitätsverlust.

Die positiven emotionalen Aspekte dieses Chakras zeigen Sie als kraftvollen und erfolgreichen Menschen. Sie sind warmherzig, genießen es, im Mittelpunkt des Interesses zu stehen und unverblümt Ihre Meinung zu sagen. Die negativen emotionalen Aspekte weisen darauf hin, daß es Ihnen an Kraft mangelt, daß Sie desorientiert sind und Ihre Energie sich zerstreut. Sie können zwanghaft werden und viele Unsicherheiten offenbaren.

Auf der mentalen Ebene steht das Gelb-Chakra mit unserer Fähigkeit, Dinge intellektuell zu begreifen, in Zusammenhang.

Hier ist das Chakra für unsere Verstandeskräfte, für unser intellektuelles Wissen und die Funktionen der linken Hirnhälfte zuständig. Eine starke Betonung von Gelb auf dieser Ebene deutet gewöhnlich auf ein großes Interesse an den Wissenschaften hin. Wenig Gelb auf dieser Ebene deutet darauf hin, daß die geistigen Möglichkeiten wenig genutzt werden und daß Sie wenig Vertrauen in Ihren Verstand setzen. Sie neigen dazu, in Verwirrung zu geraten und frustriert zu werden, wenn die Dinge nicht nach Wunsch gehen.

Das Herz-Chakra: Grün

Das Herz-Chakra steht in Verbindung mit dem physischen Herzen und mit dem Blutkreislauf. Es wird mit der Farbe Grün assoziiert und liegt zwischen dem Solarplexus-Chakra (Gelb) und dem Thymus-Chakra (Türkis).

Auf der physischen Ebene ist es zuständig für die Funktionen des Herzens, der Blutzirkulation und den Brustbereich als Ganzes. Wenn dieses Chakra sich im Gleichgewicht befindet, sind Ihnen Herz- und Kreislaufbeschwerden fremd. Schwierigkeiten mit dem Herzen, dem Blutkreislauf und dem Brustbereich im allgemeinen hängen mit einem Ungleichgewicht in diesem Kraftzentrum zusammen. Hoher oder niedriger Blutdruck, Herzgeräusche, Krebs und Zysten sind Erkrankungen, die hier auftreten können.

Auf der emotionalen Ebene steht das Herz-Zentrum mit Verständnis, Kooperationsbereitschaft und dem Verlangen nach Harmonie und Ausgleich im Leben in Verbindung. Auf dieser Ebene kann sich die Energie der Farbe Grün in der Neigung ausdrücken, persönliche Wünsche nicht so wichtig zu nehmen und stärker daran interessiert zu sein, mit anderen zu teilen. Ein gesunder Ausdruck dieses Chakras zeigt sich in der Wertschätzung der einfachen Dinge des Lebens, in der Zufriedenheit mit dem, was man hat. Negative Ausdrucksformen auf der emotionalen Ebene sind übermäßige Reserviertheit, Vorsicht und emotionale Niedergeschlagenheit. Man hat Angst, aus sich heraus zu gehen und voll und ganz am Leben teilzunehmen.

Auf der mentalen Ebene drückt sich das Grün-Chakra durch

die Freude an dem, was das Leben zu bieten hat, aus. Man vertraut darauf, daß das Leben uns stets mit allem versorgt (Geld, Nahrung, emotionale Unterstützung), was wir brauchen. Auf der negativen Seite glaubt man das Gegenteil, das heißt, man ist überzeugt, daß das Leben unfair und ungerecht ist, und daß die Welt uns hauptsächlich mit harten Realitäten konfrontiert. Man neigt dazu, sich selbst als hilfloses Opfer der Gesellschaft zu betrachten.

Das Thymus-Chakra:
Türkis

Dieses Chakra befindet sich zwischen dem Herz-Chakra (Grün) und dem Schilddrüsen-Chakra (Blau) in der Mitte zwischen den Schulterblättern. Diesem Organ wurde bisher von der ärztlichen Zunft nicht die Beachtung zuteil, die es verdient. Vielleicht deshalb, weil es, wenn wir älter werden, so schrumpft, daß es kaum noch erkennbar ist.

Seit 1960 weiß man jedoch, daß die Thymusdrüse ein Hormon (Thymosin) produziert, das direkt auf unser Immunsystem wirkt. Die Thymusdrüse ist daher ein lebenswichtiges Organ, das uns hilft, Antikörper zu produzieren und so Fremdkörper und Bakterien daran zu hindern, den Organismus zu überschwemmen. Ein angegriffenes Thymus-Chakra ist nicht mehr in der Lage, den Körper vor Krankheit zu schützen, und die allmähliche Schwächung des Immunsystems wird schließlich zu einem Zusammenbruch unseres körpereigenen Abwehrsystems führen.

Der positive emotionale Ausdruck dieses mit der Farbe Türkis schwingenden Chakras zeigt sich in der Fähigkeit zu positiven sozialen Kontakten. Man bringt frischen Wind in gewöhnliche Alltagssituationen. Ein weiterer positiver Aspekt auf der emotionalen Ebene zeigt sich darin, daß man es genießt, mit sich selbst allein zu sein, während man auf der negativen Seite vielleicht dazu neigt, emotionale Traumata zu »pflegen«, sich für lange Zeitspannen von allem zurückzieht und die Verbindung zu Kollegen, Freunden und/oder Familienmitgliedern abbricht. Außenstehende betrachten dies vielleicht als einen Ausdruck kindlichen Schmollens, als unreifes Verhalten.

Auf der mentalen Ebene drückt sich der positive Aspekt des

Türkis-Chakras als positives Denken aus; man schaut mit freudiger Erwartung in die Zukunft und sieht nur die guten Seiten. Hier ist das Denken optimistisch, und im allgemeinen sieht man die Dinge klar. Auch ist man gewöhnlich gewillt, neue Alternativen auszuprobieren, und man ist bereit, aus vergangenen Fehlern zu lernen. Der negative Ausdruck des Türkis-Chakras auf der Mentalebene zeigt sich in Verwirrung, Chaos und der Unfähigkeit, die eigenen Begrenzungen und inneren Mauern zu überwinden. Dies kann schließlich zu negativen, selbstzerstörerischen Gedankenformen über sich selbst und andere führen.

Das Schilddrüsen-Chakra:
Blau

Dieses Chakra befindet sich im vorderen unteren Halsbereich. Es steht mit der Schilddrüse und den Nebenschilddrüsen in Verbindung, denen die wichtige Aufgabe zufällt, den Stoffwechsel des Körpers im Gleichgewicht zu halten.

Auf der physischen Ebene reguliert dieses Chakra, wenn es unbeeinträchtigt arbeitet, unsere Fähigkeit zum stimmlichen Ausdruck. Es steht mit dem Klang in Verbindung und hat viel mit unserer verbalen Kommunikation zu tun. Eine hyperaktive Schilddrüse weist darauf hin, daß man eine Menge Energie verbraucht und daher sehr schnell ermüdet, während eine hypoaktive Schilddrüse uns träge werden läßt, unsere Körperbewegungen verlangsamt und dazu führt, daß wir häufig Halsschmerzen oder Erkältungen bekommen.

Der positive emotionale Ausdruck dieses Chakras zeigt sich als Sensitivität, die oft auch mit der Fähigkeit verbunden ist, Klänge aus anderen – nichtphysischen – Dimensionen wahrzunehmen. Hier offenbart sich die Fähigkeit zum Hellhören. Falls Sie den kreativen Ausdruck der Stimme beruflich nutzen, beispielsweise als Sänger/Sängerin oder öffentlicher Redner/Rednerin, dann ist Ihre Schilddrüse wahrscheinlich größer als die der meisten Menschen, weil sie regelmäßig im Einsatz ist. Der negative Ausdruck dieses Chakras zeigt sich in Schwierigkeiten, sich auszudrücken; man bleibt lieber still, hält den Mund und zieht sich von anderen zurück.

Auf der mentalen Ebene drückt sich der positive Aspekt des

Blau-Chakras als spirituelle Bewußtheit aus, man interessiert sich für die feineren Aspekte des Lebens. Man nimmt sich gerne Zeit dafür, alleine mit den eigenen Gedanken zu sein und über das Leben im allgemeinen nachzudenken und zu meditieren. Oft neigt man dazu, über den Sinn und Zweck der menschlichen Existenz zu philosophieren, und man strebt danach, das eigene innere Wesen zu erforschen oder zu entdecken. Die negative Seite kann sich darin zeigen, daß man die Gedanken in Bereiche abschweifen läßt, die wenig oder gar keinen Bezug mehr zum alltäglichen Leben haben. Man kann Schwierigkeiten bekommen, sich selbst zu motivieren und Dinge in die Praxis umzusetzen.

Das Stirn-Chakra (Drittes Auge): Violett

Dieses Chakra steht mit der Hirnanhangdrüse (Hypophyse) in Verbindung und sitzt an der Basis des Gehirns. Es reguliert die Hormonausschüttung der anderen endokrinen Drüsen und spielt eine wichtige Rolle bei der Aufrechterhaltung der normalen Funktionen des Körpers als Ganzes. Wenn sie unbeeinträchtigt arbeitet, unterstützt diese Drüse einen gesunden Schlaf und hilft, den Körper zu reinigen. Sie lindert viele Beschwerden wie zum Beispiel Neuralgien, Nierenbeschwerden und Nervosität. Im allgemeinen beruhigt und besänftigt sie den Geist und beeinflußt die Seh-, Hör- und Geruchsorgane und kann so die Heilung bei Beschwerden der Augen, Ohren und der Nase unterstützen.

Der positive emotionale Ausdruck dieses Chakras zeigt sich in unserem Gefühl für Selbstachtung und Stolz. Man besitzt eine starke Fähigkeit, die Aufmerksamkeit anderer zu fesseln, und hat, wenn dieses Chakra ungehindert arbeitet, Zugang zu den eigenen spirituellen/medialen Fähigkeiten, einschließlich Hellsehen und Telepathie. Der negative Ausdruck dieses Chakras zeigt sich jedoch in der Neigung zu Minderwertigkeitsgefühlen; man fühlt sich allgemein von anderen nicht gewürdigt oder geschätzt. Der positive mentale Ausdruck dieses Chakras spiegelt sich in abstraktem, oft futuristischem Denken. Vielleicht sind Sie ein Visionär, der mit seinen Ideen und Idealen seiner Zeit weit voraus ist. Man empfängt Inspiration von feinstofflichen Ebenen und aus unerklärlichen Quellen, man erhält Eindrücke und Bilder in Symbolform, die gewöhnlich in konkretere Ausdrucksformen übersetzt werden müssen. Der negative mentale Ausdruck dieses Chakras zeigt sich in Ängsten und Phobien und der Neigung, sich ausschließlich auf den Intellekt zu stützen, der eigenen Intuition nicht zu vertrauen, ständig zu zweifeln und sich für sich selbst zu entschuldigen.

Das Kronen-Chakra: Magenta

Das Magenta-Chakra befindet sich auf der Schädeldecke und steht mit den Funktionen des Gehirns und der Zirbeldrüse (Epiphyse) in Verbindung. Es ist mit allen anderen Chakras verbunden, und deshalb macht sich ein Ungleichgewicht des Kronen-Chakras auch in allen anderen Kraftzentren bemerkbar.

Auf der physischen Ebene reguliert die Zirbeldrüse die Produktion des Hormons Melatonin, jener Substanz, die für die Pigmentierung unserer Haut zuständig ist. Die Zirbeldrüse produziert auch noch andere wichtige biologische Funktionen kontrollierende Hormone und hat mehrere Verbindungen zum endokrinen System. Wenn das Gleichgewicht dieses Chakras gestört ist, können sich auf der physischen Ebene Beschwerden in Verbindung mit dem sympathischen Nervensystem, leichtere und schwerere Formen von Migräne sowie andere mit dem Gehirn in Zusammenhang stehende Beschwerden einstellen.

Auf der emotionalen Ebene drückt sich die positive Seite des Kronen-Chakras in der Fähigkeit aus, Liebe und Mitgefühl zu zeigen und sich den Mitmenschen gegenüber freundlich und sanft zu verhalten. Die negative emotionale Seite dieses Chakras zeigt sich in Dominanzstreben, gewaltsamem und aggressivem Verhalten; man kann dazu neigen, unter dem Deckmantel von Liebe und Spiritualität arrogant und überheblich zu sein. Ein weiterer Ausdruck eines auf der emotionalen Ebene unausgeglichenen Magenta-Chakras ist die Tendenz, die eigenen Bedürfnisse bis zur Selbstaufgabe zu vernachlässigen (Märtyrertum).

Auf der mentalen Ebene hat der positive Ausdruck des Magenta-Chakras mit der spirituellen Entwicklung, dem Bewußtseinszustand und der inneren Reife zu tun. Es spiegelt unsere innere Stärke wider. Das Denken dreht sich eher um die Bedürfnisse anderer als um die eigenen. Man offenbart Weisheit und Wissen in vielen Aspekten des Lebens und sieht eher die positive Seite der Dinge als die negative. Der negative Ausdruck dieses Chakras zeigt sich in der Überzeugung, weniger wert als andere zu sein, sowie in dem Versuch, Situationen und sogar andere Menschen zu kontrollieren. Dieser mentale Aspekt des Magenta-Chakras macht es uns sehr schwer, die eigenen Fehler und Mängel einzugestehen, was letztendlich bedeutet, daß man große Schwierigkeiten hat, selbstgeschaffene Situationen loszulassen.

Chakra-Energieausgleich

Wenn in den Chakras ein Mangel oder ein Überschuß an bestimmten Farbenergien herrscht, kann dieses Ungleichgewicht dadurch ausgeglichen werden, daß man die entsprechende Farbe wieder in sein Leben bringt, und wir möchten Ihnen in diesem Buch Methoden aufzeigen, mit denen Sie dies erreichen können. Nehmen wir als praktisches Beispiel eine Halsentzündung oder einen Husten. In diesen Fällen empfehlen wir dem Klienten, regelmäßig die Schwingungen der Farbe Blau aufzunehmen, um das Schilddrüsen-Chakra und die mit ihm in Verbindung stehenden Körperbereiche, den Hals und den Nacken, zu stärken. Mit Hilfe der in Kapitel 7 beschriebenen Farbatmung, Farbvisualisierung und den Farbaffirmationen können Sie Schmerzen und Unwohlsein in Ihrem Organismus lindern oder sogar ganz beheben. Darüber hinaus können Sie mit diesen Übungen an bestimmten emotionalen oder mentalen Problemen arbeiten.

Viertes Kapitel

Historische Betrachtungen über die Farben

Die Symbolik der Farben

Farbe und Licht waren von jeher ein wesentlicher Bestandteil des Lebens und unserer Existenz auf dieser Erde. Eines der ältesten Zeugnisse für die magische Kraft der Farben können wir in den Höhlen von Lascaux und Altamira bewundern, in denen dekorative, verschiedene Tiere darstellende Wandmalereien die Wände zieren. Obwohl für die Zeichnungen nur die einfachsten, natürlichen Pigmente, die auf dem Höhlenboden zu finden waren, verwendet wurden – Rot und Ockergelb, Manganschwarz und Schlamm – finden wir in der Höhlenkunst eine beträchtliche Vielfalt an Farben. In Lascaux und Altamira fügten die an den Höhlenwänden glitzernden Kalkkristalle den Malereien die Farbe Weiß hinzu und schufen feine Schattierungen und interessante perspektivische Effekte.

Der prähistorische Mensch wurde sich bald der Bedeutung der Farben durch den Wechsel der Farbtöne und die Folge von Licht und Schatten in der Natur bewußt: der Übergang vom Tag zur Nacht, wenn der rote Schimmer der untergehenden Sonne das Ende der täglichen Aktivitäten anzeigte und daran erinnerte, daß es Zeit war, sich in die Sicherheit der Höhlen zurückzuziehen, um den in der dunklen, schwarzen Nacht lauernden Gefahren zu entgehen. Die Farben Rot und Schwarz symbolisieren Leben und Tod. Sie wurden erstmals vom Neandertaler benutzt, der damit die Gräber seiner Verstorbenen bemalte. Später benutzten seine Nachfahren die gleichen Farben für ihre ersten Kunstwerke.

Als die Menschheit sich weiterentwickelte, verlagerte sich der Ausdruck ihrer Kunst von der Höhlen- und Wandmalerei hin zur Selbstbemalung, zur Verzierung des eigenen Körpers, wie man es bei Stammesgemeinschaften findet. Dies begann zunächst mit der Verwendung von Naturmaterialien wie Blättern, Federn,

Muscheln und farbiger Schminke. Innerhalb jedes Stammes oder jeder Sippe versahen alle Mitglieder ihren Körper mit ihrer ganz individuellen Bemalung, um ihre persönliche Beziehung zur Gemeinschaft auszudrücken. Dies geschah gewöhnlich zu Beginn wichtiger Lebensabschnitte (beispielsweise bei Geburt und Tod, in der Pubertät oder bei der Hochzeit). Das Bemalen und Schmücken des eigenen Körpers zeigte, daß man zu einer bestimmten Gemeinschaft gehörte und sich mit ihr identifizierte. Darüber hinaus diente es noch der Definierung sozialer Rollen, indem man daran den Rang innerhalb der jeweiligen Gruppe ablesen konnte. Bestimmte Farben und Muster ermöglichten es den Mitgliedern eines Stammes und denen anderer Stämme, einander zu erkennen, und so diente die Bemalung als eine Art Kleidung, so wie Polizisten schwarze oder grüne Uniformen, Geschäftsleute dunkelblaue Anzüge, Krankenschwestern und Ärzte weiße Kittel tragen.

Heute kennen wir viele verschiedene Arten der Körperbemalung. Menschen verschönern sich mit verschiedenen farbigen *Make-ups* – normalerweise im Gesicht. Frauen tragen *Make-up*, um ihre Erscheinung zu verändern und gleichzeitig ihre natürlichen Farben hervorzuheben; Schauspieler benutzen es, um unter dem starken Licht der Scheinwerfer am vorteilhaftesten zu wirken.

Die Ägypter stellten auf künstliche Weise ein blaues Pigment her (höchstwahrscheinlich ein Ergebnis ihrer Experimente zur Glasherstellung), das Göttlichkeit, Wahrhaftigkeit und Integrität symbolisieren sollte. Diese Farbattribute tauchten später wieder bei der Madonna in der christlichen Symbolik auf. Selbst heute noch spielt bei Hochzeiten in England die Farbe Blau eine jedermann vertraute Rolle. Der Reim »etwas Altes und etwas Neues, etwas Geborgtes und etwas Blaues« beinhaltet die gleichen, zutiefst bedeutungsvollen Assoziationen, die schon die alten Ägypter mit der Farbe Blau verbanden.

In Indien pflegten die Hindu-Bräute vor ihrer Hochzeit sechs Tage lang alte gelbe Kleidungsstücke zu tragen, um böse Geister auszutreiben. Auch bei der Hochzeitszeremonie selbst trugen sie Gelb, so wie der Priester, der das Ritual ausführte, während in China die zukünftigen Ehefrauen die Farbe Rot als Symbol für neues Leben und eine glückliche Zukunft trugen.

Weiß war die wichtigste Farbe im griechischen Parthenon (was »Jungfräulichkeit« bedeutet); es war die Farbe der Göttin Athene und ist noch heute die beliebteste Farbe bei Bräuten in westlichen Ländern.

Tyrisches Purpur war die geheiligtste Farbe der Griechen und Römer. Diese Farbe, die aus Schnecken der Gattung Murex hergestellt wurde, war ausschließlich den Roben der Götter und Kaiser vorbehalten (wahrscheinlich, weil es so kostspielig war, sie herzustellen).

Farben in sakralen Gebäuden und in der Religion

Der »Berg Gottes« bei Ur (im heutigen Irak), ein Turm, der in den zwanziger Jahren dieses Jahrhunderts von Leonard Woolley ausgegraben wurde, gilt als eines der ältesten Bauwerke der Welt (seine Entstehung soll bis auf das Jahr 2300 vor Christus zurückreichen). Die vier konzentrischen Wände sind in Rot und Schwarz, seine Spitze in Blau und Gold gehalten.

Die Stadtmauern der uralten chinesischen Hauptstadt Peking waren rot gestrichen und die Dächer innerhalb der Stadt gelb bemalt, um die Existenz guter und böser Geister zu symbolisieren. Im Innern der alten ägyptischen Tempel waren die Decken der Räume oft in Blau gehalten, um den Himmel darzustellen, während man für die Böden Grün benutzte, um die Flußauen des Nildeltas zu symbolisieren.

Die Griechen benutzten Farben oft, um Form und Gestalt hervorzuheben. Verschiedene Blautöne dienten dazu, die Schattierungen der kalkgetünchten ionischen Kapitelle herauszuarbeiten, und das Rot der Säulen von Knossos sollte die Schwere und das Gewicht, das sie zu tragen hatten, betonen; es bildete einen scharfen Kontrast zu dem blauen mediterranen Himmel und dem Meer.

Auch heute noch findet man auf vielen griechischen Inseln türkisfarben und blau gestrichene Türen und Fensterläden. Das strahlende Weiß der Häuser soll die Hitze der Sonne zurückwerfen (das ist in den meisten heißen Ländern üblich, da Weiß die Hitze reflektiert und das Gefühl von Kühle hervorruft), und Türkis und Blau vermischen sich mit Himmel und Ozean.

Die Verarbeitung von Pigmenten in Tonglasuren und in der Glasherstellung trug dazu bei, die Anwendungsmöglichkeiten dieses Mediums zu fördern und zu erweitern. Durch die Verbindung mit Glas erhielten die Farben eine Leuchtkraft, die wunderbar in griechischen, römischen und byzantinischen Mosaiken und später in den Buntglasfenstern der mittelalterlichen Kathedralen zur Geltung kam. Durch diese Fenster ergoß sich oft das gesamte Spektrum farbigen Lichtes auf alle Oberflächen im Inneren der Kirchen. Bei vielen französischen Kathedralen kann man auch heute noch Spuren der einstigen Farben an den Außenwänden erkennen – rote, blaue und grüne Flecken in Angers und die rote Farbe an der berühmten Notre-Dame in Paris.

Im östlichen Mittelmeer liegt die Insel Zypern, wo man einige der berühmtesten und am besten erhaltenen Mosaike der Welt bewundern kann; rote, gelbe, blaue und grüne Mosaikstücke auf Wänden und Fußböden stellen Szenen wichtiger Ereignisse dar, die sich in dieser Region zutrugen.

Die Farben der Gewänder, die von Göttern und Göttinnen, Priestern und Kaisern getragen wurden, hatten alle religiöse Bedeutung. In Ägypten wurden die Farben Gold, Rot und Gelb dem Sonnengott Ra zugeordnet, während in Griechenland Gold der Göttin Athene, die eine goldene Robe trug, vorbehalten war. Der rote Mohn war Ceres, der Göttin der Ernte, geweiht, während die Farbe Purpur von Odysseus getragen wurde, um seine Fahrt über die Meere kundzutun. Violett, die Farbe der Herrscher, war auch für die Tücher auf Altären und Chorpulten reserviert und paßte zu den Priesterroben der griechischen und der russisch-orthodoxen Kirche sowie zu jenen, die in der römisch-katholischen Kirche und in der Kirche von England getragen wurden.

Im Osten erkennt man die hinduistischen Brahmanen an den Farben Gelb und Gold, die dort als heilig betrachtet werden. Buddha trug goldfarbene und gelbe Roben als Anerkennung der höheren spirituellen Weisheit, doch wenn er über das wechselhafte Schicksal des Menschen meditierte, trug er Rot. Konfuzius hielt sich ebenfalls an die Farbe Gelb, doch er mied Purpur, denn er wollte sich nicht durch den Rotanteil dieser Farbe verwirren lassen. Tatsächlich hegte Konfuzius eine starke Abneigung gegen diese Farbe und drückte das auch in seinen Schriften aus. In dem Buch *Heang Tang* wird er mit den Worten zitiert: »Der höherentwickelte Mensch trug keine Kleidungsstücke, deren Muster ein tiefes Purpurrot oder Rotbraun enthielten.«

Farben in der Heilkunst

Traditionelle Methoden

Das Heilen mit Farben war bei den alten Ägyptern, den Babyloniern und Assyrern und in der Kunst der Heliotherapie weit verbreitet. Diese alten Völker waren sich der intensiven Heilwirkungen der Sonnenstrahlen bewußt und setzten ihre Körper regelmäßig zu Heilzwecken der Sonne aus. Sie erkannten auch die Bedeutung des Lichtes und der farbigen Strahlen von Kristallen und Edelsteinen, die unter der Erdoberfläche gefunden wurden. So wurden Edelsteine und Kristalle beispielsweise zur Übertragung von Heilenergien benutzt. Man war überzeugt, daß das farbige Licht und die Energien dieser natürlichen Steine und Kristalle zur Linderung der verschiedensten Beschwerden eingesetzt werden konnten. Die Steine wurden gemahlen und zerstoßen, und das entstandene Pulver wurde in Wasser gelöst oder eingeweicht. Den so gewonnenen Essenzen schrieb man geheimnisvolle, mystische Eigenschaften zu, die sie als Heilmittel für Kranke wertvoll machten. In manchen Teilen der Welt wurde Medizin für Rheumatismus, Bronchitis oder Epilepsie aus zerstoßenen Goldkörnchen und Perlen hergestellt; Smaragde wurden zur Heilung von Diabetes, Rubine zur Heilung von Herz und Gehirn eingesetzt. Türkise galten als hilfreich bei Vergiftungen, beispielsweise bei Schlangenbissen. Gemahlener Bernstein wurde mit Honig vermischt und zur Heilung von Augenbeschwerden und bei Ohrenschmerzen eingesetzt; dem Karneol wurden blutstillende Eigenschaften sowie Heilwirkungen bei Hautproblemen zugeschrieben. Jade sollte bei Schwangerschaften unterstützend wirken, und Lapislazuli galt als gutes Mittel zur Verhütung von Fehlgeburten. In unseren Tagen nimmt das Interesse an Kristallheilung wieder stark zu, und die Technik der Farbvisualisierung ist ein wichtiges Element dieser Praxis. Zur Zeit der griechischen Heilkunst wurde wahrscheinlich erstmals mehr über die physischen als über die metaphysischen Eigenschaften der Farben nachgedacht. Hippokrates versuchte, eine pragmatischere und wissenschaftlichere Sichtweise in die Medizin einzubringen. Als »Vater der Medizin« begründete er den diagnostischen Ansatz, auf dem die moderne Medizin auch heute noch beruht, und entwickelte eine Diagnosemethode, die als die »Lehre von den Körpersäften« bekannt ist. Jedem der vier Körpersäfte (die mit den vier Elementen Feuer, Erde, Luft und Wasser in Beziehung standen) war eine Farbe zugeordnet, und Krankheiten wurden diagnostiziert, indem der Zustand eines Patienten im Hinblick auf Veränderungen der Farbe des Haares, der Haut und der Augen sowie der Exkremente und des Urins untersucht wurde.

Bis auf den heutigen Tag bildet die Begutachtung der Farbe der Haut, der Zunge, der Augen sowie der Körpersekrete die Grundlage der medizinischen Diagnose überall in der Welt. Celsus, der zu Beginn des christlichen Zeitalters lebte, glaubte, daß das Anbringen farbiger Wundverbände beim Patienten den Heilungsprozeß unterstützen würde, insbesondere, wenn die Verbände die gleiche Farbe hätten wie die Krankheit selbst; so würde beispielsweise ein roter Verband eine Wunde schnell vernarben lassen. Diese Vorstellung erinnert an ein Prinzip der Homöopathie, nämlich die Praxis, Gleiches mit Gleichem zu heilen. Celsus wandte auch verschiedene Pflanzen, Kräuter und Öle an: weiße und lilafarbene Veilchen, Lilien, Rosen und Safran, wobei die Bedeutung für die Heilung in ihren Farben lag. Safransalbe und Irisöl wurden auf den Kopf gerieben, um den Geist zu beruhigen und das Einschlafen zu erleichtern.

Galen, der berühmte griechisch-römische Arzt (129–199 n. Chr.), war überzeugt, daß Dynamik und Veränderung wichtige Faktoren in der Diagnose von Krankheiten darstellten, und er entwickelte eine Theorie, die sich auf sichtbare Farbveränderungen bezog; zum Beispiel, wenn »das, was weiß ist, schwarz wird oder das, was schwarz ist, weiß wird, macht es eine dynamische Veränderung in bezug auf Farbe durch«. Die Veränderungen der sichtbaren Farben eines Krankheitsgeschehens können beispielsweise die verschiedenen Stufen anzeigen, die diese Krankheit durchläuft. Eine Quetschung wird beispielsweise zunächst als roter Fleck auf der Haut sichtbar. Dann entwickelt sie sich weiter, indem die Haut an der betreffenden Stelle tiefschwarz und blau wird. Nach ein paar Tagen verändern sich die Farben der Verletzung in ein dunkles Purpur, dann hin zu Grün, und schließlich zu einem Gelbton, bis die Quetschung am Ende nicht mehr sichtbar ist.

Der arabische Arzt Avicenna (980–1037), dessen *Kanon der Medizin* eine der bemerkenswertesten medizinischen Abhandlungen über Farben – sowohl als Mittel zur Diagnose als auch als Heilmittel – darstellt, die je geschrieben wurden, untersuchte die Qualität des Atemmusters einer Person und brachte diese mit den Elementen und den ihnen zugeordneten Farben in Verbindung. Der Atem der Erde war beispielsweise langsam, während der Atem des Feuers schnell war. Er erweiterte Hippokrates Lehre von den Körpersäften und glaubte, daß die Haarfarbe ein Indikator für das Temperament des Menschen sei: Menschen mit schwarzem Haar waren demnach heißblütig, während Menschen mit braunem Haar von kühlerem Temperament waren. Menschen, die an Nasenbluten litten, sollten Rot meiden, und jene mit Augenkrankheiten sollten sich vor Rot und Gelb hüten. Avicenna war überzeugt, daß Blau den Blutkreislauf verlangsamt, während Rot ihn stimuliert.

Die Chinesen wenden noch heute ihre Farbenlehre zu Diagnosezwecken an, indem sie die Färbung oder Entfärbung verschiedener Körperteile untersuchen – eine der wirksamsten Methoden, etwas über den Gesundheitszustand eines Patienten herauszufinden. Der Körper wird in zwölf verschiedene Bereiche eingeteilt, von denen jeder einzelne je nach seiner Farbe als gesund oder krank diagnostiziert werden kann. So weist eine Rötung der Augen auf Bindehautentzündung hin, während geplatzte Äderchen mit Punkten am Ende ein Anzeichen für Verhärtung sind und auf eine Stagnation in der Blutzirkulation hinweisen. Die Farbe des Augapfels steht in Beziehung zur Leber, und die Pupille gibt Auskunft über den Zustand der Nieren. Das Weiße im Auge steht in Beziehung zur Lunge, und die oberen und unteren Augenlider stehen in Verbindung mit dem Magen. Auf ähnliche Weise offenbart die Farbe der Fingernägel unter anderem den Zustand unserer Leber. Diese Art der Diagnose zieht viele Aspekte in Betracht wie zum Beispiel Farbveränderungen des Urins, des Stuhls, der Haut, der Haare, der Lippen, der Zunge, Veränderungen der Pulsfrequenz, der Farbe der Ohren, des

Teints sowie die allgemeine Erscheinung des Individuums in bezug auf Haltung, Bewegung, Stimmlage und emotionalen Zustand. Auch die Pulsfrequenz kann »verschiedenfarbig« sein: Ein schneller Puls (rot) weist auf Hitze und Überaktivität im Körper hin, während eine »grüne« Pulsfrequenz vor Trägheit oder Verstopfung warnt.

Die Hindus gaben ihren Kranken mit Farbinformationen aufgeladenes Wasser zu trinken, das hergestellt wird, indem man verschiedene farbige, mit Wasser gefüllte Behälter direkt dem Sonnenlicht aussetzt. Dieses Wasser sollte Schmerzen und Beschwerden der Kranken lindern. Die traditionelle Art und Weise der Hindus, mit Farbe zu arbeiten, ist natürlich die Harmonisierung des Chakra-Systems, das wir in einem der vorhergehenden Kapitel beschrieben haben.

Moderne Behandlungsmethoden

Im Zuge der Entwicklung moderner medizinischer Techniken, das heißt moderner Chirurgie und Arzneimitteltherapie im allgemeinen, wurde die Farbtherapie nicht als eine Behandlungsform in Betracht gezogen, die ernsthafter medizinischer Forschung wert war. Doch Edwin D. Babbitt (1828–1905), der über Humanismus forschte und eine Professur in Harvard innehatte, widmete viele Jahre seinem Werk *The Principle of Colour and Light* (1878). Es ist hauptsächlich seinen Bemühungen (und denen seines Beinahe-Zeitgenossen Pancoast) zu verdanken, daß das Interesse an den feinstofflichen Energieebenen und den Kräften von Licht und Farbe wieder auflebte. Er arbeitete mit einer Abwandlung der traditionellen okkulten Praxis der Alchemie, indem er Farben in Bezug zu Elementen und Mineralien setzte und die Farben in Kategorien von »thermischen«, »elektrischen« und »leuchtenden« einteilte. Mit »thermischen« Farben meinte Babbitt die warmen Farben Rot und Orange, die nach seiner Überzeugung Hitze oder Wärme ausstrahlten. Als »elektrisch« bezeichnete er die Farben des blauen Spektrums, das heißt Blau und Violett, die im Prinzip kühle oder kalte Farben sind. Als »leuchtend« bezeichnete der die Strahlkraft von Gelb, jener Farbe, die der Sonne am nächsten kommt.

Rotes Licht (eine warme Farbe) war besonders gut geeignet,

alle Prozesse, die mit dem Blut in Verbindung stehen, und – bis zu einem gewissen Grade – auch die Nerven anzuregen. Diese Farbe bewährte sich ganz besonders in Fällen, bei denen die Patienten an Lähmungserscheinungen litten. Gelb und Orange stimulierten das Nervensystem, und Gelb regte die Gehirnfunktion an. Blau und Violett wirkten beruhigend und besänftigend und wurden zur Entspannung oder zur Linderung bei entzündlichen Prozessen, Ischias, Kopfschmerzen, Hitzschlag und nervöser Reizbarkeit eingesetzt. Babbitt verwendete für seine Farbtherapie verschiedene Geräte und Vorrichtungen, die es ermöglichten, den Patienten in farbigem Licht »baden« zu lassen. Beim Gerät »Thermolume« wurde beispielsweise natürliches Sonnenlicht durch farbige Glasfilter geleitet und vom Patienten, der dahinter auf einem Stuhl saß, aufgenommen.

Babbitt arbeitete mit den drei Primärfarben: mit Rot als Zentrum von Hitze, dem herrschenden Spektrum von Wasserstoff, mit Gelb, dem Zentrum der Leuchtkraft, und mit Blau als Zentrum der Elektrizität, dem herrschenden Spektrum von Sauerstoff. In der Farbtherapie ist es notwendig, Einheit und Affinität, Ausgeglichenheit und Harmonie herzustellen. Daher sah Babbitt die Notwendigkeit, Farben einzusetzen, die in Kontrast zueinander standen beziehungsweise miteinander harmonierten. Jede Farbe hatte ihre Komplementärfarbe, zum Beispiel Rot und Blau, Gelb und Violett und so weiter.

Zu Babbitts Zeit wurden überall auf der Welt viele Farbtherapiepraxen eröffnet. Die zweite Ausgabe seines Buches brachte ihm internationale Anerkennung ein, obwohl seine Arbeiten häufig von der *American Medical Association*, dem Medizinerverband in den USA, kritisiert wurden. Im allgemeinen betrachteten Ärzte und Wissenschaftler die Anwendung von Farben für Heilzwecke mit Skepsis, obwohl sie selbst die unsichtbaren Kräfte des Lichtes nutzten (infrarotes und ultraviolettes Licht sowie Röntgenstrahlen sind heute anerkannte Behandlungsmethoden bei Geschwülsten, Tumoren, bei der Hautbehandlung, der Vernichtung von Bakterien und so weiter). Rudolf Steiner (1861–1925), ein Forscher auf spirituellem, wissenschaftlichem und religiösem Gebiet, verbrachte über vierzig Jahre seines Lebens damit, das Wesen der Farben zu erforschen. Als Kind erfuhr er die Realität der spirituellen Aspekte der Welt, welche er mit den Entdeckungen der Wissenschaft in Einklang zu bringen suchte. Später wurde an Steiner die Bitte herangetragen, an der Herausgabe von Goethes naturwissenschaftlichen Schriften mitzuarbeiten, was ihm sehr dabei half, die von ihm angestrebte Integration zu erreichen. In seinem Buch *Theosophie – Einführung in die übersinnliche Welterkenntnis und Menschenbestimmung* begann er, die Farben der Aura zu beschreiben, wie sie von der spirituellen Ebene aus wahrgenommen werden können.

In seinen Vorträgen legte Steiner den Zuhörern dar, wie sie mit Farben auf eine Weise umgehen konnten, die nicht nur theoretische Erkenntnisse, sondern auch praktische künstlerische Techniken hervorbrachte. Steiner entwickelte Goethes Theorie über die Gesetze und Feinheiten der Metamorphose von Farbe und Form weiter. Mit seiner Art und Weise, Farbe und Form einzusetzen, schuf Steiner eine neue Kunstrichtung, und er erfand die Eurythmie, eine neue künstlerische Form der Bewegung, bei der jede Geste entweder hell oder dunkel ist und jede Stimmung mit einer bestimmten Farbe assoziiert wird.

Bei seiner Maltechnik beobachtete er die verschiedenen Farbqualitäten im Mineral- und Pflanzenreich sowie im Tierreich und in der Welt des Menschen. Er führte auch die Unterscheidung zwischen dem Bildwesen und dem Glanzwesen der Farben ein, ein völlig neues Konzept in der Theorie von den Farben. Im Jahre 1913 gründete er die Anthroposophische Gesellschaft.

In der ersten Hälfte dieses Jahrhunderts verfaßte Roland Hunt mehrere Bücher über die Anwendungsmöglichkeiten von Farben für diagnostische und therapeutische Zwecke. Hunt erforschte die Wirkungen der Farben in Beziehung zu Klängen und Musik, zu Düften und Licht, und er entwickelte eine ganze Reihe von Farblampen und Leuchtobjekten zur Verwendung in Wohnräumen. Er war der Meinung, daß diese Lampen und Vorrichtungen als eine Art Pforte dienten, durch die höhere Formen der Farbheilung individuell wirksam werden könnten. Mit den Entwürfen seiner Lampen setzte er nicht nur auf therapeutische Eigenschaften, sondern auch auf Schönheit in der Gestaltung, die seiner Meinung nach dazu dienen konnte, das menschliche Bewußtsein zu erweitern.

Theophilus Gimbel, ein gebürtiger Bayer, der heute in Großbritannien lebt, ist einer der bekanntesten und anerkanntesten

Farbtherapeuten unseres Jahrhunderts. Auch er entwickelte verschiedene Farblichtvorrichtungen, mit deren Hilfe farbiges Licht für Heilzwecke projiziert werden kann. Viele seiner Ideen basieren auf den Arbeiten von Goethe, Steiner, Babbitt und Hunt.

Gimbel entwickelte ein Farbleuchtgerät, das Babbitts »Thermolume« ähnelt, bei dem aber statt natürlichem Sonnenlicht künstliches elektrisches Licht durch die farbigen Glasfilter geleitet und auf den Patienten projiziert wird. Er übernahm auch die Prinzipien von Goethes *Farbenlehre*, in der die Anwendung von Komplementärfarben und die Vorstellung, daß Farben aus einem Zusammenspiel von Licht und Dunkelheit entstehen, vertreten werden.

Als Farbtherapeut mit über dreißigjähriger Praxis hat Theo Gimbel viel für die Verbreitung der Farbtherapie getan und die Forschung auf diesem Gebiet angeregt. Wir verdanken ihm viel, denn bei ihm begannen wir unsere Studien auf diesem faszinierenden Gebiet. Einige der Grundideen, die wir in unserer Arbeit vertreten, wurden durch ihn und seine Vorgänger beeinflußt. Ihre Lehren halfen uns, unser eigenes System zu entwickeln.

Living Colour und das Colour Reflection Reading

Die Weiterentwicklung der psychosomatischen Medizin und das wachsende Bewußtsein in diesem Bereich verhalfen unserer eigenen Arbeit mit der Farbtherapie zu größerer Bedeutung. Solange wir unsere Ängste und Spannungen nicht ausdrücken, lösen und verstehen können, können wir auch auf der physischen und biologischen Ebene nicht heilen. Wenn man die Bedeutung der menschlichen Psyche und ihre Verbindung mit dem physischen Körper verleugnet, ist das so, als behandle man nur die Symptome einer Krankheit, anstatt sich mit dem gesamten Organismus auseinanderzusetzen. So darf man beispielsweise bei der Behandlung eines Klienten mit schweren Kopfschmerzen oder Migräne, Allergien oder Streß nicht nur das physische Problem sehen, sondern muß auch die metaphysischen Faktoren in Betracht ziehen, die das Problem mitverursacht haben.

Durch die Entwicklung des *Colour Reflection Reading* sind

wir in der Lage, einen effektiven Zugang zu diesen Bereichen anzubieten. Wer das *Colour Reflection Reading* noch eine Stufe weiter führen will, kann sich einer Farbtherapie unterziehen, bei der das Konzept der Komplementärfarben in Verbindung mit Kristallen angewendet wird. Das hierfür von uns benutzte Gerät basiert auf dem Originalentwurf von Godfrey Thomas, einem lieben Freund und ehemaligen Zahnarzt. Dieses Instrument eröffnet eine neue Dimension in der Farbtherapie, denn es vermittelt das Gefühl, daß die Farben leuchtender und lebendiger sind. Schüler und Klienten reagierten positiv auf das mit Hilfe von Kristallen erzeugte Farblicht und genießen die Vielfalt und Tiefe der dadurch ermöglichten Farberfahrungen. Wir haben das Gerät nun weiterentwickelt und benutzen es in unserer Klinik als eine der Behandlungsmöglichkeiten in der Farbtherapie.

Wir glauben, daß der Einsatz der Farbtherapie den Menschen in seiner Gesamtheit als physisches und psychisches Wesen erfaßt. Das Heilen von Krankheiten hat ebensoviel mit den Gefühlen, dem Denken und dem Geist des Menschen zu tun wie mit dem physischen Körper. Das ist auch der Grund, weshalb wir so großen Wert auf unsere Farbberatungssitzungen legen. Wir sind der Meinung, daß die Bewußtmachung der eigenen Probleme den ersten Schritt zu ihrer Überwindung darstellt, und solange ein Mensch nicht bereit ist, sich seine Probleme anzuschauen und seinen Einstellungen oder seinen Lebensstil entsprechend zu verändern, wird das Problem bestehenbleiben.

Die Farbberatung ist ein wesentlicher Teil der Farbtherapie und sollte wegen ihres langfristigen Nutzens Beachtung finden: Sie kann Klienten helfen, die Dinge objektiver zu betrachten und mit mehr Selbstachtung und Selbstvertrauen ins Leben hinauszugehen. Genaueres über diesen Teil unserer Arbeit finden Sie in Kapitel 8.

Fünftes Kapitel

Die Farben unserer Kleidung

Über unsere Bekleidung können wir durch die Wahl bestimmter Farben unser inneres Wesen ausdrücken. Wenn Sie sich durch das *Colour Reflection Reading* besser kennengelernt haben und sich Ihrer allgemeinen »Farbbefindlichkeit« bewußt geworden sind, können Sie auf positive Weise durch Farben mitteilen, wer Sie sind. Anstatt aufs Geratewohl mit Farben zu experimentieren oder aus Mangel an Kenntnissen über Farben gekünstelt zu wirken, können Sie eine Harmonie zwischen Ihrem inneren und äußeren Zustand herstellen.

Durch die modernen Techniken der Farbherstellung, mit denen buchstäblich Tausende von Farbtönen produziert werden können, können wir leicht durch Farben überflutet, verwirrt oder sogar verrückt gemacht werden: Es gibt so viele und so verschiedene Arten von Farben – wie beispielsweise die Neonfarben oder andere intensive synthetische Farbtöne auf dem Markt. Farbe um der Farbe willen führt häufig zu einem Gefühl der Desorientierung und dazu, daß wir den Kontakt mit uns selbst verlieren; oft wird sie zu einem bloßen Instrument, um zu verdekken, zu verstecken, zu manipulieren oder um aus den falschen Motiven heraus Aufmerksamkeit zu erregen. Auf der anderen Seite können Farben aber auch produktiv und konstruktiv eingesetzt werden.

In diesem Kapitel wollen wir Sie mit vier Farbkategorien vertraut machen sowie mit den Kriterien, unter denen eine solche Kategorie auf Sie persönlich zutrifft. Wenn Sie erst einmal wissen, zu welchem Farbtyp Sie gehören, können Sie mit den Farben experimentieren und spielen und bei der Auswahl der Farben für Ihre Garderobe mehr Bewußtheit walten lassen.

Kleidungsstücke wirken über unseren Körpern wie Farbfilter, die die Quantität und Qualität der Farb- und Lichtenergien regulieren, die von unseren physischen und unseren feinstofflichen Körpern aufgenommen werden. Diese Farben und ihre Energien werden uns schließlich beeinflussen, und wir müssen sorgfältig darauf achten, was wir tragen, um ausgeglichen und harmonisch leben zu können.

Die Farben, die ein Mensch trägt, sagen eine Menge über ihn aus. Wenn Sie das nächstemal mit dem Zug oder Bus fahren oder durch die Straßen gehen, sollten Sie sich einmal umschauen und registrieren, welche Farben die Menschen um Sie herum tragen. Was sehen Sie? Konzentrieren Sie sich dann auf einen bestimmten Menschen, und versuchen Sie zu erkennen, was seine Farbwahl über ihn verrät.

Im folgenden Abschnitt finden Sie einige Anhaltspunkte über die Aussagen, die Menschen einfach dadurch über sich selbst machen, indem sie bestimmte Farben tragen.

Psychische Wirkungen der Bekleidungsfarben

Rot

Diese Farbe gibt Ihnen das Gefühl, energiegeladener und extrovertierter zu sein, auch, bereit zu sein, forsch voranzugehen. Die Farbe Rot ist ein Blickfang und zieht die Aufmerksamkeit anderer auf sich. Falls Sie Rot tragen, möchten Sie vielleicht als feurig und leidenschaftlich, wild und stark gesehen werden. Menschen, die »Action« und Drama lieben, tragen gerne diese Farbe. Das Tragen von Rot kann auch auf eine starke Sexualität hinweisen.

Orange

Eine energetisierende und stimulierende Farbe, die jedoch nicht die »triebhafte« Qualität von Rot besitzt. Falls Sie gerne Orange tragen, sind Sie wahrscheinlich mutig und abenteuerlustig, begeistern sich für alles, was Sie tun, selbst wenn es Ihnen Energie raubt. Menschen, die diese Farbe tragen, sind selbstsicher und extrovertiert, sie lachen gerne und bringen andere zum Lachen. Das Tragen von Orange fördert auch die Fähigkeit zur Kommunikation und den Sinn für Humor.

Gelb

Diese Farbe wird oft von Intellektuellen bevorzugt, von den Wissensdurstigen und jenen, die gerne Positionen der Autorität und Kontrolle innehaben. Gelb fördert geistige Offenheit und die Liebe zum Detail. Das Tragen von Gelb »bringt das Licht herein«. Es ist die Farbe, die am stärksten mit der Sonne assoziiert wird und dazu neigt, positive und optimistische Eigenschaften in jenen, die sie tragen, hervorzurufen.

Grün

Diese Farbe hilft Menschen, eine ruhige, besänftigende und ausgleichende Atmosphäre um sich herum zu schaffen. Sie steht für Harmonie und Gleichgewicht. Grün in der Kleidung spiegelt den konventionellen Typ, der den geraden, aber auch »engen« Weg bevorzugt und der nicht gerne im Mittelpunkt steht. Menschen, die diese Farbe mögen, lieben im allgemeinen die Natur und die Sicherheit, die sie damit verbinden.

Türkis

Diese Farbe ermutigt andere Menschen dazu, an Ihnen Interesse zu zeigen. Sie unterstützt die klare, erfrischende Persönlichkeit, die für andere leicht zugänglich ist. Türkis hilft Ihnen, Klarheit in Ihr Denken und Fühlen sowie in Ihre Kommunikation zu bringen. Wenn Sie gerne Türkis tragen, möchten Sie vielleicht von anderen als jugendliche, sprühende Persönlichkeit gesehen werden.

Blau

Das Tragen von Blau weist auf Spiritualität und Ordnung hin. Menschen, die in ihrer Kleidung Blau bevorzugen, zeigen damit ihren Wunsch nach Ruhe und Frieden, nach Stille und sogar nach Einsamkeit. Diese Farbe hat nichts Bedrohliches an sich, und das Individuum, das sie trägt, schätzt wahrscheinlich Treue und Ehrlichkeit.

Violett

Das Tragen violettfarbener Kleidung ruft Gefühle der Selbstachtung, der Würde und eigener Wertschätzung hervor. Diese Farbe wird von katholischen Priestern getragen, um Heiligkeit und

Demut auszudrücken. Sie wirkt reich und wird daher auch mit Herrschertum, Extravaganz und Wohlhabenheit assoziiert. Oft bevorzugen auch Künstler diese Farbe in ihrer Kleidung, vielleicht wegen ihrer kreativen oder spirituellen Eigenschaften.

Magenta

Das Tragen dieser Farbe fördert Sanftheit, Zartheit und Freundlichkeit. Sie ruft Zuneigung und Gefühle von Liebe und Mitgefühl hervor. Durch den Anteil von Rot übermittelt diese Farbe auch eine intensive sexuelle Botschaft, die unterschwellig manipulierend sein kann. Wenn Sie gerne diese Farbe tragen, könnte das darauf hinweisen, daß Sie Ihre Sinnlichkeit ausdrücken möchten.

Schwarz

In den meisten westlichen Gesellschaften ist Schwarz ganz allgemein die Farbe des Todes, der Trauer und der Buße. Oft wird sie von jenen getragen, die gegen die Gesellschaft rebellieren oder die Normen innerhalb der Gesellschaft zurückweisen. Es ist eine Farbe, die das Licht verneint, und die, die sie tragen, weisen auch das Licht in sich selbst zurück, indem sie nicht zulassen, es zu absorbieren. Es ist die Farbe, die von Geschäftsleuten, Polizisten und Priestern getragen wird, um Macht und Autorität zu demonstrieren. Schwarz wird auch als dunkel und geheimnisvoll betrachtet und hat inzwischen auch die Bedeutung von »sexy«. Dennoch ist Schwarz auch die Farbe jener, die sich traditionsbewußt geben und geachtet werden möchten.

Weiß

In der Bekleidung wird Weiß mit Sauberkeit, Reinheit und Unschuld assoziiert. Im Osten ist es jedoch die traditionelle Farbe des Todes und der Trauer, die ausdrücken soll, daß die Verstorbenen die physische Welt für eine reinere, spirituelle Welt hinter sich gelassen haben. Weiß ist die Farbe der Losgelöstheit. Sie reflektiert alle Farben, und die, die sie tragen, tun das häufig, um sich in der Hitze der Sonne ein Gefühl der Kühle zu verschaffen.

Braun

Die Farbe Braun wird oft mit Erde und mit Stabilität assoziiert. Um Braun zu erhalten, muß man Rot mit Schwarz mischen, was bedeutet, daß Braun viele der Eigenschaften dieser beiden Farben aufweist. Braun hat mit dem Gefühl des Geerdetseins und dem Errichten solider Fundamente für die Zukunft zu tun (ähnlich wie das positive Rot). Es trägt auch die machtvolle Qualität von Schwarz in sich, da es mit Autorität, Selbstvertrauen und Selbstsicherheit in Verbindung steht. Ein Mensch, der gerne Braun trägt, widmet sich wahrscheinlich hingebungsvoll seiner Arbeit, seiner Familie und seinen Freunden. Auf der positiven Seite sind diese Menschen praktisch und kommen auf der materiellen Ebene gut zurecht, doch auf der negativen Seite können sie zutiefst unsicher und instabil sein. Die Farbe Braun fördert Organisationsfähigkeit und Standfestigkeit, besonders in den alltäglichen Verantwortlichkeiten. Menschen, die die Farbe Braun bevorzugen, sind in der Lage, bis zur Wurzel der Dinge vorzudringen und mit komplizierten Angelegenheiten auf einfache und direkte Weise umzugehen. Es sind gewöhnlich ernsthafte Menschen.

Noch eine Bemerkung zur Farbe Schwarz

Schwarz bedeutet die Absorbtion oder Verneinung jeglicher Farbe. Oft sprechen wir von »schwarzen Gedanken«, wenn wir eine Stimmung des Unglücklichseins, des Rückzugs, der Depression oder des inneren Elends ausdrücken wollen. Schwarz wird auch mit dem Tod und dem Unbekannten sowie mit dem eigenen Schatten assoziiert. Man kann sich ausgezeichnet hinter dieser Farbe verstecken oder sie dazu benutzen, etwas zu verdecken, das in den Hintergrund treten soll.

Oft macht es uns traurig, zu sehen, daß so viele Menschen, denen wir auf der Straße begegnen, und natürlich auch jene, die in unsere Praxis kommen, ausschließlich Schwarz tragen. Es macht so wenig Mühe, nur ein wenig Farbe hinzuzufügen, ganz besonders, da heute so viele wunderschöne Farben verfügbar sind. Viele Klienten kommen von Kopf bis Fuß in Schwarz gehüllt zu uns in die Farbtherapie, und wir versuchen dann gewöhnlich, herauszufinden, ob diese Menschen stets Schwarz tragen oder ob sie dies nur hin und wieder tun. Jene, die oft Schwarz tragen, werden wahrscheinlich einräumen, daß sie sich in ihrem Lebensausdruck eingeschränkt fühlen und dazu neigen, Situationen nur aus der Position des Beobachters zu erleben, anstatt aktiv teilzunehmen. Sie wirken gehemmt, besonders auf der emotionalen Ebene. Doch oft verlieren Menschen, die daran gewöhnt waren, viel Schwarz zu tragen, ihr Interesse an dieser Farbe, nachdem sie eine Farbtherapie durchlaufen und mehr Lebenslust entwickelt haben. Sie versuchen zumindest eine der Spektralfarben in ihre Garderobe aufzunehmen, um mehr das Farbige als die Dunkelheit zu betonen.

Bei manchen Menschen vollzieht sich dieser Wandel allmählich, bei anderen sehr schnell und dramatisch. Manche finden es schwierig, das Sicherheitsnetz und die Geborgenheit, die Schwarz bietet, loszulassen, was dann auch ihre Weigerung, mehr über ihr unbewußtes Selbst zu entdecken, widerspiegelt.

Eine »schwarze« Fallgeschichte

Als Liz erstmals im Jahre 1985 in unsere Praxis kam, war sie manisch-depressiv. Sie litt bereits seit vierzehn Jahren an dieser Krankheit und hatte mehrere Psychotherapeuten konsultiert – allerdings ohne viel Erfolg. Bei ihrem ersten Besuch registrierten wir sofort, daß sie einen langen schwarzen Wollmantel, schwarze Samtskihosen, schwarze Stiefel und einen schwarzen Pullover mit V-Ausschnitt trug. Sie hatte einen bleichen, fahlen Teint, braungrüne Augen, die dick mit schwarzem Kajalstift umrahmt waren, und braunes Haar. Liz war siebenundvierzig Jahre alt. Sie hatte Innenarchitektur studiert, aber seit sieben Jahren nicht mehr in ihrem Beruf gearbeitet. Als wir sie baten, drei Farben aus dem *Colour Reflection Reading-Set* auszuwählen, fragte sie, weshalb es nicht Schwarz oder Weiß enthielt. Wir erwiderten, daß wir uns ausschließlich auf die Farben des Spektrums konzentrierten und Schwarz und Weiß als extreme Farben betrachteten, aus denen die Spektralfarben hervorgingen. Diese Antwort schien sie zufriedenzustellen, doch wir spürten ihre Enttäuschung darüber, daß Schwarz nicht auf der Tagesordnung stand. Als wir sie fragten, ob sie Schwarz oder Weiß gewählt hätte, wenn diese Farben in unserer Auswahl vorhanden gewesen wären, sagte sie, daß sie wahrscheinlich als erste Farbe Schwarz gewählt hätte. Statt dessen wählte sie nun als erste Farbe Blau, als zweite Orange und an dritter Stelle Violett.

Fünf Monate lang trug Liz weiterhin Schwarz, ungeachtet unserer Empfehlung, Orange zu tragen, da diese Farbe für ihren Zustand am zuträglichsten sei. Dann erschien sie eines Tages in einem Rock in leuchtendem, herbstlichem Orange, einer goldgelben Bluse und einem breiten orangefarbenen Satingürtel. Das einzige Schwarze in ihrer Kleidung waren ihre Stiefel und ihr Mantel. Dies war das erste äußere Anzeichen dafür, daß die Therapie auf sie zu wirken begann. Gefragt, was sie zu dieser Veränderung bewogen habe, antwortete sie, sie sei sich nicht ganz sicher, aber sie habe eines Morgens beim Aufwachen einfach das Gefühl gehabt, Orange tragen zu müssen. Sie hatte viele Farbtherapiesitzungen hinter sich, in denen sie in orangefarbenem Licht, das durch Blau ergänzt wurde, gebadet hatte. Wir glauben, daß dies, sowie die unterstützende Farbvisualisierung und die Farbatemübungen (die sie auf unsere Empfehlung hin immer dann anwandte, wenn sie sich deprimiert fühlte) eine akkumulative Wirkung auf ihre Aura ausübte.

Farben für Kleidungsstücke

Farbe spielt eine wichtige Rolle bei der Art, wie wir uns kleiden, und sollte ein natürlicher Ausdruck unserer Persönlichkeit sein. Wenn die Farben unserer Kleidung unsere natürlichen Körperfarben unterstreichen und mit ihnen harmonieren, haben wir mehr Selbstvertrauen und strahlen mehr Selbstsicherheit aus als im Falle einer Disharmonie.

Wenn Sie Farben tragen möchten, die Ihre natürlichen Farben ergänzen, müssen Sie zunächst einmal die Farbe Ihrer Augen, Ihres Haares und Ihrer Haut genau betrachten. Das Tragen der falschen Farben läßt diese in den Vordergrund rücken und beeinträchtigt Ihre allgemeine ästhetische Erscheinung. »Falsche« Farben tendieren gewöhnlich auch dazu, Hautunreinheiten, Fältchen und Falten hervorzuheben. Ein ungleichmäßiger Teint und rote Flecken werden durch die falschen Farben tatsächlich noch betont, und solche Farben können uns auch älter wirken lassen. Das Weiße der Augen wirkt stumpf und scheint das natürliche Leuchten eingebüßt zu haben. Die »falschen« Farben lassen Menschen auch müde, erschöpft und ausgelaugt aussehen und vermitteln einen »unordentlichen« Eindruck. Das meinen wir, wenn wir von »Fehlfarben« und »verwaschenen Farben« sprechen.

Die richtigen Farben hingegen lassen Hautunreinheiten sofort in den Hintergrund treten. Die Haut wirkt zarter, klarer, frischer und lebendiger. Die Augen leuchten, wirken größer und glänzender. Die richtigen Farben heben Ihre natürlichen Körperfarben hervor und verstärken sie, sie harmonieren nicht nur mit Ihrem Hautton, sondern auch mit Ihrer Augen- und Haarfarbe.

Die Methode, die eigenen »wahren« Farben zu finden, beruht auf der Arbeit des Farbtheoretikers Johannes Itten. Itten, ein Künstler und Lehrer am Bauhaus, experimentierte mit verschiedenen Methoden, Farben miteinander zu kombinieren oder in Kontrast zueinander zu setzen, und entdeckte, daß viele seiner Schüler in ihren Arbeiten Farben benutzten, die exakt mit ihren eigenen persönlichen Körperfarben harmonierten. Manche wählten klare und frische Farben, während andere stets gedämpfte, trübere Töne der gleichen Farben bevorzugten. Itten beobachtete, daß Schüler mit dunklem Haar und dunkler Hautfarbe harte Farben wie Schwarz, Grau und Blau wählten. Seine Farbtheorie beruhte auf den drei Primärfarben Rot, Blau und Gelb. Alle anderen Zwischentöne konnten aus diesen mit Hilfe von Schwarz und Weiß zusammengemischt werden.

In Amerika wurde später ein System entwickelt, bei dem die Menschen in vier Grundtypen eingeteilt werden, wobei jede dieser Gruppen nach einer Jahreszeit benannt wird. Diese Jahreszeiten können wiederum in zwei Gruppen eingeteilt werden: das Spektrum der kühlen Farben und das Spektrum der warmen Farben. Winter und Sommer werden als »kühl« klassifiziert, da der Grundton ihrer Farben Blau ist. Frühling und Herbst werden als »warme« Jahreszeiten klassifiziert, da der Basiston ihrer Farben Gelb beziehungsweise Gold ist.

Falls Ihre natürlichen Körperfarben durch die Töne des kühlen Spektrums unterstrichen werden, sind Sie ein Winter- oder ein Sommertyp. Falls Ihre natürlichen Farben nach warmen Tönen verlangen, dann sind Sie ein Frühlings- oder Herbsttyp.

Innerhalb der Jahreszeitengruppen werden die klareren, leuchtenderen Farben Winter und Frühling zugeordnet, die gedämpfteren Farben Herbst und Sommer. (Das Herbstspektrum enthält jedoch auch einige klare Farben.) Die Bestimmung des Jahreszeitentyps muß bei Tageslicht oder bei künstlichem Licht, das die gleiche Farbtemperatur reproduziert (siehe Seite 199), vorgenommen werden.

Dabei werden gewöhnlich verschiedene spezifisch gefärbte Tücher verwendet, die nacheinander um den Hals des Klienten oder der Klientin drapiert werden, wobei jedesmal besonders auf die Intensität und Klarheit in Beziehung zu den eigenen natürlichen Körperfarben geachtet wird.

Im nächsten Abschnitt finden Sie weitere Informationen, mit deren Hilfe Sie Ihren Jahreszeitentyp bestimmen und die Farben entdecken können, die am besten zu Ihnen passen. Auf Seite 121 erfahren Sie, wie Sie Farben einbeziehen können, die Sie beim *Colour Reflection Reading* gewählt haben.

Das Bestimmen Ihres Farbtyps

Um Ihren Jahreszeitentyp und die Farben, die Ihnen am besten stehen, zu bestimmen, müssen Sie sich sehr genau Ihre Haut anschauen (ohne Make-up, falls Sie gewöhnlich welches benutzen). Auch die Farben der Augen und Haare sind sehr wichtig. Außerdem sollten Sie sorgfältig den Abschnitt über Persönlichkeit, Farben und Jahreszeiten lesen, der auf Seite 124 beginnt, um sich zu vergewissern, daß Ihre Persönlichkeitsmerkmale mit dem Jahreszeitentyp, der Sie Ihrer Meinung nach sind, übereinstimmen. Drei Pigmente bestimmen die Farbe unserer Haut: Melanin (braun), Hämoglobin (rot) und Karotin (gelb). Diese drei Faktoren verbinden sich in veränderlichen Anteilen und erzeugen so Ihren ganz besonderen Hautton. Sie haben entweder eine warme Hautfarbe (Frühling oder Herbst) oder eine kühle (Winter oder Sommer). Sommersprossen können Ihnen helfen, herauszufinden, ob Ihr Hautton warm oder kühl ist: Sind die Sommersprossen dunkelbraun mit einem ins Graue oder Anthrazitfarbene gehenden Ton, dann sind Sie wahrscheinlich ein kühler Hauttyp; sind die Sommersprossen goldgelb oder hell- bis mittelbraun mit einem orangefarbenen Ton, dann sind Sie wahrscheinlich ein warmer Hauttyp. Lesen Sie nun die folgenden Beschreibungen der jeder Jahreszeit zugeordneten Haut-, Haar- und Augenfarben. Wählen Sie den Abschnitt, den Sie intuitiv als zu Ihnen passend empfinden, und überprüfen Sie die Einzelheiten Ihrer Zuordnung.

Winter

Haut

Bei der Hautfarbe des Wintertyps herrscht ein kühles Blau oder bläuliches Pink vor. Dies mag nicht immer auf den ersten Blick erkennbar sein, da es oft sehr subtil ist. Manche Menschen des Wintertyps haben eine ins Grau-Beige gehende Haut, hellere oder dunklere Schattierung, häufig ohne sichtbare Färbung (Rosarot oder Pink) der Wangen. Manche Menschen dieses Typs haben tatsächlich einen ziemlich fahlen Teint und benötigen starke blaugrundige Farben, um dies auszugleichen.

Die Wintertypen sind zahlreicher als alle anderen Jahreszeitentypen und daher auch die Menschen, die blaugrundige Farben benötigen, um das Beste aus ihren natürlichen Körperfarben zu machen. Außerdem gehören zu diesen Hauttypen Menschen mit pinkfarbener Grundierung, mit reinem Beige oder Rosabeige von hell bis dunkel, sowie olivfarbene Hauttypen von hell bis dunkel – einschließlich der »kühlen« schwarz- und braunhäutigen Menschen. Die meisten Menschen afrikanischer Abstammung sind Wintertypen, obwohl manche auch zu den Herbsttypen zählen.

Haare

Wintertypen haben oft dunkles Haar, von mittel- bis dunkelbraun oder schwarz. Typisch sind schwarzblaues, silbergraues oder metallisch aschfarbenes Haar, manchmal mit einem rötlichen »Touch«. Nur wenige Wintertypen sind als Erwachsene noch naturblond, obwohl viele als Kinder blonde Haare hatten. Wenn sie als Erwachsener blondes Haar haben, ist es gewöhnlich weißblond.

Augen

Bei den Augen des Wintertyps besteht gewöhnlich ein starker Kontrast zwischen dem Augenweiß und der Farbe der Iris. Die

Augen wirken oft tief und klar und können schwarzbraun, rotbraun, blau oder grün, graubraun oder haselnußbraun sein. Manchmal sieht man auch haselnußbraune Augen mit viel Goldbraun, die warm wirken. Die Augen des Wintertyps haben oft einen grauen Rand um die Iris.

Sommer

Haut

Sommertypen haben eine weichere, zartere Hautfarbe als Wintertypen. Oft haben sie einen pinkfarbenen Ton in der Haut, der sie sanft und durchscheinend wie Porzellan wirken läßt. Viele Skandinavier und Engländer besitzen einen »Sommerteint«. Sie haben klare und blasse Farben, eine rosabeige oder blaßbeige Haut, die von mittleren bis hin zu tiefen Tönen reichen kann.

Haare

Der Sommertyp hat oft blondes Haar, das von weißblond über goldblond bis aschblond reicht. Wenn der Sommertyp altert, neigt sein Haar jedoch dazu nachzudunkeln und nimmt oft einen aschbraunen Ton mit einem Graustich an. Diese Haarfarbe wird oft als »mausgrau« bezeichnet. Die Haarfarbe von brünetten Sommertypen kann hell- bis dunkelbraun sein und ist ebenfalls mit Grautönen gemischt. Im allgemeinen ergraut das Haar von Sommertypen allmählich mit weichen Übergängen und nimmt dabei einen »Salz-und-Pfeffer-Look« an.

Augen

Die Augen des Sommertyps sind gewöhnlich blaßblau, blaugrau oder von weichem Haselnußbraun mit blaugrünen Sprenkeln. Sie können auch Anteile von warmem weichem Braun oder Graubraun haben, obwohl das nicht so häufig vorkommt. Das Weiße der Augen ist nicht so klar und leuchtend wie beim Wintertp, sondern eher cremeweiß.

Frühling

Haut

Ein Frühlingstyp hat einen elfenbeinfarbenen, pfirsichfarbenen oder goldbeigefarbenen Teint. Die Haut hat einen rosigen Schimmer, oft sogar einen ziemlichen Rotstich. Sommersprossen, gewöhnlich von goldbrauner Farbe, sind typisch für diesen Hauttyp, obgleich nicht alle Frühlingstypen Sommersprossen haben. Viele haben eine klare, cremefarbene Haut. Die ganz und gar warmen Farben des Frühlings verleihen diesem Typ eine leuchtende, strahlend gesunde Erscheinung. Viele Europäer und Amerikaner gehören zum Frühlingstyp.

Haare

Typische Frühlingstypen haben blondes Haar, das oft mit dem Alter nachdunkelt. Flachsblonde und Goldblonde gehören ebenso zum Frühlingstyp wie viele Menschen mit golden braunem Haar. Obwohl nicht so häufig anzutreffen, gibt es auch dunkelbraune und schwarzhaarige Frühlingstypen. Bei manchen hat das Haar einen Ascheton, der es dumpf erscheinen lassen kann. Wenn das Haar eines Menschen vom Frühlingstyp ergraut, nimmt es gewöhnlich einen gelblichen Ton an. Dunkelbraune und schwarzhaarige Frühlingstypen werden jedoch silberweiß, ähnlich wie die ergrauten Wintertypen.

Augen

Die meisten Frühlingstypen haben blaue oder grüne Augen oder eine Mischung von beidem – auch Türkis, Aquamarin oder Blaugrau in hellen bis dunklen Schattierungen sind bei diesem Typ häufig. Braune Augen sind beim Frühlingstyp eher selten anzutreffen, und wenn, haben sie gewöhnlich einen ins Haselnußbraun gehenden Goldton, bei dem sich Grün und Gold vermischen.

Herbst

Haut

Die Herbsttypen, die häufig einen goldgelben Unterton in ihrer Hautfarbe haben, kann man in drei Grundtypen einteilen: die Hellhäutigen mit elfenbeinfarbener bis pfirsichfarbener Haut; die rötlichen Hauttypen mit goldfarbenen Sommersprossen und diejenigen mit goldbeige getönter Haut mit Schattierungen, die von mittleren bis zu tiefen Kupfertönen reichen können.

Vielen Herbsttypen mangelt es an Farbe im Gesicht, und sie neigen häufig zu blassem oder fahlem Aussehen. Oft sehen diese Menschen viel besser aus, wenn sie die dunklen, üppigen Farben dieser Jahreszeit tragen.

Haare

Das Haar von Herbsttypen kann rotbraun bis kupferfarben, himbeerblond bis rot oder dunkel goldblond bis braun sein, gewöhnlich mit einem Stich Rot oder Gold. Einige haben holzkohlefarbenes, dunkelbraunes oder schwarzes Haar. Im allgemeinen ergrauen Herbsttypen nur allmählich, und wenn ihr Haar grau geworden ist, sieht es weich und attraktiv aus.

Augen

Viele Herbsttypen haben dunkelbraune oder haselnußbraune Augen; manche haben klare, leuchtend grüne Augen, die gewöhnlich sehr auffallend sind, während andere dunkelolivgrüne Augen mit Spuren von Braun darin haben. Nur selten trifft man Herbsttypen mit hellblauen oder blaugrünen (türkisfarbenen) Augen, und dunkelblaue oder graue Augen findet man bei ihnen so gut wie gar nicht.

Persönlichkeit, Farben und Jahreszeiten

Durch unsere Arbeit mit Farben haben wir die Beobachtung gemacht, daß es klar erkennbare Verbindungsmuster zwischen der individuellen Persönlichkeit, ihrer natürlichen Haut-, Haar- und Augenfarbe sowie den Schlüsselfarben in der Natur gibt.

Die Beziehung zwischen diesen Faktoren ist ein wesentliches Kriterium für die Auswahl der optimalen Farben für die Bekleidung. Nehmen wir beispielsweise einen Menschen von sanfter, anmutiger Persönlichkeit, mit einem rosabeigefarbenen Teint, aschblondem Haar und haselnußfarbenen Augen. Es besteht eine Verbindung zwischen den Eigenschaften der Persönlichkeit (ruhig und sanft) und den Farben (Blau und Pink), der Natur (Sommer). (Siehe Abbildungen 10 und 11 auf Seite 126 und 127)

Im folgenden finden Sie einige allgemeine Richtlinien, die Ihnen helfen sollen, zu erkennen, welcher Persönlichkeitstyp mit welcher Jahreszeit korreliert. Diese Informationen vermitteln Ihnen einen Einblick in die Eigenschaften der Jahreszeiten und zeigen Ihnen, wie Sie persönliche Charakterzüge damit in Beziehung setzen können.

Die Winterpersönlichkeit

In den Wintermonaten herrschen überall scharfe Kontraste und klare Farben vor. Kahle schwarze Bäume heben sich gegen den weißen Schnee ab und kreieren einen dramatischen Effekt, der typisch für die Persönlichkeit der Wintertypen ist. Es ist jene Eigenschaft, die sie aus der Menge hervorhebt. Diese Menschen wirken im Vergleich zu anderen in ihrem Verhalten stark und selbstsicher. Manchmal erscheinen sie sogar etwas abgehoben oder überheblich, obwohl viele Wintertypen in Wirklichkeit zutiefst scheu sind und häufig den Frieden des Alleinseins der Gesellschaft anderer Menschen vorziehen und ihren Freundeskreis auf einige wenige ausgewählte Menschen beschränken.

Es sind Karrieretypen mit großem Ehrgeiz. In Krisensituationen ist auf sie Verlaß, und sie verachten Unzuverlässigkeit und Unaufrichtigkeit bei anderen. Wenn sie einmal eine Entscheidung getroffen haben, handeln sie gewöhnlich rasch, und sie schaffen es, im Leben das zu bekommen, was sie möchten, insbesondere auf der materiellen Ebene.

Winterpersönlichkeiten sind intelligent, gut im Organisieren und hervorragende Führungspersönlichkeiten.

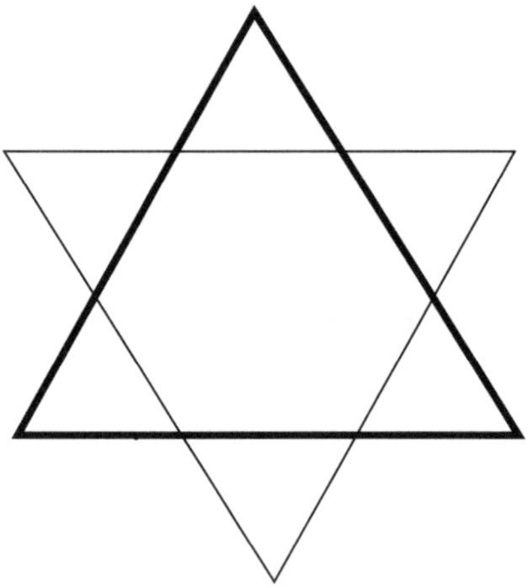

Abb. 10 »Kühle« Jahreszeiten

Die Sommerpersönlichkeit

Die Sommerpersönlichkeit ist wie das weiche, diffuse Licht dieser Jahreszeit: Oft erscheint sie sehr sanft, weich, und ihre Beziehung zum Leben wirkt ruhig und anmutig. Diese Menschen haben gewöhnlich die Beständigkeit und Verläßlichkeit der ihnen zugeordneten Jahreszeit mit ihren rosaroten Sonnenuntergängen und ihrem blauen Himmel. Die Farben strahlen etwas Tröstliches und Beruhigendes aus – typische Qualitäten des Sommers.

Sommerpersönlichkeiten sind oft Perfektionisten, die hinter ihren eigenen hochgeschraubten Erwartungen zurückbleiben, weil es ihnen sehr schwerfällt, Anerkennung für irgend etwas, das sie tun, anzunehmen. So bleiben sie oft mit einem Gefühl der Unerfülltheit zurück und versuchen, dies zu kompensieren, indem sie viel analysieren und sich selbst und andere in gleichem Maße kritisieren. Sie sind jedoch gute Zuhörer und stets bereit, andere zu ermutigen, während sie ihre eigenen Bedürfnisse an die letzte Stelle setzen. Sie neigen dazu, sich selbst die Gelegenheiten

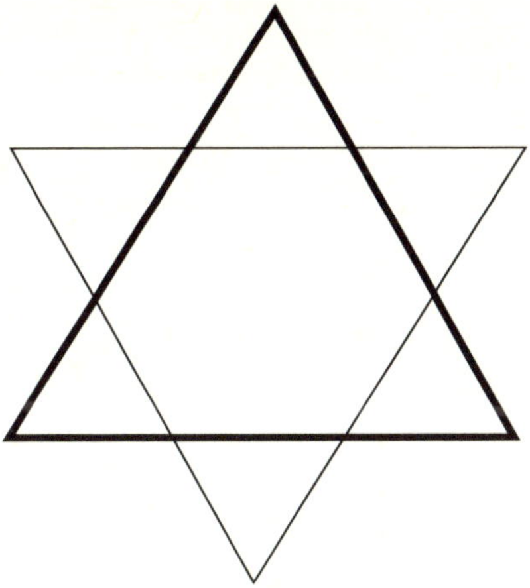

Abb. 11 »Kühle« Jahreszeiten

zu versagen, die sie benötigen würden, um ihre Talente nutzen zu können, und in vielen Fällen ziehen sie sich zurück, verstecken sich vor dem Leben und bekommen den Spaß gar nicht mit. Es sind häufig sehr ernste, aber warmherzige Menschen mit tiefen Gefühlen, doch es fällt ihnen schwer, ihre Gefühle auszudrükken. Oft mangelt es ihnen an Spontaneität und der grundsätzlichen Bereitschaft, am Leben teilzunehmen.

Man könnte die Sommerpersönlichkeit als konservativ oder reserviert bezeichnen. Sie sind gute, liebevolle Eltern und verstehen es, ihr Heim sehr gut zu organisieren.

Die Frühlingspersönlichkeit

Die Grundfarben dieser Jahreszeit spiegeln eine lebendige, lebhafte, überschäumende Persönlichkeit wider. Viele der dieser Jahreszeit zugeordneten Farben erinnern uns an Blumen und andere Pflanzen, die zu dieser Zeit blühen, und Menschen mit einer Frühlingspersönlichkeit strahlen eine warme, weiche Vitalität aus, die für diese Zeit des Jahres typisch ist.

Die Frühlingspersönlichkeit ist das Gegenteil des Sommertyps.

Sie ist impulsiv, reagiert unmittelbar auf die Gelegenheiten, die das Leben bietet, und lacht gerne und oft. Frühlingstypen sind jedoch nicht sehr gut organisiert, und oft mangelt es ihnen an Diplomatie. Sie produzieren gerne neue Ideen, doch es ist auch typisch für sie, zu viele Projekte gleichzeitig zu beginnen, so daß sie sich um keines wirklich intensiv kümmern können. Sie können aber auch sehr hartnäckig sein, wenn sie ein Ziel erreichen möchten. Sie schließen leicht Freundschaften, und da sie von Natur aus meist guter Laune sind und viel Energie haben, kommen sie mit den meisten Menschen gut aus.

Frühlingstypen sind positiv, optimistisch und verkörpern mit ihrer Persönlichkeit die grenzenlosen, blühenden, natürlichen Energien der Wiedergeburt des Jahres.

Die Herbstpersönlichkeit

Mit dem Wechsel der Farben und dem Fallen der Blätter kündigt der Herbst die Rückkehr zur Erde an. Herbstpersönlichkeiten sind erdige, erdverbundene Charaktere. Sie sind unabhängig, ehrgeizig, gute Organisatoren und können, anders als die Frühligs-Typen, viele verschiedene Projekte gleichzeitig im Griff haben. Sie sind jedoch sehr launisch und können sowohl melancholisch, depressiv und zurückgezogen als auch extrovertiert und optimistisch sein. Die Herbstpersönlichkeit fühlt sich wohl in der Gesellschaft anderer, aber sie liebt auch die Einsamkeit. Sie sind nicht leicht einzuschätzen, aber allgemein kann man sagen, daß sie warmherzig, freundlich, loyal und liebenswert sind. Darüber hinaus sind sie ausgezeichnete Führungspersönlichkeiten.

Farbtypen für jede Jahreszeit

Jede der Jahreszeiten umfaßt vier Kategorien von Farben: neutrale und leuchtende Farben, Grundfarben und Pastellfarben.

Neutrale Farben

Die »kühlen« Jahreszeiten Sommer und Winter haben einen blauen beziehungsweise grauen Unterton unterschiedlicher Intensität. Bei den »warmen« Jahreszeiten Frühling und Herbst ist der Grundton hauptsächlich Beige oder Braun und variiert ebenfalls in seiner Intensität.

Die neutralen Farben sind: Weiß, Beige, Braun, Grau, Schwarz und Marineblau, je nachdem, welcher Jahreszeitentyp Sie sind. Diese Farben können mit fast allen anderen Farben der jeweiligen Jahreszeit kombiniert werden. Neutrale Farben heben gewöhnlich die anderen Farben in Ihrer Kleidung hervor. Sie können natürlich auch als Grundfarben getragen werden.

Grundfarben

Zu den Grundfarben zählen bei jeder Jahreszeit bestimmte Töne von Rot, Blau, Grün und Pink, die von mittleren bis hin zu dunklen Schattierungen reichen. Grundfarben beleben das Gesicht und sind bei den meisten Menschen beliebt, ganz gleich, welcher Jahreszeit sie angehören.

Leuchtende Farben

Zu den leuchtenden Farben zählen die intensiveren Töne von Rot, Blau, Grün und Pink. Als allgemeine Regel gilt, daß diese starken, intensiven Farbtöne am besten Menschen mit dunklerer Hautfarbe stehen. Leuchtende Farben bringen normalerweise Farbe ins Gesicht, aber wenn sie von Menschen mit von Natur aus heller Haut getragen werden, können sie blaß machen. Leuchtende Farben machen sich gut beim Sport, am Strand und bei Accessoires (Handtaschen, Halstücher, Gürtel und Krawatten). Sie wirken auch gut in Mustern wie Blumendessins und Streifen.

Pastellfarben

Zu diesen zählen die helleren Töne sowohl der Grundfarben als auch der leuchtenden Farben. Es sind weiche, zarte, blasse Farben, die sich gut für Blusen, Hemden, Unterwäsche, Halstücher und Taschentücher eignen.

Im folgenden Abschnitt erläutern wir einige der mit jeder Jahreszeit verbundenen Qualitäten. Außerdem finden Sie dort eine Tabelle, mit deren Hilfe Sie interessante Farbkombinationen zusammenstellen können.

Winterfarben

Winterfarben haben einen blauen Unterton. Sie wirken dramatisch, lebhaft und scharf. Orange, Pfirsich, Gold, Beige und Braun und alle gelbgrundigen Farben sollten von Menschen, die dieser Jahreszeit zugehören, ganz und gar gemieden werden. Wintertypen sollten auch keine gedämpften oder trüben Farben tragen, da diese ihre natürliche Hauttönung reduzieren. Die Schlüsselfarben für einen Wintertyp sind Schwarz und reines, leuchtendes Weiß. Beachten Sie die folgende Tabelle für mögliche Farbkombinationen.

Mögliche Kombinationen

Neutrale Farben	
Weiß	Blau, Rot, Grün, Grau, Pink
Schwarz	Grün, Türkis, Rot, Magenta
Grau	Rot, Magenta, Grün, Königsblau
Marine	Rot, Pink, Magenta, Weiß, Grau
Taupe	Rot, Kastanie, Grün, Schwarz
Grundfarben	
Rot	Weiß, Grau, Marineblau, Taupe, Schwarz
Königsblau	Rot, Grau, Weiß, Magenta
Magenta	Grau, Weiß, Marineblau, Schwarz, Taupe, Grün

Leuchtende Farben

Smaragdgrün	Grau, Weiß, Schwarz, Magenta, Pink
Türkis	Rot, Magenta, Marineblau, Weiß, Schwarz
Violett	Weiß, Pink, Magenta, Zitronengelb

Pastellfarben

Zitronengelb	Grau, Blau, Rot, Weiß, Schwarz, Marineblau
Helles Pink	Weiß, Schwarz, Grau, Marineblau, Violett, Magenta
Blaßlila	Schwarz, Grau, Marineblau, Violett, Magenta

Living-Colour-Farbmustermappen
Die Farbmustermappen von *Living Colour* enthalten ein breites Spektrum verschiedener Farben und andere wichtige Informationen für jeden Jahreszeitentyp. Weitere Einzelheiten hierzu finden Sie auf Seite 217.

Sommerfarben

Alle Sommerfarben haben einen grauen beziehungsweise blauen Unterton. Sommertypen wirken am vorteilhaftesten in weichen, gedämpften Farben. Diese bringen einen romantischen, bezaubernden Effekt hervor, während die Winterfarben etwas Dramatisches an sich haben. Sommertypen meiden gewöhnlich Schwarz oder reines Weiß, das an Ihnen zu hart und grell wirkt. Sie können statt dessen kühle Brauntöne und weiches Cremeweiß tragen. Die Schlüsselfarben für Sommertypen sind Blau- und Pinktöne. Vorschläge zur Farbkombination finden Sie in der folgenden Tabelle.

Mögliche Kombinationen

Neutrale Farben

Cremeweiß	Kakaobraun, Grau, Marineblau, Mittelblau, Rosenrot, Pink, Pflaumenblau, Blaugrün
Grau	Pflaumenblau, Marineblau, Mittelblau,

	Blaugrün, Burgunderrot, Rosenrot, Hellrosa
Rosabeige	Cremeweiß, Kakaobraun, Marineblau, Mittelblau, Zitronengelb
Kakaobraun	Cremeweiß, Rosabeige, Silbergrau, Rosenrot, Hellgelb, Hellrosa
Helles Marineblau	Grau, Cremeweiß, Rosabeige, Mittelblau, Rosenrot, Gelb, Pink

Grundfarben

Rosenrot	Grau, Cremeweiß, Rosabeige, Gelb, Lavendel, Pink
Mittelblau	Cremeweiß, Rosabeige, Kakaobraun, Rosenrot, Pink
Pink	Cremeweiß, Marineblau, Grau, Blaugrün, Türkis

Leuchtende Farben

Blaugrün	Grau, Rosabeige, Cremeweiß, Zitronengelb, Lavendel, Pink
Mittelblau	Cremeweiß, Rosabeige, Kakaobraun, Rosenrot
Fuchsia	Cremeweiß, Kakaobraun, helles Marineblau, Lavendel

Pastellfarben

Zitronengelb	Marineblau, Kakaobraun, Blaugrün, Mittelblau, Rosenrot, Cremeweiß, Gelb
Lavendel	Blaugrün, Cremeweiß, Grau, Marineblau, Pflaumenblau, Mittelblau, Rosenrot
Blaßpink	Marineblau, Kakaobraun, Mittelblau, Rosenrot, Blaugrün

Frühlingsfarben

Frühlingsfarben sind klar, frisch, fruchtig und sehr strahlend. Der vorherrschende Unterton ist ein warmes Gelb. Frühlingstypen sollten niemals Schwarz, reines Weiß, Blau/Rot-Töne, Blau/Grün-Töne oder Königsblau tragen, denn all diese Farben beeinträchtigen ihre natürliche Gesichtsfarbe und geben ihnen ein blasses, »ausgelaugtes« Aussehen. Die Schlüsselfarben für Frühlingstypen sind Karamel und Korallenrot. Anregungen zur Farbkombination finden Sie in der folgenden Tabelle.

Mögliche Kombinationen

Neutrale Farben	
Elfenbeinweiß	Milchschokoladenbraun, Karamel, Marineblau, Limettengrün, Türkis, Rot, Blau
Milchschokoladenbraun	Karamel, Pink, Korallenrot, Apricot, Pfirsich, Türkis, Limettengrün
Grau	Marineblau, Violett, Rot, Türkis
Helles Marineblau	Karamel, Grau, Elfenbeinweiß, Pink, Korallenrot, Gelb, Marineblau, Apricot, Grün
Karamel	Elfenbeinweiß, Braun, Rot, Violett, Grün, Türkis, Blau
Grundfarben	
Hellrot	Elfenbeinweiß, Grau, Rot, Violett, Blau, Türkis, Limettengrün
Myrtenblau	Elfenbeinweiß, Grau, Korallenrot, Apricot
Korallenrot	Elfenbeinweiß, Braun, Marineblau, Mittelblau, Rot, Türkis
Leuchtende Farben	
Limettengrün	Elfenbeinweiß, Grau, Karamel, Pink, Rot, Violett, Goldgelb
Helles Türkis	Elfenbeinweiß, Grau, Rot, Karamel, Pink, Goldgelb, Korallenrot

Pastellfarben

Goldgelb	Weiß, Grau, Marineblau, Karamel, Rot, Violett, Türkis
Helles Pink	Marineblau, Braun, Hellviolett, Blau, Rot, Helltürkis
Apricot	Korallenrot, Hellrot, Elfenbeinweiß, Limettengrün, Blau, Helltürkis

Herbstfarben

Alle Herbstfarben haben einen gelbgoldenen Unterton, der die in der Natur vorkommenden herbstlichen Farben wie Gold, Orange, Gelb und Erdbraun widerspiegelt. Herbstfarben können klar, aber auch etwas gedämpft sein. Herbsttypen sollten normalerweise Schwarz sowie das blaue Spektrum meiden. Die Schlüsselfarben für Herbsttypen sind Rostrot und Braun. Anregungen zur Farbkombination finden Sie in der folgenden Tabelle.

Mögliche Kombinationen

Neutrale Farben

Hellgrau (Grauweiß)	Braun, Hellbeige, Ziegelrot, mattes Blaugrün, Purpur, Orange, Bronze, Olivgrün, Rostrot
Schokoladenbraun	Hellgrau, Hellbeige, Goldorange, Gelb, Lachsrosa
Bronze	Hellbeige, Weiß, Lachsrosa, Sonnengelb
Nerzbraun	Hellbeige, Hellgrau, mattes Blaugrün, Orange, Mittelgrün, Pink, Gelb
Hellbeige	Braun, Bronze, Olivgrün, Rostrot, mattes Blaugrün

Grundfarben

Rostrot	Hellbeige, Hellgrau, Pink, Gelb, Salbeigrün, Olivgrün, mattes Blaugrün
Olivgrün	Weiß, Beige, Bronze, Lachsrosa, Sonnengelb, Ziegelrot

Leuchtende Farben

Goldorange	Mattes Rot, Olivgrün, Bronze, Braun, Beige, Weiß
Blaugrün	Lachsrosa, Hellgrau, Ziegelrot, Rostrot
Dunkelviolett	Pink, Sonnengelb, Salbeigrün, Hellgrau, Hellbeige

Pastellfarben

Sonnengelb	Braun, Bronze, Blau, Ziegelrot, Olivgrün, Mittelgrün, mattes Blaugrün, Violett
Salbeigrün	Braun, Ziegelrot, Bronze

Kleidung und das Colour Reflection Reading

In diesem Kapitel haben wir uns bisher die Farben für die Bekleidung der jeder Jahreszeit zugeordneten Persönlichkeitstypen unter dem Gesichtspunkt der Ästhetik betrachtet. Das Tragen farbiger Kleidungsstücke und die Beachtung ihrer dekorativen Wirkung ist sowohl praktisch, als auch erfreulich und bringt die Energie der betreffenden Farbe in unser tägliches Leben.

Im Hinblick auf unsere Gesundheit hat der ästhetische Umgang mit Farben allerdings nur eine periphere Wirkung. Es ist unwahrscheinlich, daß allein die Farben unserer Kleidung entscheidend zur Linderung unserer physischen Beschwerden oder unserer emotionalen Störungen beitragen. Im Gegensatz dazu helfen uns die Farbberatung und die Behandlung mit farbigem Licht, die sowohl innerlich als auch äußerlich auf uns einwirkt, unsere Chancen, gesund zu bleiben, zu verbessern. Selbst wenn Sie herausgefunden haben, welcher Jahreszeitentyp Sie sind, und die Farben für Ihre Kleidung systematisch auswählen können, so müssen das nicht notwendigerweise die Farben sein, die mit Ihren inneren Bedürfnissen und den ganz bestimmten Umständen in einer Phase Ihres Lebens korrespondieren.

Um eine optimale Wirkung zu erreichen, ist es ratsam, die richtigen Bekleidungsfarben mit Ihrem *Colour Reflection Reading* und vielleicht sogar mit einer Farblichttherapie abzustimmen und zu kombinieren. Manchmal harmonieren die Farben, die Sie aus gesundheitlichen Gründen in einer bestimmten Lebensphase benötigen, nicht mit Ihren eigenen natürlichen Körperfarben. Wenn das der Fall ist, können Sie die benötigte Farbe auf andere Weise in Ihr Leben bringen. Wenn beispielsweise ein Wintertyp die Farbe Orange benötigt, um sich auf der physischen Ebene zu regenerieren und zu vitalisieren, wird er feststellen, daß diese Farbe gar nicht unter den für seinen Jahreszeitentyp geeigneten Farben zu finden ist. In solchen Fällen kann die benötigte Farbe beispielsweise durch die Unterwäsche oder durch Accessoires aufgenommen werden.

Wenn wir die Farben, die wir brauchen, über unsere Kleidungsstücke aufnehmen, so ist das ein positiver Schritt, mehr Farbe in unser Leben zu bringen, doch es kann natürlich nur eine vorübergehende Maßnahme sein, da wir unsere Kleidung täglich wechseln. Darüber hinaus ist die Wirkung der Farben über Kleidungsstücke nicht stark genug, um positive Langzeiteffekte in unserem Organismus auszulösen. Man kann hier höchstens einen schwachen therapeutischen Effekt erwarten, der die intensiveren Formen der Farbtherapie unterstützt. Es kann uns helfen, bestimmte Energiemuster zu verstärken oder zu integrieren, die sowohl unseren physischen als auch unsere spirituellen Körper beeinflussen. Stellen Sie fest, zu welchem Jahreszeitentyp Sie gehören, und nutzen Sie diese Information als allgemeine Richtlinie. Betrachten Sie dann die beiden Farben, die Sie als erste und zweite bei Ihrem *Colour Reflection Reading* auswählten. Diese repräsentieren Ihr wahres Selbst und die gegenwärtigen Umstände in Ihrem Leben. Für viele Menschen ist es hilfreich, die als erste gewählte Farbe auch über ihre Kleidung aufzunehmen, da diese Farbe grundsätzlich mit ihrem inneren Wesen harmoniert. Wenn Sie das Prinzip des *Colour Reflection Reading* verstanden haben, werden Sie in der Lage sein, in Ihre Garderobe die zweite Farbe (oder ihre Komplementärfarbe) zu integrieren, die Farbe also, die Sie beim *CRR* als zweite gewählt haben und die Ihren gegenwärtigen Lebensumständen entspricht.

Die dritte von Ihnen gewählte Farbe sollten Sie auch für Ihre Kleidung in Betracht ziehen, falls sie in Harmonie mit der ersten oder der zweiten ist. In solchen Fällen sollte sie nur in geringem Umfang angewendet werden zur Akzentuierung oder Hervorhebung der Hauptfarben der Garderobe. Das folgende Beispiel soll Ihnen zeigen, wie man diese Technik erfolgreich anwenden kann.

Joanna – ein Fall für Violett

Unsere Klientin Joanna war von Beruf Gesundheitsberaterin. Sie war neunundzwanzig Jahre alt, groß, schlank, hatte schwarzes Haar, eine blasse Haut und haselnußfarbene Augen. Als sie zu uns kam, trug sie einen einfarbigen Rock in dunklem Kastanienbraun, eine weiße Bluse und einen schwarzen V-Ausschnitt-Pullover. Sie trug eine Brille mit schwarzem Rahmen, hatte eine sanfte Stimme und konnte sich gut artikulieren. Als einziges Schmuckstück trug sie einen Amethystring an ihrem linken Mittelfinger. Joanna wählte Violett als erste Farbe, Magenta als zweite und Gelb als dritte. Ausgehend von unserer Interpretation und der Rückmeldung, die wir von ihr erhielten, rieten wir Joanna, die Farbe Violett zu tragen, um ihre Persönlichkeit, die relativ schwach ausgeprägt zu sein schien, zu stärken. Da sie keine Farbanalyse wünschte, wußte sie nicht, welcher Jahreszeitentyp sie war. So empfahlen wir ihr eine Farbe – ein tiefes Violett –, die zu ihren natürlichen Körperfarben paßte und zu der sie nach unserer Meinung eine natürliche Affinität hatte. Joanna fühlte sich unsicher mit diesem Rat. Wir schlugen ihr vor, diese Farbe in ihrer Unterwäsche zu tragen, falls sie das Gefühl habe, sie wirke im Kontrast zu ihrem Gesicht zu stark, oder falls sie sich psychisch auf irgendeine Weise mit dieser Farbe unwohl fühle. Sie hatte noch nie in Betracht gezogen, violettfarbene Unterwäsche zu tragen, und diese Vorstellung eröffnete ihr aufregende Möglichkeiten!

Wir kamen auch zu dem Schluß, daß Joanna die Farbe ihrer zweiten Wahl, Magenta, benötigte, und so empfahlen wir ihr, für ihre Kleidung einen tiefen, schon fast ins Violette übergehenden Ton von Magenta zu wählen. Die Kombination dieser beiden Farben ergibt einen wunderschönen Farbton, genannt Fuchsia. Wir empfahlen ihr, diese Farbe innerhalb eines Zeitraums von drei Monaten regelmäßig zu tragen. Da sie der Farbe ihres wahren Selbstes ziemlich nahekam, fühlte sich Joanna damit in Einklang. Außerdem empfahlen wir ihr die Verwendung von Gelb in ihrer Garderobe, da dies die dritte von ihr gewählte Farbe war, die außerdem mit der ersten Farbe harmoniert. Wir schlugen ein dunkelviolettfarbiges Kleid, mit einer hellgelben Strickjacke oder einem anderen gelben Accessoire wie beispielsweise einem Gürtel, einem Halstuch oder einer Halskette, vor. Es war wichtig, daß Joanna hauptsächlich Violett trug und nur wenig Gelb hinzufügte. Auf diese Weise würde sie die Farben ihres wahren Selbstes zusammen mit der Komplementärfarbe aufnehmen, was ihr helfen würde, ihrem Ziel näherzukommen.

Eine Woche später rief Joanna bei uns an, um uns mitzuteilen, daß es ihr gelungen sei, violettfarbene Unterwäsche und ein fuchsiafarbenes Kleid aufzutreiben. Sie sagte: »Anfangs dachte ich, ich würde die Sachen nicht mögen, doch sie sehen wirklich sehr schön aus und fühlen sich sehr gut an. Ich habe ein gutes Gefühl; ich fühle mich getragen, und das scheint auch mein Selbstvertrauen zu stärken.«

Wenn Sie wissen, welchem Jahreszeitentyp Sie angehören, verleihen die Informationen des *Colour Reflection Reading* Ihren Farben eine zusätzliche, neue Bedeutung. Sie werden davon profitieren, die Farben zu tragen, die Sie aus therapeutischen Gründen benötigen, sowie jene, die auf der physischen Ebene zu Ihren natürlichen Körperfarben passen. Wenn es Ihnen wichtig ist, bei der Auswahl von Farben über einen »netten Anschein« hinauszugehen, dann bietet Ihnen das *Colour Reflection Reading* einen ganzheitlichen und harmonischen Ansatz.

Einige Firmen und Personen aus der Branche der Farb- und Stilberatung sind an uns mit der Bitte herangetreten, ihren Schülern und Beratern ein tieferes Verständnis der psychischen Wirkungen von Farben und der therapeutischen Effekte, die man mit ihnen erzielen kann, zu vermitteln. Sie begannen, sich für diese Aspekte zu interessieren, als sie feststellten, daß viele ihrer Klienten stark emotional (entweder positiv oder negativ) auf die Farben reagierten, die ihnen aus rein ästhetischen Gründen für ihre Garderobe empfohlen wurden. Farb- und Stilberater, die im therapeutischen Anwendungsbereich von Farben ausgebildet sind, haben ihren Klienten in bezug auf die Qualität ihrer Beratung viel mehr zu bieten.

Ein ganz wichtiger Punkt ist die genaue, korrekte Interpretation des *CRR*, und zwar nicht nur im Hinblick auf emotionale Unausgewogenheiten, sondern auch in bezug auf körperliche Beschwerden. Das folgende Beispiel zeigt, wie das *CRR* mit einer Farbberatung für die Garderobe und einer Farblichttherapie kombiniert wurde.

Judy – das Verlangen nach Blau

Judy war achtundzwanzig Jahre alt und ausgebildete Grafikerin und Illustratorin. Sie war etwa 1,75 Meter groß, wog ungefähr sechzig Kilo und hatte eine Stupsnase, große haselnußfarbene Augen, lange Augenwimpern und einen langen Hals. Judy wählte Blau als erste Farbe, Rot als zweite und Türkis als dritte. Unsere Interpretation und die Rückmeldung, die wir von Judy erhielten, ergab, daß sie schon seit vielen Jahren an Hautproblemen, insbesondere an Hautreizungen, litt, die oft plötzlich aufflammten und die Haut rot und fleckig erscheinen ließen. Das galt ganz besonders für das Gesicht, die Hände, Füße und Knöchel. Als wir ihr rieten, die Farben Rot und Orange in ihrer Kleidung zu meiden, war Judy etwas verstimmt, denn sie trug einen roten Pullover. Sie sagte, sie besitze eine Menge roter Kleidungsstücke, und war der Meinung, daß diese Farbe ihr stehe. Die Farbe Orange interessierte sie nicht. Wir rieten ihr dennoch, anstelle von Rot den Farben Blau und Türkis den Vorrang zu geben, um die Hautreizung zu lindern und entzündliche Prozesse zu stoppen.

Es waren die Farben, die sie als erste und zweite ausgewählt hatte, doch in ihrem Fall boten sie gleichzeitig die richtige therapeutische Lösung. Judy fühlte sich mit diesen Farben wohl und nahm unseren Ratschlag an. Aufgrund ihres physischen Gesundheitszustandes und des *CRR* boten wir ihr eine Farblichtbehandlung auf der Grundlage einer Farbharmonie an: Türkis in Harmonie mit Rot. Türkis wurde als die eigentliche Therapiefarbe und Rot als Komplementärfarbe verordnet.

Der nächste Schritt bestand darin, herauszufinden, welchem Jahreszeitentyp sie angehörte. Da sie schwarzbraunes Haar, haselnußbraune Augen und einen mittelbeigefarbenen Teint hatte, stellten wir bei der Analyse fest, daß sie ein Wintertyp war. Sie brauchte die kühlen, blaugrundigen Farben, um ihre natürlichen Farben am besten zur Geltung zu bringen. Diese Farben würden ihr auch helfen, die roten Flecken im Gesicht zu kaschieren. Als Judy nun selbst den Effekt eines roten Tuches sah, das wir um ihren Hals drapierten, erkannte sie, wie dadurch die bereits auf ihrer Haut existierenden roten Flecken noch hervorgehoben wurden. Sie war erstaunt und fasziniert, als sie sah, wie diese

Bereiche durch die kühlen Blau-, Türkis- und Grüntöne, die wir danach ausprobierten, stark in den Hintergrund traten. Sie war so überrascht, daß sie uns bat, den Vorgang mehrmals zu wiederholen, um sich zu überzeugen, so als ob sie nicht glauben könne, daß es wahr sei!

Wir rieten ihr, warme Gold- und Gelbtöne generell zu meiden, da diese Farben ihre natürlichen Körperfarben nicht positiv betonen würden. Außerdem empfahlen wir ihr, auch die ihrer Jahreszeit zugeordneten kühlen Rot-, Magenta- und Pinktöne zu meiden, da diese allgemein stimulierend wirken, was sich wiederum negativ auf ihre gereizte Haut auswirken könnte. Das gilt auch für Orange – obwohl Judy sich darüber keine Gedanken zu machen brauchte, da diese Farbe nicht zum Winterspektrum gehört. Selbst wenn die stimulierenden Farben einen blauen Unterton hätten, so würden beispielsweise Rot und Pink dennoch vorherrschen, und daher wären diese Farben für Judy nicht geeignet.

Das *Colour Reflection Reading* zeigte uns, daß Judys wahre Natur mit der Farbe Blau schwingt (erste Position). Wir wußten, daß sie an Hautreizungen und Entzündungen litt, was zu jenem Zeitpunkt ihre hauptsächliche körperliche Störung war (das heißt negatives Rot in der zweiten Position), und daß sie die Komplementärfarbe für Rot, nämlich Türkis, benötigte, die sie sogar an dritter Stelle gewählt hatte. Bei der Farbanalyse für ihre Garderobe entpuppte sie sich als kühler Wintertyp mit vielen der Persönlichkeitsmerkmale, die für diese Jahreszeit typisch sind. Wir baten sie nun, sich für die Farblichttherapie vorzubereiten. Dazu mußte sie ein neutrales, weißes Gewand anziehen und alle synthetischen Stoffe sowie jeglichen Schmuck aus Metall oder andere Metallgegenstände von ihrem Körper entfernen. Sie tat dies und setzte sich dann vor das Farblichtgerät, das nun etwa zwanzig Minuten lang durch einen Quarzkristall abwechselnd die Farben Türkis und Rot auf sie projizierte (nähere Einzelheiten über die Farblichtbehandlung finden Sie auf den Seiten 107–110).

Etwa zwei Monate später (nachdem sich ihre Haut gebessert hatte) rief Judy uns an, um uns zu sagen, wie dankbar sie für die Beratung und Behandlung war. Sie hatte ihrem Leben wirklich eine positive Wendung gegeben.

Sechstes Kapitel

Farben für Inneneinrichtung und Dekorationsstoffe

Die Bedeutung der Farben, die wir in unserem Heim verwenden, und ihre Wirkung auf uns wird uns klar, wenn wir daran denken, daß wir im Durchschnitt zwei Drittel unserer Lebenszeit in unseren vier Wänden verbringen.

Farbe ist einer der wesentlichen Faktoren, die bestimmen, wie wir uns in unserer Umgebung fühlen und wie diese auf uns wirkt. Mehr als jedes andere Element kann Farbe einen eintönigen, langweiligen Raum in einen lebensfrohen Ort verwandeln. Mit dem Verändern der Wandfarben kann man dramatischere Wirkungen erzielen als mit neuen Möbeln oder sogar einer Veränderung der grundlegenden Struktur des Raumes. Und es ist überdies viel einfacher zu verwirklichen. Um bei der Gestaltung unserer Räume die für uns persönlich richtigen Farben zu finden, müssen wir lernen, die Angst, anders und einzigartig zu sein, zu überwinden, die Menschen oft daran hindert, mit Farben zu »spielen« und sich in einen größeren Bereich der Selbstentdekkung hinauszuwagen. Die meisten von uns wurden darauf konditioniert, sich mit »vernünftigen«, »ruhigen«, neutralen und blassen Farben zu umgeben, die unsere Existenz und unseren Selbstausdruck beschränken.

Um diese inneren Hemmungen zu überwinden und mit Hilfe von Farben das Beste aus unseren Räumen machen zu können, müssen wir mehr über unsere persönliche Verbindung mit Farben entdecken und verstehen, was die Farben, die wir mögen, und jene, die wir nicht mögen, über uns aussagen. Indem wir der Macht der Farben in unserem Heim mehr Beachtung schenken, können wir im Hinblick darauf, was diese Farben über uns verraten, angenehme oder unangenehme Überraschungen erleben.

Betrachten Sie sich einfach einmal die alltäglichen Dinge, die in Ihrer Wohnung herumliegen oder stehen. Werden Sie farbbewußter, indem Sie beginnen, das Spektrum der Sie umgebenden Farben wahrzunehmen. Gehen Sie dann mit dieser neuen Achtsamkeit noch einen Schritt weiter, und betrachten Sie sich die Farben der Wände, der Zimmerdecken und der Böden der verschiedenen Räume. Wie oft haben Sie bewußt innegehalten, um sich nach den Gründen für die Wahl einer bestimmten Farbanordnung zu fragen? Schauen Sie sich in dem Zimmer, in dem Sie sich gerade aufhalten, um, und fragen Sie sich, was die Farben über Sie aussagen. Vielleicht stellen Sie fest, daß Sie von zu vielen verschiedenen Farben umgeben sind, und bekommen das Gefühl, daß der Raum sich um Sie herum eng anfühlt. Oder er erscheint zu bunt und überladen und fordert Aufmerksamkeit, wenn Sie sich einfach nur entspannen möchten. Andererseits könnte es sein, daß das Zimmer eher farblos und blaß wirkt und keinen eigenen Charakter hat, wenn Sie doch in Wirklichkeit Räume mögen, die Ihre abenteuerlustige und erregbare Natur widerspiegeln. Wenn Ihnen das, was Sie sehen, nicht gefällt, können Sie bewußt beginnen, die Farben in Ihrer Umgebung zu verändern.

Man könnte sagen, daß die Farben der Wände, der Tapeten, der Stoffe und Teppiche in einem Raum die Kleider sind, die den Rahmen oder die Struktur eines Zimmers bedecken, gerade so wie die Kleidungsstücke, die ein Mensch trägt, die Haut, Muskeln und Knochen seines Körpers umhüllen. Die Wahl der falschen Farben bei der Inneneinrichtung kann zu psychischen und physischen Störungen beitragen. Wenn man ihnen sehr lange Zeit ausgesetzt ist, kann ihre Wirkung kumulieren und das betreffende Problem verschlimmern. Und da wir unsere Inneneinrichtung, die Stoffe und Tapeten nicht sehr oft wechseln, ist es wichtig, von Anfang an die richtigen Farben zu wählen.

Man kann das Thema Inneneinrichtung von zwei Seiten betrachten: indem man sich entweder auf den betreffenden Raum oder auf die Farben, die man benutzen möchte, konzentriert. Natürlich überschneiden sich diese beiden Perspektiven. Wenn Sie sie in Ihrem Kopf getrennt haben, sollten Sie daran denken, beide in Betracht zu ziehen. Zusammen mit dem Vorbereitungsprozeß und dem *Colour Reflection Reading* werden sie Sie zu Ihrer endgültigen Farbwahl führen. Die folgenden Abschnitte dieses Kapitels sollten, um die besten Ergebnisse zu erzielen, als

Ganzes betrachtet werden. Versuchen Sie also, sie als Sprungbrett für Ihre Intuition und Kreativität zu nutzen, und verlieren Sie sich nicht zu sehr in der Theorie.

Vorbereitung eines Farbentwurfs

Das Wichtigste, was Sie bei der Wahl Ihres Farbentwurfs in Betracht ziehen müssen, ist Ihre eigene Persönlichkeit. Die Informationen, die Sie durch Ihr *Colour Reflection Reading* (siehe Kapitel 1) erhalten haben, können Sie nun anwenden, um eine speziell auf Sie persönlich zugeschnittene Farbkomposition zu kreieren. Andere für die Vorbereitung wichtige Fragen lauten:

1. Welche Aktivitäten werden in diesem Raum stattfinden?
2. Wieviel Licht bekommt dieser Raum? Handelt es sich um einen hellen oder dunklen Bereich?
3. Welche natürlichen Farben herrschen hier vor? Betrachten Sie sich das eventuell vorhandene Holz, die Ziegel oder Steine.
4. Wünschen Sie eine stimulierende und strahlende Umgebung oder eine ruhige und stille?
5. Möchten Sie in diesem Raum eine grundlegend kühle oder warme Atmosphäre schaffen?
6. Hat der Raum eine hohe Decke oder eine besonders niedrige?
7. Möchten Sie den Raum optisch vergrößern oder verkleinern?
8. Welche Grundform hat der Raum? Ist er lang und schmal oder kurz und breit?

Nehmen wir an, Sie möchten ein Zimmer in starken, leuchtenden Farben dekorieren. Im allgemeinen neigen diese Farbqualitäten dazu, den sichtbaren Raum optisch zusammenzuziehen und kleiner erscheinen zu lassen. Mit den Farben Rot, Magenta, Orange und Gelb erzielen Sie den gewünschten Effekt, und diese Farben eignen sich am besten für Räume, in denen viel Aktivität herrscht. Vielleicht möchten Sie Ihre Küche oder einen Teil der Küche auf diese Art dekorieren.

Andere Bereiche, wo starke, leuchtende Farben angemessen sein können, sind das Kinderzimmer sowie das Eßzimmer. Andererseits möchten Sie vielleicht eine sanftere, ruhigere und stillere

Atmosphäre schaffen. Grün, Türkis, Violett und Blau rufen diese Wirkung hervor. Vielleicht möchten Sie diese Farben in Ihr Schlafzimmer oder Ihr Arbeitszimmer bringen. Sie verstärken Gefühle der Weite und Offenheit.

Farb-Terminologie

Dieser Abschnitt soll Ihnen helfen, die Bedeutung einiger alltäglicher Farbbegriffe zu verstehen.

Primärfarben

Farbe ist eine mentale, emotionale und physische Erfahrung. Das, was die Augen sehen, und wie dies vom Verstand interpretiert wird, wirkt sich sowohl physisch als auch psychisch aus und hängt davon ab, welche spirituelle und ästhetische Beziehung ein

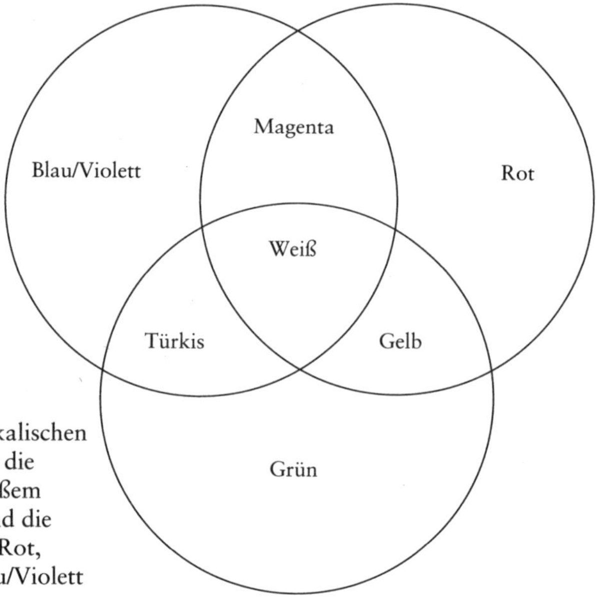

Auf der physikalischen Ebene werden die Farben zu weißem Licht. Hier sind die Primärfarben Rot, Grün und Blau/Violett

Abb. 12 Physik: additive Farbmischung

In der Farbchemie tendieren die Farben stets zu schwarz. Hier sind die Primärfarben Rot, Blau und Gelb

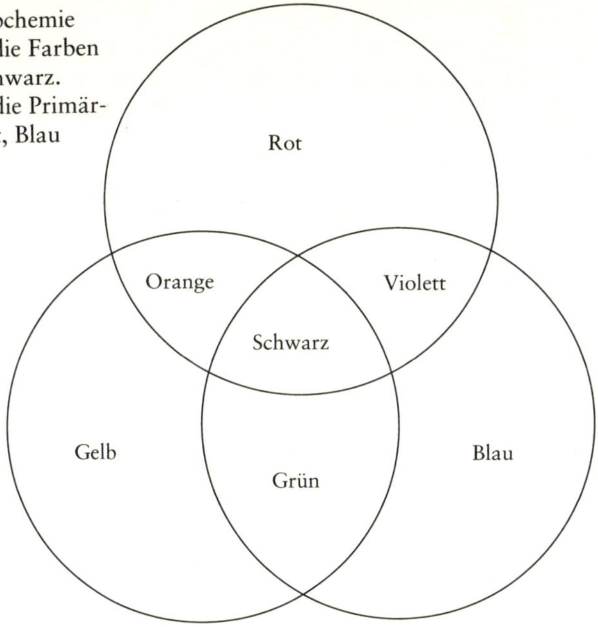

Abb. 13 Chemie: subtraktive Farbmischung

Individuum zu Farben hat. Diese Betrachtungsweise der Farben weicht stark von der des Physikers und Chemikers ab, da beide sich weniger für die spirituelle Bedeutung interessieren, als dafür, wie Farben natürlicher oder auch künstlicher Herkunft Teilchen und Pigmente verbinden (aus der Sicht des Chemikers betrachtet) und wie das Auge mittels Lichtenergie auf Farben reagiert (aus der Perspektive des Physikers betrachtet). In beiden Bereichen existieren klare Gesetze über das Verhalten von Farben.

Der *physikalische Aspekt der Farben* hat mit Licht zu tun, und hier tendieren die Primärfarben zu Weiß hin. In diesem Zusammenhang existieren drei Primärfarben: Rot, Blau/Violett und Grün. Das Mischen von rotem und grünem Licht ergibt beispielsweise Gelb; Grün und Blau bringen ein klares Türkis hervor, und wenn man Blau und Rot kombiniert, entsteht Magenta. Die Kombination der Primärfarben in der Farbphysik bringt »additive« Primärfarben hervor (siehe Abbildung 12).

Bei der *Chemie der Farben* geht es um Pigmente und Zusammensetzungen. Hier haben wir die drei Primärfarben Rot, Gelb und Blau. Wenn diese in verschiedenen Kombinationen gemischt werden, entstehen andere Farbtöne; so entsteht zum Beispiel aus Rot und Gelb Orange, aus Gelb und Blau Grün und aus Blau und Rot Violett. Wenn die drei Primärfarben der Farbchemie kombiniert werden, tendieren sie immer zu Schwarz hin und werden als »subtraktive« Primärfarben bezeichnet (siehe Abbildung 13).

Die sinnliche Wahrnehmung von Farben ist ein visuelles und mentales Phänomen. Das menschliche Auge unterscheidet grundsätzlich zwischen vier Primärfarben: Rot, Gelb, Blau und Grün. Jede ist einzigartig und hat keine Ähnlichkeit mit den anderen, und doch gehen alle anderen Farben aus diesen vier Primärfarben – plus Schwarz und Weiß – hervor. Visuelle Mischungen dieser Farben (außer Schwarz und Weiß) sind Zwischentöne und tendieren zu Grau hin (siehe Abbildung 14).

Hier sind die Mischungen Zwischentöne und tendieren zu Grau. Die Primärfarben sind Rot, Gelb, Grün und Blau

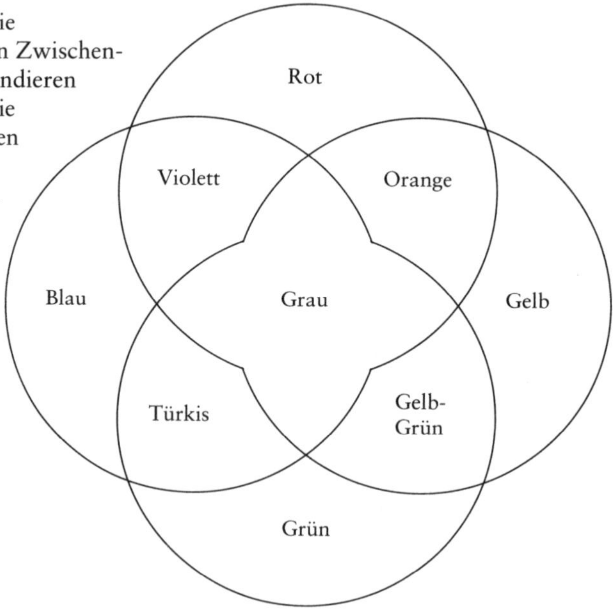

Abb. 14 Primärfarben in der sinnlichen Wahrnehmung

Je nachdem, mit welchem Medium man arbeiten möchte, verwendet man die spezifischen Primärfarben dieses Mediums. Wollte man beispielsweise ein schönes Bild malen, würde man die Gesetze der Chemie anwenden und die Primärfarben Rot, Gelb und Blau einsetzen. Bei der Herstellung von Druckplatten wiederum würde man die Gesetze der Physik anwenden und die Primärfarben Rot, Blau und Grün einsetzen, um den gewünschten Effekt zu erzielen. Bei der Herstellung von Farbdrucken jedoch verwendet man die Primärfarben Magenta, Kornblumenblau und Gelb.

Farbton

Der Farbton ist die Eigenschaft einer Farbe, durch welche sie sich von einer anderen unterscheidet. Rot unterscheidet sich im Farbton von Blau, Gelb von Grün, Orange von Magenta. Ein Farbton kann aber auch aus einer Mischung von Farben entstehen, wie beispielsweise Orangerot (Koralle), Gelbgrün (Blattgrün) oder Blauviolett (Indigo). Ein Farbton kann auch aus der Kombination von auf dem Farbkreis nebeneinander liegenden Farben produziert werden: beispielsweise Rot/Rotorange oder Blau/Blauviolett. Alle Farben können einer oder einer Mischung von zwei der Spektralfarben nahestehen, aber sie bleiben doch unterscheidbar. So sind beispielsweise Orange, Apricot und Lachs einander nahestehende Farbtöne, aber es sind dennoch verschiedene Farben.

Schattierung

Schatten und Schattierungen verändern eine Farbe und lassen sie dunkler erscheinen. Ein schattiertes Rot wird beispielsweise auch als »Kastanie« bezeichnet, ein schattiertes Orange wird zu Braun, während ein schattiertes Gelbgrün zu »Olive« wird. Das Schattieren warmer Farben, wie beispielsweise Rot, Orange und Gelb, kann tiefgreifende Wirkungen hervorrufen, indem sich die eigentliche Farbe völlig verändert. So kann beispielsweise ein abgedunkeltes Rot fast schwarz erscheinen; ein abgedunkeltes Gelb verändert sich zu Grün, während kühle Farben wie Grün, Blau und Violett ihre Tönung selbst bei der stärksten Schattierung beizubehalten scheinen. Jede Farbe, der Schwarz hinzugefügt wird, erhält also eine Schattierung.

Pastelltöne

Das Hinzufügen von Weiß verändert ebenfalls das Erscheinungsbild von Farben und läßt sie leichter und heller wirken. Rot mit Zusatz von Weiß wird »Pink« genannt; Orange mit Weiß ist als »Pfirsich« bekannt, und ein aufgehelltes Gelbgrün könnte man als »Salbeigrün« oder »Avocado« beschreiben. Farben, die einen Anteil Weiß enthalten, werden als Pastelltöne bezeichnet. Bezeichnungen wie »Puder« oder »Pastell« beziehen sich also gewöhnlich auf mit Weiß gemischte Farben. Farben, die überhaupt kein Schwarz oder Grau enthalten, werden oft als »lebhafte« Farben bezeichnet, da ihre Intensität durch den Zusatz von Weiß reduziert wurde, was sie heller und lebendiger erscheinen läßt.

Sättigung

Die Intensität einer Farbe hängt nicht nur von ihrer Helligkeit oder Dunkelheit ab, sondern auch von ihrem Grad der Sättigung. Eine gesättigte Farbe ist ein Farbton mit einem Anteil an Schwarz oder eine Schattierung mit einem Anteil an Weiß. Auch jede Farbe, die einen Anteil an Grau enthält, ist eine gesättigte Farbe (Grau ist eine Farbe, die aus der Mischung von Weiß und Schwarz entsteht).

Oft werden Farben, die Grau enthalten, als »abgetönte« Farben bezeichnet und sind als gedämpfte, weiche oder stumpfe Farben bekannt. Dieser Effekt wird durch die stärkere Schattierung oder den geringeren Weißanteil hervorgerufen.

Schattierte Farben werden oft als »tiefe« Farbtöne bezeichnet. Hellt man eine schattierte Farbe auf oder schattiert man eine helle, erhält man einen gräulichen Ton, während die ursprüngliche Farbe noch andeutungsweise durchscheint (siehe Abbildung 15).

Schwarz

Die grundlegendste Eigenschaft von Schwarz besteht darin, Licht zu absorbieren. Aus diesem Grunde ist die Verwendung von

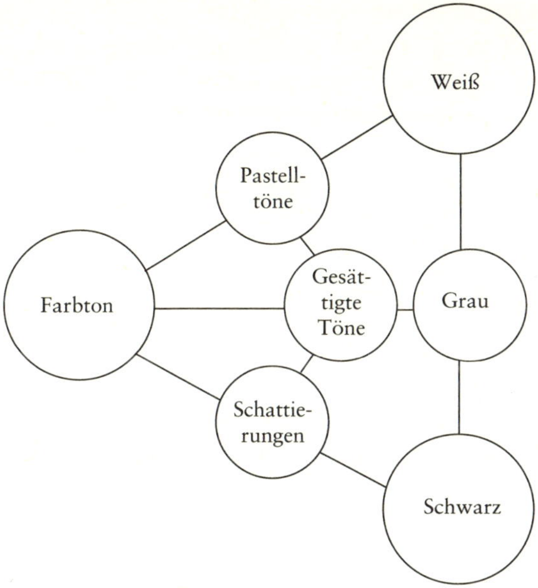

Abb. 15 Das Farbdreieck

Schwarz die effektivste Methode, Räume optisch zu verkleinern. Schwarz hat eine sehr dichte, schwere Energie, und es ist nicht immer leicht, damit umzugehen. Aus diesem Grund empfehlen wir, Schwarz nur in kleinen Mengen einzusetzen. Wir empfehlen es nicht als Farbe für Zimmerdecken und Wände. Man kann mit Schwarz jedoch sehr effektvoll Holzbalken oder Möbel betonen. Schwarz läßt sich gut mit den reinen Farbtönen sowie mit jeder schattierten Farbe mischen. Zuviel Schwarz in der Inneneinrichtung kann jedoch zu einer stagnierenden oder negativen Energie führen.

Weiß

Weiß ist das Gegenteil von Schwarz, denn es reflektiert Licht und vergrößert Räume optisch. Wenn Sie aber ausschließlich von Weiß umgeben sind, kann die Atmosphäre ziemlich kalt und grell wirken. Weiß ist sehr effektiv als Wandfarbe und kann auch überall in der Wohnung zum Streichen von Holz eingesetzt werden. Das spiegelt Reinheit und Klarheit. Viele Menschen bevorzugen Weiß in ihrer Wohnung, weil sich andere Farben damit gut hervorheben oder kombinieren lassen.

Grau

Grau stellt ein Gleichgewicht zwischen Weiß und Schwarz dar. Es spiegelt Vorsicht und wird als dumpfe und düstere Energie wahrgenommen. Wie alle anderen schattierten Farben sollte es am besten nur zur Betonung anderer Farbtöne eingesetzt werden. Die mittleren bis helleren Grautöne eignen sich jedoch auch gut für Wände, wenn sie mit hellen, leuchtenden Farben kombiniert werden oder wenn man sie mit weichen Farben auflockert, um eine unaufdringliche, neutrale Umgebung zu schaffen.

Braun

Braun repräsentiert die Farbe der Erde und wird mit Stabilität assoziiert. Es spiegelt Sicherheit, Vertrauen und Selbstbewußtsein wider. Die verschiedenen warmen Brauntöne – von sehr hell bis mittel – eignen sich gut für Wände, sogar für Zimmerdecken, wenn die Decke niedriger erscheinen soll als sie wirklich ist. Alle hellen Orange-, Pfirsich- oder Apricottöne oder die hellen Grün-/Türkis- oder gedämpften Blaugrüntöne eignen sich ganz besonders gut zur Akzentuierung oder zum Ausgleichen von Braun. Dunkelbraun sollte nur für kleine Bereiche der Wohnung verwendet werden, denn es kann zu schwer, ja sogar deprimierend wirken. Dunkelbraun eignet sich gut für Außenanstriche, zum Beispiel bei Zäunen, Gattern, Gartenhütten, Wänden und so weiter.

Zimmerdecken, Wände und Böden

Ein ganz wichtiger Punkt, den man beim Dekorieren der Wohnung im Auge behalten muß, ist die Tatsache, daß Farben auf großen Flächen im allgemeinen viel intensiver wirken als auf kleinen Flächen. Daher empfehlen wir, wenn ein großer Bereich abgedeckt werden soll, den Farbton ein wenig heller zu wählen als das Farbmuster.

Es macht sich auch gut, die Decke in einem helleren Farbton zu halten als alle anderen Flächen im Zimmer. Dadurch bleibt mehr Licht im Raum, besonders am Abend, wenn keine natürliche Lichtquelle mehr da ist.

Die traditionelle Farbe für Zimmerdecken ist Weiß oder Eierschalenfarben. Will man jedoch eine Decke niedriger wirken lassen als sie tatsächlich ist, muß man eine Farbe wählen, die dunkler ist als die anderen Farben im Raum. Doch man muß acht geben, nicht zuviel des Guten zu tun. Eine niedrigere Decke kann ein anheimelndes Gefühl vermitteln, aber wenn sie zu niedrig wirkt, kann sie niederdrückend sein und sogar klaustrophobische Gefühle auslösen.

Die traditionellen Farben für Zimmerwände reichen von mittelhellen Tönen bis hin zu Weiß. Auch hier steht wieder der Gedanke im Vordergrund, das Beste aus dem vorhandenen Licht zu machen, doch falls das Zimmer an sich schon sehr hell ist, machen sich auch die dunkleren Schattierungen gut. Bei den dunkleren Wandfarben kann man mit zusätzlich angebrachten künstlichen Lichtquellen dramatische Effekte erzielen und im Raum Akzente setzen.

Für den Boden werden meistens mittlere bis dunklere Töne gewählt oder Farben, die so hell sind wie die Wände. Aus praktischen Erwägungen ist es empfehlenswert, für den Fußboden Farben zu verwenden, die dunkel genug sind, um bis zu einem gewissen Grade Abnutzungserscheinungen und Flecken zu »verschlucken«. Wenn man hellere Fußbodenfarben wählen möchte, sollten diese Bereichen vorbehalten sein, in denen die Böden nicht sehr strapaziert werden, oder sie sollten nur dort verwendet werden, wo man die Böden nicht so oft reinigen muß.

Die Zimmer

Das Wohnzimmer

Die Farben für das Wohnzimmer sollten so gewählt werden, daß sie mit den bereits vorhandenen Farben der Naturmaterialien korrespondieren. Böden, Kamin oder sichtbares Mauerwerk sollten als Ausgangspunkt für die Farbwahl dienen, und starke Kontraste zwischen dunklen und hellen Schattierungen sollten vermieden werden, da diese Aufmerksamkeit auf sich ziehen und der allgemeine Zweck dieses Raumes doch darin besteht, der Entspannung zu dienen: dem Lesen, Musikhören, Plaudern und Ausruhen – alles Dinge, von denen man nicht zu stark abgelenkt werden möchte. Für Vorhänge oder Schals empfehlen wir Farben, die sich nur ganz leicht von den Wandfarben abheben. Als allgemeines Prinzip gilt auch, daß Sofas, Teppiche und Sesselüberzüge in dunklerem Ton als die Wandfarben gewählt werden sollten. Bei der Dekoration des Wohnzimmers besteht das grundsätzliche Konzept in einem sanften Mischen der Farben, ohne krasse Gegensätze. Wirkungsvolle Akzente können durch Objekte im Raum gesetzt werden, wie beispielsweise Vasen, Lampen und Pflanzen.

Das Eßzimmer

Helle bis mittlere Farbtöne im Eßzimmer schaffen eine freundliche, warme und einladende Atmosphäre. Wir empfehlen die Wahl von Farben, die mit den natürlichen Farben der Nahrung korrespondieren. Wenn möglich, sollten sehr blasse Farben sowie blasse Grün- und Gelbtöne vermieden werden, da sie an Krankheit oder Unwohlsein erinnern können.

In kleinen Bereichen können kontrastierende Farben verwendet werden, beispielsweise als Tischdecke oder Serviette. Im allgemeinen sollten die Lichtverhältnisse so sein, daß die Farben der Speisen auf dem Tisch klar sichtbar sind.

Die Küche

Dieser Raum ist kaum ein Ort zur Entspannung. Wählen Sie hier Farben, die die in diesem Raum übliche Aktivität unterstützen, und konzentrieren Sie sich auf die warmen Farben des Spektrums. Diese fördern Wachheit und Achtsamkeit und regen die Kreativität an. Für die Arbeitsflächen können kontrastierende Farben verwendet werden, was gleichzeitig die Lichtreflexion in diesen Bereichen verstärkt. In den Bereichen, für die Sie dunklere Farbtöne gewählt haben, sollten Sie für starke, klare Beleuchtung sorgen. Die Handtücher und Geschirrtücher, das Porzellan, die Töpfe und andere Küchenutensilien bieten eine gute Gelegenheit, farbliche Akzente zu setzen, die mit den Hauptfarben des Raumes harmonieren.

Das Schlafzimmer

Dieses Zimmer sollte ein Ort der Geborgenheit und Stille sein. Wir empfehlen hier weiche, zarte Farben statt scharfer Kontraste; schwere, drückende Farben sollten gänzlich vermieden werden. Ziehen Sie auch das Klima in Betracht. In kühleren Gegenden werden Sie wahrscheinlich lieber die warmen Töne des Spektrums wählen, während in warmen Klimazonen die Blautöne kühl und erfrischend wirken.

Gemeinsame Schlafzimmer

Wenn ein Schlafzimmer von einem Paar gemeinsam benutzt wird, sollte man versuchen, eine Farbgebung zu finden, die für beide passend und angenehm ist. Wir empfehlen, dunkle oder zu lebhafte Farben zu vermeiden – es sei denn, Sie möchten eine sehr intensive oder strahlende Atmosphäre schaffen – und sich mehr auf die weichen, zarten Töne wie Rosa, Pfirsich, weiches Zitronengelb oder Lila und Pink zu konzentrieren, die warm und entspannend wirken.

Kinderzimmer

Für Kinder bis etwa zum Pubertätsalter empfehlen wir die Farben Rot, Orange und Gelb, um eine klare und leuchtende Umgebung zu schaffen. Jugendliche ziehen dann oft die helleren Töne von Grün und Blau vor. Dunkle Farben sollten vermieden werden. Achten Sie auch auf gute Beleuchtung im Kinderzimmer, damit die Augen beim Lesen nicht überanstrengt werden.

Das Badezimmer

Da Badezimmer gewöhnlich kleine Räume sind, empfehlen wir helle bis mittlere Farbtöne für die Wände, um den Raum hier optisch zu öffnen und zu erweitern. Kacheln, Waschbecken, Badewannen und Toiletten sind feste Installationen und werden wahrscheinlich als Ausgangspunkt für die Farbkomposition dienen.

Weiß und cremeweiße Schattierungen sind gut für das Badezimmer geeignet, da sie Hygiene symbolisieren und fördern. Weitere passende Farben für diesen Raum sind alle hellen bis mittleren Töne von Blau, Türkis, Blaugrün, Aquamarin oder Grün. Diese symbolisieren die Elemente der Natur und erinnern an Wasser, Frische und offenen, weiten Raum. Handtücher, Zahnbürsten, Haartrockner bieten Gelegenheit, Farbtupfer zu setzen, die aber zur allgemeinen Farbkomposition passen sollen.

Die Farbqualität

Als allgemeine Regel – und als Punkt, der bei der Innendekoration mit Farben beachtet werden sollte – gilt, wie bei jedem anderen Medium, daß ein Übermaß ebenso ein Ungleichgewicht schaffen kann wie ein Mangel. Farben müssen bewußt und sparsam eingesetzt werden, damit sie ihre konstruktive Wirkung entfalten. Die harmonischsten Ergebnisse erzielt man mit den Spektralfarben und ihren Komplementärfarben. Andernfalls könnte man das Gegenteil der ursprünglich beabsichtigten Wirkung erzielen.

Rottöne

Rot eignet sich für Räume, in denen viel physische Aktivität stattfindet. Küchen, Spielzimmer, Eßzimmer, Tanzstudios, Diskotheken und Versammlungsräume können durch rote Flächen sehr vorteilhaft und positiv wirken. Rot ist normalerweise nicht angebracht, wo Aufregung vermieden werden soll wie beispielsweise im Wartezimmer einer Arztpraxis, im Behandlungsraum eines Therapeuten oder in einem Arbeitszimmer.

Rot ist die dramatischste Farbe des Spektrums und sollte daher, um die beste Wirkung zu erzielen, nur sparsam verwendet werden. Besonders vorsichtig muß man mit den leuchtenderen Rottönen umgehen, die eine unruhige, gespannte Atmosphäre erzeugen können. Dunkle Rottöne können andererseits sehr schwer wirken und sollten daher am besten nur auf kleinen Flächen angewendet werden, um dem Raum sozusagen den letzten Schliff zu geben. Reines, leuchtendes Rot wird selten als Wandfarbe verwendet und sollte ganz besonders in Werkstätten oder in Räumen, in denen Menschen von Werkzeugen oder Maschinen Gefahren drohen, vermieden werden.

Orange

Diese Farbe setzt sich aus Rot und Gelb zusammen, was ihr sowohl die fordernden Qualitäten von Rot als auch die Leichtigkeit von Gelb verleiht. Orange kann man auf großen Flächen besser tolerieren als reines Rot. Es beflügelt den Geist und schafft eine warme, besänftigende Atmosphäre. Geeignete Orte für die Anwendung von Orangetönen sind Küchen, Spielzimmer, Wohnzimmer und Eßzimmer, Freizeiträume und Hauseingänge. Kleine Kinder reagieren ganz besonders positiv auf diese Farbe, und überall dort, wo Menschen zusammenkommen, um zu kommunizieren oder Spaß zu haben, ist Orange eine wunderbare Farbe. Es vermittelt Glück und Freude. Da die Wirkung von Orange der von Rot ähnelt, ist es nicht unbedingt passend für Arbeitszimmer, Büros oder Schlafzimmer, ganz besonders in großen Mengen. In solchen Räumen kann es in seiner reinen Form auf kleinen Holzflächen, wie beispielsweise Fensterrahmen, Türen und Wandverkleidungen, verwendet werden. Man kann es auch mit ein wenig Weiß mischen, um einen zarten Pfirsich- oder Apricotton zu erhalten.

Gelbtöne

Dies sind ausgezeichnete Farben für die Küche, ganz besonders, wenn der Raum nicht sehr viel Licht bekommt. Gelb fördert eine heitere, positive Stimmung. Strahlendes Gelb wird jedoch nicht für ein Arbeits- oder Studierzimmer empfohlen. Da es mit dem Intellekt assoziiert wird, kann es, wenn man ihm über einen langen Zeitraum ausgesetzt ist, eine überwältigende Wirkung haben und zu Verwirrung führen. Intensive Gelbtöne sind auch nicht geeignet für Schlafzimmer und Wohnzimmer sowie für Räume, die der Entspannung dienen sollen. Falls Sie die leuchtenden Gelbtöne in diesen Räumen verwenden wollen, empfehlen wir, sie mit ihrer Komplementärfarbe, Violett, zu kombinieren. Violett wird als der dominierende Farbton jeglicher desorientierender Wirkung von Gelb entgegenwirken. Wenn Sie die blasseren, subtileren Schattierungen von Gelb wie beispielsweise Elfenbein- oder Cremetöne wählen, ist die Wirkung weniger aufdringlich. Blasse Gelbtöne eignen sich gut als Wandfarbe. Falls Sie die reineren Gelbtöne verwenden wollen, können rot- oder orangefarbene Akzente sehr interessant aussehen.

Grün

Grün ist eine ruhige, besänftigende Farbe, die ein natürliches Ambiente schafft. Die hellen bis mittleren Grüntöne, wie Avocado, Limette oder Salbei können sehr wirkungsvoll in der Küche eingesetzt werden, besonders wenn es dort wenig oder gar kein Tageslicht gibt. Die dunkleren Grüntöne sollten normalerweise nur sparsam verwendet werden, beispielsweise um auf Böden, Schränken oder gefliesten Flächen Akzente zu setzen. Bereiche, die nach draußen führen, wie beispielsweise Eingangsbereiche oder Wintergärten, wirken ebenfalls gut in Grün.

Da Grüntöne grundsätzlich beruhigende Farben sind, werden sie oft benutzt, um Spannungen zu neutralisieren. Grün ist hilfreich in Krankenhauszimmern und Operationssälen. An den meisten Bühnen und Opernhäusern gibt es ein grünes Zimmer, wo sich die Schauspieler oder Sänger vor und nach der Aufführung entspannen können. Die dunkleren Grüntöne können eine energieraubende Wirkung haben, wenn sie großflächig angewendet werden. Menschen, denen es schwerfällt, aktiv zu werden, sollten sich nicht mit dieser Farbe umgeben.

Türkis

Diese Farbe ruft Empfindungen von Kühle, Frische und Lebendigkeit hervor. Sie ist anpassungsfähiger und flexibler als Grün. Türkis erweitert das Raumgefühl und macht sich sehr gut in kleinen Räumen wie beispielsweise dem Badezimmer oder in Wartezimmern. Sein Blauanteil schafft eine friedvolle, ruhige Atmosphäre, die an blauen Himmel und blaues Meer erinnert. Es bildet einen direkten Kontrast zu unserer Hautfarbe und kann dadurch den Eindruck eines leuchtenden, gesunden Teints verstärken. In Badezimmern und Schlafzimmern spiegelt diese Farbe Sauberkeit und Reinheit. Sie eignet sich auch gut als Wandfarbe für Arbeitszimmer und Büroräume, wobei hier die hellen bis mittleren Töne bevorzugt werden sollten. Die gesamte Palette von Türkis, von Grün bis Blau, kann zur Akzentuierung der meisten anderen Wandfarben verwendet werden.

Blautöne

Diese Farben schaffen eine ruhige Atmosphäre und reduzieren Streß, so daß wir sie stets für Bereiche empfehlen, in denen Ruhe, Entspannung oder Frieden gesucht wird. Blau wirkt sehr positiv in Räumen, in denen gebetet oder meditiert wird. Die helleren Töne von Blau eignen sich für Behandlungsräume, Schlafzimmer, Bäder und Büroräume.

Blau ist wie Türkis nicht sehr geeignet für Orte, an denen physische Aktivitäten stattfinden. In Spiel- oder Eßzimmern ruft es eher eine kalte und unfreundliche Atmosphäre hervor, insbesondere, wenn die helleren Töne verwendet werden. Im allgemeinen erweitern hellblaue Töne den Raum und können genutzt werden, um ein enges Zimmer größer wirken zu lassen. Dunklere Schattierungen von Blau können, besonders wenn sie großflächig angebracht werden, zu Trägheit und Melancholie führen.

Violett

Diese Farbe unterstützt Meditation und Innenschau. Die helleren Töne wie Lila oder Lavendel, machen sich sehr gut in Behandlungsräumen, Schlafzimmern oder Arbeitszimmern. Wir empfehlen Blaßviolett für Wartezimmer in Krankenhäusern und für Genesungszimmer, in denen es für die Patienten wichtig ist, ihr Gefühl für Selbstachtung und Würde wiederzugewinnen. Das violette Spektrum wird mit religiösen Ritualen und verschiedenen anderen Formen von Zeremonien assoziiert.

Wenden Sie Violett sparsam an, besonders die reineren Töne, da sonst eine Tendenz zu Eskapismus und übertriebener Nachsichtigkeit auftreten kann. In Kombination mit den intensiveren, leuchtenden Farbtönen, kann diese Farbe fast beklemmend wirken, besonders auf der psychischen Ebene. Diese Kombinationen sollten überall dort vermieden werden, wo sich emotional instabile oder psychisch kranke Menschen aufhalten, wo Alkohol in großen Mengen konsumiert wird oder wo Drogenkonsumenten zusammenkommen.

Um sicherzugehen, sollten Sie die Relation zwischen Violett und der restlichen Farbkomposition für Ihre Innenräume sorgfältig prüfen. Violett wirkt positiv, wenn es mit Gelbtönen ergänzt wird.

Magenta

Diese Farbe symbolisiert eine nährende, liebevolle Qualität. Die Palette reicht hier von tiefen Maulbeer- bis hin zu blassen Mandelblütentönen. Diese Farben strahlen Wärme und Zuneigung aus und machen sich besonders gut in Eingangshallen und in Schlafzimmern. Magenta ist eine Sicherheit vermittelnde, schützende Farbe. Die helleren Töne, zu denen Rosa, Pink und Lachs gehören, sind beliebte Schlafzimmer- und Badezimmerfarben. Als Wandfarbe für Gefängniszellen eingesetzt, erwies sich Pink als die wirkungsvollste Farbe zur Beruhigung und Besänftigung der aggressiven Impulse der Insassen. Wenn diese Töne als vorherrschende Wandfarben verwendet werden sollen, wirken sie gut in der Kombination mit den dunkleren Magentatönen oder mit der Komplementärfarbe von Magenta: Grün. Die dunkleren Magentatöne eignen sich gut zur Akzentuierung von Holzarbeiten, Paneelen, Fenster- und Türrahmen sowie zur Belebung von Eß- und Wohnzimmern.

Der reine Magentaton ist gewöhnlich nicht sehr beliebt für Büroräume, Küchen oder Arbeitszimmer.

Die richtigen Farben für Sie

Wenn Sie mit Ihrer Farbwahl Ihre eigenen, spezifischen Bedürfnisse treffen möchten, müssen Sie sich zuallererst auf das *Colour Reflection Reading* beziehen. Es ist der Schlüssel zu einer sorgfältigen Einschätzung jenes Spektrums von Farben (das heißt der Töne und Schattierungen Ihrer Wahl), die mit Ihrer Persönlichkeit und Ihren Bedürfnissen in Einklang stehen. Beginnen Sie mit den drei Farben, die Sie gemäß der Beschreibung im ersten Kapitel gewählt haben, und betrachten Sie sich ganz besonders die erste und die dritte. Wir empfehlen Ihnen, eine oder eine Reihe von Nuancen dieser Farben (von hellen Pastelltönen bis dunklen Schattierungen) in den Räumen zu verwenden, die Sie zuerst dekorieren möchten.

Da die erste von Ihnen beim *CRR* gewählte Farbe Ihr wahres Selbst widerspiegelt, steht sie in Einklang mit Ihrer eigentlichen Natur. Die dritte Farbe zeigt die Richtung an, in die Sie sich bewegen müssen, und sollte von Ihnen als zweitwichtigste Farbe in Betracht gezogen werden. Wenn Sie sich mit diesen beiden Farben umgeben, kreieren Sie in Ihrem Zuhause positivere Energien.

Falls Sie daran denken, mehr als zwei verschiedene Bereiche neu zu gestalten, empfehlen wir Ihnen für den dritten Bereich die Wahl einer Komplementärfarbe zu Ihrer ersten oder dritten Farbe. Am besten eignen sich hier die Pastelltöne, Schattierungen und Abtönungen dieser Farben. Wir räumen der zweiten beim *CRR* gewählten Farbe gewöhnlich keine Priorität ein, da sie vorübergehende Phasen widerspiegelt und stärker Veränderungen unterworfen ist. Doch Sie können die verschiedenen Nuancen dieser Farbe nach Wunsch zusätzlich verwenden, ganz besonders in Durchgangsbereichen wie beispielsweise Eingangshallen, auf Treppenabsätzen und in Treppenhäusern. Alle drei von Ihnen gewählten Farben repräsentieren jeweils das gesamte Spektrum der betreffenden Farbe, von hellen über mittlere bis hin zu dunklen Tönen, so daß Sie viele Möglichkeiten zum Experimentieren haben und sich eine schöne Umgebung schaffen können, die überdies ganz im Einklang mit Ihrem *Colour Reflection Reading* steht.

Einige Farbentwürfe und wie sie wirken

Claire ist eine fünfunddreißig Jahre alte Schauspielerin mit rotem Haar, braunen Augen und einer warmen, heiteren Persönlichkeit. Sie ist etwa 1,55 Meter groß, zierlich und hat ein bezauberndes Lächeln. Sie schien Freude und Glück auszustrahlen. Als erste Farbe wählte sie Gelb, als zweite Orange und als dritte Grün.

Erste Wahl (Gelb)

Claires überschäumendes Temperament verbreitete Wärme und Licht, wo immer sie sich aufhielt, doch obwohl es viel Spaß machte, mit ihr zusammenzusein, empfanden wir ihre Persönlichkeit gegen Ende der Sitzung als ziemlich ermüdend und anstrengend. Sie schien permanent ekstatisch zu sein. Wir spürten, daß sie lernen mußte, sich zu entspannen und auf den Boden der Realität zu kommen, ganz besonders auf der mentalen Ebene. Wir fragten uns sogar, ob ihr exzessiver verbaler Ausdruck in Wirklichkeit nicht vielleicht eher ein Deckmantel für eine tiefe Traurigkeit oder Depression war. Wie sich später herausstellte, hatten wir mit dieser Einschätzung recht. Claire machte oft depressive Phasen durch und stimmte mit uns überein, daß die Ursache für ihre Depressionen vielleicht darin lag, daß sie sich zu sehr auf ihre Verstandeskräfte verließ und kaum ihren inneren Impulsen oder Gefühlen folgte. Claire funktionierte auf einer extremen Schwingung von Gelb, die dazu neigte, sich negativ auszudrücken, indem Claire ständig logische und vernünftige Erklärungen für die Situationen, denen sie in ihrem Leben begegnete, suchte. Sie räumte ein, daß sie oft gute Ideen hatte, die ihr jedoch meistens nicht praktisch umsetzbar zu sein schienen. Dies ist ein typischer Schwachpunkt von Menschen, deren inneres Wesen mit der Farbe Gelb schwingt.

Zweite Wahl (Orange)

Orange als zweite Farbe wies auf die Notwendigkeit der praktischen Umsetzung von Ideen hin. Claire mußte ein Risiko eingehen, indem sie sich aus ihrem Verstand herauswagte und ihre Ideen in einer geerdeten Art und Weise verwirklichte. Außerdem mußte sie grundsätzlich mehr Vertrauen in ihre eigenen Fähigkeiten entwickeln. Diese Farbe spiegelte auch, wie ausgebrannt sie war, sowohl geistig als auch körperlich. »Die Schauspielerei ist eine sehr anstrengende Arbeit«, sagte sie.

Wir machten ihr klar, daß ihre Herausforderung darin bestehe, sich mehr Zeit für sich selbst zu nehmen und ihre Energievorräte auf allen Ebenen wieder aufzufüllen. Nur so konnte sie die Kraft entwickeln, die nötig war, um das, wovon sie träumte, in die Realität umzusetzen.

Die dritte Wahl (Grün)

Diese Farbe drückte Claires Bedürfnis aus, sich selbst und ihren Platz in der Welt zu finden. Sie sagte, sie fühle sich »verloren«, und die Tatsache, daß sie keine Beziehung hatte und allein lebte, schien die Situation nicht besser zu machen. Aufgrund der Unregelmäßigkeit ihrer Arbeit fühlte sie sich unsicher, und ganz besonders wichtig war ihr, irgendein persönliches emotionales Ventil zu finden. Die Energie der Farbe Grün, ihrer dritten Wahl, würde etwas Stabilität in ihr Leben bringen und ihr den Raum geben, den sie benötigte, um wichtige Entscheidungen über ihr Leben zu treffen. Sie hatte begonnen, Sitzungen bei einem Therapeuten zu nehmen, der ihr helfen sollte, ihre Gefühle auf tieferer Ebene zu erforschen.

Beratung und Empfehlungen

Claire wollte wissen, welche Farben sich am besten für ihr Wohnzimmer, ihr Schlafzimmer und ihre Diele eignen würden. Für ihr Wohnzimmer hatte sie ein Stoffmuster von tief rostroter Farbe mitgebracht. Das war der Bezugsstoff ihres Sofas. Sie wollte neuen Teppichboden verlegen und die Wände des Zimmers streichen und bat uns, ihr zu helfen, einen Farbentwurf für ein Zimmer von etwa drei Metern Breite, sechs Metern Länge und drei Metern Höhe, das nicht allzu hell war, zu entwerfen.

Da sie von Natur extrovertiert war, entschieden wir uns für die extrovertierten, warmen Töne des Spektrums. Ihre Grundfarbe war Gelb (die erste Karte), und deshalb würden diese Farbtöne erhebend auf Claire wirken und mit ihrem wahren Selbst in Einklang stehen. Die Frage lautete allerdings: Welche Art von Gelb würde ihren Bedürfnissen am besten entsprechen? Es gibt eine große Auswahl an Gelbtönen.

Wir rieten ihr, eine Farbe zu wählen, die nicht stimulierend wirkte – wie es bei grellen oder lebhaften Tönen der Fall sein kann –, sondern sich für die weicheren, subtileren Töne zu entscheiden, die sanft, warm und einladend wirken. Überdies würde ein zarter, unaufdringlicher Ton Bilder oder Wandbehänge und Möbelstücke besser zur Geltung kommen lassen.

Nun mußte eine Farbe für ihren Teppichboden gefunden werden. Wir bezogen uns wieder auf das *CRR* und ließen uns von der dritten Farbe (Grün) leiten, wobei wir aber auch ihre Grundfarbe (Gelb) nicht aus den Augen verloren. Wir rieten ihr zu einem gedämpften, tiefen Meergrün oder Blaugrün, das das Rostrot des Sofas und der Kissen ausgleichen und mit den zartgelb getönten Wänden harmonieren würde. Wir schlugen ihr sogar vor, nach einem melierten Teppichboden zu suchen, der verschiedene gedämpfte Schattierungen von Grün und Türkis enthielt. Sie war von dieser Farbkombination begeistert und bereit, unserem Rat zu folgen.

Als nächstes wollte Claire ihr Schlafzimmer neu gestalten. Dieser Raum ging auf den Garten hinaus, aber er bekam nur wenig Sonnenlicht. Das Zimmer war etwa 3,30 Meter lang, 2,40 Meter breit und 3 Meter hoch. Hier war bereits ein mittelbrauner Teppichboden vorhanden, der als Ausgangsbasis für unsere Farbkomposition dienen sollte. Die Farbe Braun wird oft mit der Erde assoziiert, mit Stabilität und Erdverbundenheit, und vermittelt Eigenschaften wie Natürlichkeit, Dauerhaftigkeit und Beständigkeit. Im Hinblick auf ihre Grundfarbe (Gelb) und die für Schlafzimmer bevorzugten Farben, schlugen wir ein weiches Lila oder blasses Lavendel für die Wände vor. Diese Farbe würde als Gegengewicht zu dem braunen Teppich wirken, eine entspannende Schlafzimmeratmosphäre schaffen und darüber hinaus als stabilisierender Faktor für ihre Persönlichkeit dienen.

Wir hatten nun also die erste und dritte Farbe ihres *Colour Reflection Reading* für ihr Wohnzimmer und die Komplementärfarbe der ersten Farbe für das Schlafzimmer gewählt. So blieb noch die zweite von ihr gewählte Farbe (Orange) für die Diele. Es gab verschiedene Möglichkeiten: Man konnte die an zweiter Stelle gewählte Farbe selbst, ihre Komplementärfarbe oder die Komplementärfarbe der an dritter Stelle gewählten Farbe verwenden. Wir hatten also die Wahl zwischen verschiedenen Tönen von Orange, Blau oder Magenta. Zu Magenta fühlte sich Claire nicht hingezogen, während wir ihr Blau aufgrund ihrer Neigung zu Depressionen nicht empfehlen konnten. Die Komplementärfarbe zu ihrer zweiten Farbwahl (Orange) war Blau, das eine melancholische Atmosphäre hervorrufen könnte. Das sollte natürlich vermieden werden. Schließlich empfahlen wir ihr einen Farbton aus dem Orangespektrum, den wir in diesem Fall als sehr angemessen empfanden: einen weichen Pfirsichton.

Etwa ein Jahr nach ihrem *Colour Reflection Reading* trafen wir Claire an unserem Stand auf einer Messe wieder. Sie erzählte, wie sie unsere Ratschläge umgesetzt hatte und daß sie das Gelb im Wohnzimmer als sehr angenehm empfand. Sie sagte, ganz besonders gefiele ihr die leichte und heitere Atmosphäre, die die gelben Wände zu schaffen schienen. Der Teppichboden, den sie schließlich fand, enthielt ein Gemisch aus sanft gedämpften Blau-, Grün-, Pink- und Violettönen, die sie als sehr harmonisch empfand. »Ich gewöhne mich mehr und mehr an das Lila in meinem Schlafzimmer. Eines ist sicher: Ich schlafe besser! Der sanfte Pfirsichton in der Diele heißt mich immer so freundlich willkommen, wenn ich nach Hause komme, ganz besonders im Winter. Ich bin sehr glücklich mit dem Ergebnis!

Nun sind Sie an der Reihe zu experimentieren. Haben Sie keine Angst davor, kreativ zu sein, und lassen Sie Ihrer Vorstellungskraft freien Lauf.

Siebentes Kapitel

Farben in Atemtechniken, Visualisierungsübungen und Affirmationen

In diesem Kapitel werden wir uns mit einigen sehr wirkungsvollen Techniken beschäftigen, bei denen Farben eingesetzt werden, um das innere Selbst zu erforschen, und die sowohl unsere kreative Vorstellungskraft als auch unser Unbewußtes ansprechen. Atemtechniken, Visualisierungsübungen und Affirmationen sind ausgezeichnete Methoden zum Abbau von Streß und können zusammen als »kreative Farbtechnik« praktiziert oder unabhängig voneinander angewandt werden. Wir empfehlen Ihnen, sich mit jeder dieser drei Techniken vertraut zu machen, und werden sie im folgenden einzeln beschreiben.

Als erstes sollten Sie die Technik der Tiefenatmung erlernen. Das kann ein wenig Übung erfordern, und obwohl Sie sich anfangs vielleicht etwas seltsam fühlen mögen, wird Ihnen diese Art zu atmen schon bald völlig natürlich erscheinen. Nach der Einführung in die Atemtechnik folgt eine Beschreibung der Farbatmung. Diese Übung kann den individuellen Befürfnissen angepaßt werden, indem man die positiven Eigenschaften der Farbe, die Sie beim *Colour Reflection Reading* an zweiter Stelle gewählt haben, einsetzt.

Mit Hilfe der Farbvisualisierung können Sie sich auf einen ganz bestimmten Aspekt Ihres Lebens, der Ihnen Schwierigkeiten bereitet, konzentrieren. Dazu ist es wichtig, daß Sie zunächst genau herausfinden, was es ist, das Sie unglücklich macht. Indem Sie sich eingestehen, daß etwas nicht ganz in Ordnung ist, haben Sie bereits begonnen, das Problem zu lösen.

Die einzelnen Schritte, die Sie zu Ihrem Ziel führen, werden ausführlich erklärt, und während Sie sich darauf konzentrieren und sehen, wie sich Ihr Ziel materialisiert, arbeiten Sie auch mit der Farbe, die Sie an dritter Stelle gewählt hatten. So könnte beispielsweise ein Mensch, der sich als nicht liebenswert empfindet, visualisieren, daß er von ganz besonderen Freunden umgeben ist, die ihm Liebe und Zuneigung entgegenbringen. In diesem Fall würde man mit der Energie der Farbe Magenta arbeiten und könnte, um den Prozeß noch zu intensivieren, sich vorstellen, daß die ganze Szene in magentafarbenes Licht getaucht ist.

Der dritte Teil dieses Kapitels ist den Farbaffirmationen gewidmet. Dies sind positive, bejahende Aussagen, die regelmäßig wiederholt werden, um ein bestimmtes Ergebnis zu erzielen. Die Aussagen der Affirmationen ergeben sich aus Ihren ganz speziellen Bedürfnissen, wie sie sich durch das *CRR* offenbart haben. Bei diesem Prozeß werden die Farben der unmittelbaren Umgebung als Auslöser benutzt, die uns daran erinnern sollen, was wir in unserem Leben materialisieren und kreieren möchten. Da wir überall von Farben umgeben sind, ist dies eine vergnügliche Methode, um unsere Bewußtheit in bezug auf Farben weiterzuentwickeln und ihre Vielfalt wahrzunehmen und zu würdigen.

Im letzten Abschnitt dieses Kapitels werden die einzelnen Schritte erklärt, die nötig sind, um diese drei Elemente zur integrierten kreativen Farbtechnik zu verbinden.

Atmung

Atem ist Leben. Von dem Augenblick an, in dem die Nabelschnur durchtrennt wird, ist Atmen für uns so lebenswichtig, daß wir ohne zu atmen nicht länger als ein paar Minuten überleben können. Und mit dem Atem des Lebens fließt uns die Energie zu, die unseren Körper erhält, regeneriert und vitalisiert. Die Hindus nennen diese Energie »Prana«, und dieses Prana, diese Lebenskraft, die wir durch tiefes und rhythmisches Atmen unserem Organismus zuführen, ist nicht allein auf die Lungen beschränkt. Unser Atem beginnt tief im Bauch und setzt sich über die Poren der Haut fort. Wo es Transpiration gibt, gibt es auch Inspiration! Mit Hilfe einiger Visualisierungsübungen wird es Ihnen gelingen, sich diese Art der Atmung anzueignen.

Um gut atmen zu können, müssen wir völlig entspannt sein. Nur bei wenigen Menschen findet man ein tiefes, rhythmisches und entspanntes Atemmuster. Normalerweise neigen wir dazu, flach zu atmen und den Atem immer wieder anzuhalten. Das führt gewöhnlich zu einer Folge von kurzen, schnellen, ineffizienten Atemzügen, die im Laufe der Zeit zu einer Atrophie der Lunge führen können. Um eine gesunde Funktion der Lungen und des Zwerchfells aufrechtzuerhalten, ist es wichtig, daß wir bei jeder Farbatmungs- und Farbvisualisierungsübung die Tiefenatmung anwenden.

Wenn Sie sich jetzt ein paar Minuten Zeit nehmen, können Sie diese Erfahrung selbst machen. Setzen Sie sich zunächst bequem hin, und entspannen Sie allmählich Ihren ganzen Körper, während Sie sich auf Ihren Atem konzentrieren. Nehmen Sie das Einatmen und Ausatmen bewußt wahr, ohne zu versuchen, die Atmung auf irgendeine Weise zu forcieren. Erlauben Sie einfach Ihrem Atem, in seinem eigenen Rhythmus, seiner eigenen Geschwindigkeit zu fließen.

Während Sie anfangen, sich zu entspannen, stellen Sie sich nun konkret vor, wie Ihr Atem bei jedem Ein- und Ausatmen durch jede Pore Ihrer Haut dringt. Achten Sie darauf, wie diese Visualisierungsübung sich anfühlt und wie Ihr Körper auf sie reagiert. Sie können diese Atemmethode immer anwenden, wenn Ihnen danach zumute ist. Legen Sie nun das Buch beiseite, und probieren Sie es ein paar Minuten lang mit geschlossenen Augen aus.

Diese Übung verbessert unser Atemmuster, so daß wir in der Lage sind, mehr der kostbaren Prana-Energie in uns aufzunehmen. Vielleicht haben wir nie darauf geachtet, auf welche Weise wir atmen, denn das Atmen ist eine unwillkürliche Funktion und geschieht automatisch. Schlechte Angewohnheiten, wie das Sitzen in ungesunder Haltung, ständige Hetze oder das Rauchen, verstärken ungesunde Atemmuster noch mehr. Über einen langen Zeitraum führt der kumulative Effekt zu einer unregelmäßigen, schwachen und flachen Atmung, die wiederum physische Erschöpfungszustände hervorrufen und unsere Widerstandskraft gegen Infektionen und andere Krankheiten herabsetzen kann.

Eine einfache Atemübung

Diese einfache Atemtechnik wird Ihnen bei regelmäßiger Anwendung helfen, tief und rhythmisch zu atmen, und sich positiv auf Ihren allgemeinen Gesundheitszustand und Ihr Energieniveau auswirken. Wenn man lernt, richtig zu atmen, ist es wichtig, daß man nicht versucht, den Atem auf irgendeine Weise zu steuern, das heißt, man sollte nicht versuchen, die Atemzüge künstlich zu verlängern oder den Atem zu »halten«. Das ist besonders wichtig, falls Sie bisher nur schwach oder flach geatmet haben. Erlauben Sie dem Atem, natürlich, ungehindert und sanft zu fließen. Nach einiger Zeit der Übung wird sich Ihre Atmung allmählich verstärken und vertiefen, und die Atemzüge werden länger.

Anfangs sollten Sie sich darauf konzentrieren, bei jeder Ausatmung so viel Luft aus Ihrem Körper hinauszulassen, wie Ihnen das auf angenehme Weise möglich ist. Dadurch werden die Reinigungsprozesse des Körpers unterstützt, indem restliche toxische Substanzen ausgeschieden werden. Wenn Sie mit Ihrer Atmung bereits einige Fortschritte gemacht haben, sollte das Ausatmen ein wenig länger dauern als das Einatmen. Dies ist eine wesentlich effektivere Methode zu atmen, als kurze, schnelle Atemzüge zu nehmen.

Wenn Sie auf diese Weise tief und bewußt atmen, stimulieren und erwecken Sie den Solarplexusbereich, der mit dem Zentralnervensystem in Verbindung steht. Dieser Bereich wird auch als unser »Machtzentrum« bezeichnet. Wenn Sie über Ihren Atem erst einmal mit diesem Zentrum in Kontakt gekommen sind, werden Sie immer leichter Zugang zu der Ihrem Körper innewohnenden Kraft finden.

Im folgenden beschreiben wir die einzelnen Schritte zu einer tiefen, rhythmischen Atmung. Lesen Sie alle Punkte durch, bevor Sie mit der Übung beginnen.

1. Werden Sie sich Ihrer Atmung bewußt.
2. Atmen Sie durch den Solarplexus ein, indem Sie den Bauch bei der Einatmung ausdehnen. Ziehen Sie dann den Atem in den Brustkorb hinauf.
3. Weiten Sie, während der Atem aufsteigt, Ihren Brustkorb seitlich aus, anstatt nach vorne, wie Sie es gewohnt sind.
4. Wenn Sie so tief eingeatmet haben, wie es Ihnen auf angenehme Weise möglich ist, halten Sie mit gewölbtem Bauch einen Moment inne.
5. Ziehen Sie während der dann folgenden Ausatmung Ihren Bauch wieder ein, und entspannen Sie den Brustkorb, während Sie soviel Luft wie möglich hinauslassen.
6. Wiederholen Sie die oben genannten Schritte fünfmal.

Achten Sie darauf, daß Ihre Schultern während der gesamten Übung entspannt sind. Um die besten Ergebnisse zu erzielen, empfehlen wir, die Übung in einer sauberen, frischen Umgebung durchzuführen, beispielsweise im Freien oder am frühen Morgen bei geöffnetem Fenster.

Farbatmung

Bei der Farbatmung verbinden wir die Energien der Farben mit dem Rhythmus des Atems. Dabei können wir den Atem buchstäblich mit Farbenergie aufladen, verstärken und für ganz spezielle Zwecke einsetzen. Abgesehen von der allgemein wohltuenden Wirkung der Tiefenatmung, können wir durch die Farbatmung das Prana kanalisieren und lenken, um in ganz bestimmten Bereichen Harmonie und Heilung zu bewirken. Dies geschieht über das Chakra-System. Wenn man während des Atmens spezielle Farben visualisiert, verbessert sich gleichzeitig der allgemeine Zustand der Chakras selbst.

Um die Farbatmung effektiv anwenden zu können, müssen Sie unbedingt zuerst die Tiefenatmung erlernen. Das bedeutet, daß Sie in der Lage sein müssen, auf die oben beschriebene Weise natürlich zu atmen, ohne den Atemfluß durch Ihre Gedanken zu beeinflussen. Wenn Sie diese Art des Atmens beherrschen, können Sie beginnen, Farben einzusetzen. Einer der positivsten Aspekte der Farbatmung, abgesehen von ihrer allgemein entspannenden und revitalisierenden Wirkung, ist die Tatsache, daß Sie sich Ihrer physischen und emotionalen Unausgewogenheiten und Blockaden bewußter werden und dadurch in der Lage sind, diese positiv zu beeinflussen. So können wir bewußt Veränderungen herbeiführen und dort Heilung bewirken, wo Negativität oder Krankheit vorherrschten.

Die Farbatmungsübung
Es ist besser, dabei die Augen zu schließen, um sich auf die inneren Prozesse zu konzentrieren und Ablenkungen zu vermeiden.

1. Setzen oder legen Sie sich bequem hin; die Wirbelsäule soll gerade sein, die Füße sind leicht nach innen gerichtet. Beim Sitzen sollen die Fußsohlen flach auf dem Boden aufliegen.

2. Schließen Sie die Augen, und beginnen Sie, tief und rhythmisch zu atmen. Stellen Sie sich eine Säule reinen weißen Lichtes vor, die aus dem Kosmos kommt, durch Ihren Kopf eintritt und sich bis in die Extremitäten verteilt, bis Sie den gesamten Körper von innen und außen umhüllt. Stellen Sie sich dann vor, wie dieses weiße Licht Ihren Körper wieder durch Ihre Fußsohlen verläßt.
3. Versuchen Sie nun, sich eine Kugel magentafarbenen Lichtes direkt über Ihrem Kopf (dem Kronen-Chakra) vorzustellen. Atmen Sie diese nährende, warme Farbe fünfmal ein.
4. Lenken Sie Ihre Aufmerksamkeit nun in die Mitte der Stirn, ein wenig oberhalb der Augen (Drittes Auge), und atmen Sie die heilende Farbe Violett ein. Wiederholen Sie dies fünfmal.
5. Gehen Sie nun weiter zum Hals-Chakra, und atmen Sie die stille, friedvolle Farbe Blau ein. Beobachten Sie, wie diese Farbe beim Ausatmen aus der Mitte Ihres Halses austritt. Wiederholen Sie dies fünfmal.
6. Richten Sie Ihre Aufmerksamkeit nun auf einen Punkt zwischen Ihrem Hals und dem Herzen (das Thymus-Chakra), und atmen Sie die erfrischende, strahlende Farbe Türkis fünfmal ein.
7. Gehen Sie nun weiter in die Mitte des Brustkorbes (Herz-Chakra), und spüren Sie, wie sich dieser Bereich durch die besänftigende Farbe Grün weitet. Wiederholen Sie die Atmung fünfmal.
8. Stellen Sie sich ein goldgelbes Licht um Ihre Körpermitte herum vor (Solarplexus-Chakra) und atmen Sie diese herrlich strahlende Farbe fünfmal tief ein.
9. Dann richten Sie Ihre Aufmerksamkeit auf den Unterbauch (Milz-Chakra) und atmen fünfmal die freudvolle, leuchtend vibrierende Farbe Orange ein.
10. Nun richten Sie Ihre Aufmerksamkeit auf Ihren Beckenbereich (Basis-Chakra) und stellen sich vor, wie die vitale Farbe Rot diesen Bereich einhüllt. Atmen Sie die Farbe fünfmal ein. Die Energie, die sich aus dem Becken nach unten bewegt, sollte als weißes Licht visualisiert werden, das durch beide Beine hinabfließt und sich an den Fußsohlen sammelt. Erlauben Sie dieser Energie, in den Boden zu sinken, wie die Wurzeln eines Baumes, und Sie zu erden und zu stabilisieren.

11. Abschließend stellen Sie sich vor, wie Sie reines, weißes Licht einatmen, in das Sie von Kopf bis Fuß eingehüllt sind und das Ihren gesamten Organismus durchflutet.

Beobachten Sie während der gesamten Übung, wie die Farben mit jedem Atemzug klarer und strahlender werden. Es ist eine wundervolle Übung zur Entspannung, die Sie überall durchführen können, wo Sie ein wenig Zeit finden, selbst im Bus oder Zug auf dem Rückweg von Ihrer Arbeit. Um die Farbatmung direkter auf Ihre gegenwärtigen Bedürfnisse abzustimmen, können Sie einfach die positiven Eigenschaften der Farbe, die Sie beim *CRR* an zweiter Stelle gewählt haben, einbeziehen. Während Sie die Tiefenatmung anwenden, beginnen Sie, die Farbe Ihrer zweiten Wahl mit jedem Einatmen zu visualisieren und die dunklen und trüben Anteile dieser Farbe auszuatmen.

Falls Sie bei der Farbatmung Schwierigkeiten haben, die Farben vor Ihrem inneren Auge zu sehen, können Sie sich einfach einen Gegenstand vorstellen, der Sie an die Farbe, die Sie zu sehen versuchen, erinnert. Wenn es Ihnen beispielsweise schwerfällt, eine magentafarbene Kugel zu visualisieren, hilft Ihnen vielleicht das Bild eines pinkfarbenen Lieblingspullovers oder einer Rose, diese Assoziation herzustellen.

Wenn Sie die Farbatmung mit der Farbvisualisierung und den Farbaffirmationen verbinden, die später in diesem Kapitel beschrieben werden, sollten Sie mit der dritten Farbe Ihres *CRR* arbeiten anstatt mit der zweiten, da Sie sich jetzt auf Ihre *zukünftigen* Bedürfnisse konzentrieren müssen.

Farbvisualisierung

Visualisieren ist eine Technik, bei der man die Vorstellungskraft einsetzt, um geistige Bilder mit der Absicht zu kreieren, das, was wir uns wünschen, in unserem Leben zu materialisieren. Tatsächlich wenden wir diese Technik fast ständig an, allerdings ohne uns dessen bewußt zu sein. Die meiste Zeit unseres Lebens benutzen wir geistige Bilder, um das in unserem Leben zu erschaffen und zu bestätigen, was unseren tiefsitzenden Überzeugungen, die wir bereits über das Leben haben, entspricht. Einige dieser Überzeugungen und Glaubenssätze sind negativ, schränken uns ein (wobei sie uns dennoch in unserem Wachstum unterstützen) und drücken sich in Form von Fehlschlägen, Schwierigkeiten und sogar Krankheiten aus. Wenn wir uns ständig Probleme vorstellen und unsere negativen Überzeugungen in unser Leben hineinprojizieren, folgt natürlich, daß sich diese in der Realität manifestieren. Um es mit einer Analogie auszudrücken: Wenn wir Mais pflanzen, dann können wir unter keinen Umständen Rüben ernten.

Bei der Farbvisualisierung geht es darum, uns die negativen Denkmuster, die bereits in uns existieren, bewußt zu machen und einzugestehen und dann zu beginnen, sie durch neue und positive zu ersetzen, die durch die Energie der Farbe unterstützt werden. Es ist ein Prozeß, bei dem wir positive Bilder in uns einpflanzen, um positive Ergebnisse ernten zu können. Es ist wichtig, daß man an diesen gesamten Prozeß sowohl mit geistiger Offenheit als auch mit der Bereitschaft herangeht, es zu versuchen und abzuwarten, was geschieht. Es ist nicht notwendig, an irgendeine spirituelle Kraft oder an außerhalb von uns existierende Mächte zu glauben, sondern es geht darum, daß wir uns auf unsere eigene persönliche Kraft besinnen, um die von uns gewünschten Ziele zu erreichen. Um diese Ziele klarer definieren zu können, ist es hilfreich, das Ziel detailliert niederzuschreiben. Es ist wichtig, daß wir bei diesem Prozeß nicht unklar sind.

Nehmen wir beispielsweise an, Sie sind arbeitslos und haben Schwierigkeiten, eine befriedigende Arbeit zu finden. In diesem Fall sollten Sie entscheiden, welche Art von Arbeitsstelle Sie gerne hätten, wieviel Geld Sie verdienen und wieviel Urlaub Sie haben möchten, ob Sie bereit sind zu reisen (Entfernung und Zeit) sowie sich genau über die Verantwortlichkeiten und Pflichten klar werden, die Sie übernehmen würden. Hier ist die vorherrschende Farbenergie Türkis, die Farbe des Wandels und der Klärung.

Wie bei jeder neuen Sache, ist es auch hier gut, mit kleinen Aufgaben anzufangen. Wählen Sie eine, die im Bereich Ihrer Möglichkeiten liegt. Das Erreichen dieses Zieles wird Ihr Selbstvertrauen stärken und es Ihnen ermöglichen, später anspruchsvollere Ziele anzusteuern. Wenn Sie Ihr Ziel im einzelnen definiert haben, besteht der nächste Schritt darin, ein klares Bild davon in Ihrem Geist zu erzeugen. Dafür brauchen Sie Ruhe und Stille, und um die besten Resultate zu erzielen, raten wir Ihnen, mit geschlossenen Augen zu üben. Sie müssen das, was Sie sich wünschen, detailliert visualisieren und sich selbst bereits im Besitz desselben sehen. Bringen Sie all Ihre Sinne ins Spiel, damit Sie sich Ihr Ziel so realistisch wie möglich vorstellen können.

Ein Beispiel: Wenn Sie Ihre sozialen Kontakte durch das Finden neuer Freunde verbessern wollen, könnten Sie üben, vor Ihrem inneren Auge zu sehen, wie Sie sich in Gesellschaft anderer wohl fühlen. Sie könnten sich auch vorstellen, wie andere Spaß an Ihrer Gesellschaft haben. Wenn Sie von Ihrer Persönlichkeit her dazu neigen, andere zu beobachten und sich in Gesellschaft zurückzuhalten, sollten Sie versuchen, sich vorzustellen, wie Sie selbst Gespräche beginnen. Das wird sich schließlich in Ihrem Leben als Realität manifestieren, vorausgesetzt, Sie praktizieren die Übung häufig und mit der Überzeugung, daß Sie das von Ihnen Gewünschte wirklich verdienen. Hier kommt die Farbenergie von Orange zur Anwendung, die das oben beschriebene Ziel widerspiegelt.

Als nächstes sollten Sie sich fragen, was Sie bereit sind zu geben, um Ihr Ziel zu erreichen. Dieses Geben kann sich in Form von Disziplin, Beharrlichkeit oder Hingabe äußern. Fragen Sie sich selbst: »Wieviel bin ich bereit zu geben, um mein Ziel zu erreichen? Welche Anstrengungen bin ich bereit, auf mich zu nehmen?« Wenn Sie die Frage, wieviel Sie bereit zu geben sind, geklärt haben, müssen Sie beginnen, das Bild dessen, was Sie erreichen möchten, oft vor Ihrem geistigen Auge zu erzeugen. Dies ist eine Form der Bestätigung, die Sie unterstützen wird. Hüten Sie sich jedoch davor, sehnsuchtsvoll an Ihrem Ziel zu hängen, es sozusagen zu sehr zu wollen. Übertreibung wird das Ziel von Ihnen wegtreiben. Sie müssen in einem sanften und entspannten Zustand des Wollens an Ihre Ziele herangehen. Diese Haltung wird Ihnen helfen, das Gewünschte zu erreichen. Während Ihr Ziel nun immer mehr Raum in Ihrem Bewußtsein einnimmt, müssen Sie positive und ermutigende Gedanken und Energien darauf richten. Versichern Sie sich selbst, daß Ihr Ziel für Sie zunehmend Realität wird, daß es in Ihrer Zukunft existieren wird, daß es dort draußen auf Sie wartet. Es ist sehr wichtig, sich jegliche Zweifel, jegliches Zögern, das man in bezug auf sein Ziel verspürt, bewußt zu machen, da diese, wenn sie unausgedrückt bleiben, ein Hindernis für das Erreichen des Gewünschten sind.

Um Ihre Visualisierung mit Farbenergie aufzuladen, müssen Sie die Eigenschaften der von Ihnen beim *CRR* an dritter Stelle gewählten Farbe in Ihre natürliche Umgebung hineinbringen, während Sie Ihr Ziel visualisieren. Zu uns kam beispielsweise ein Klient, der sehr stark dazu neigte, seine Gefühle zurückzuhalten. Aus diesem Grund hatte er oft das Gefühl, in sich selbst gefangen zu sein. Wir rieten ihm zu Visualisierungsübungen, damit er anfangen konnte, sich selbst als einen Menschen zu sehen, der fähig ist, seine Gefühle frei auszudrücken. Dies spiegelte in der Tat exakt die Qualität seiner an dritter Stelle gewählten Farbe (Grün) und das Hauptziel in seinem Leben zu diesem Zeitpunkt.

Zusammenfassung des Farbvisualisierungsprozesses

1. Beginnen Sie mit einem einfachen Ziel, um sich mit dem Prozeß vertraut zu machen. Das Erreichen dieses Zieles wird Ihr Selbstvertrauen stärken.
2. Definieren Sie ganz genau, was Sie erreichen möchten, und konkretisieren Sie es, indem Sie es detailliert niederschreiben. So wird das Ziel spezifiziert und seine Materialisierung unterstützt.
3. Kreieren Sie mit geschlossenen Augen ein inneres Bild Ihres Zieles. Stellen Sie sich vor, bereits im Besitz des Gewünschten zu sein. Setzen Sie Ihre Sinne ein, um dieses Ziel für sich real werden zu lassen.
4. Entscheiden Sie, was Sie bereit sind zu geben, um Ihr Ziel zu erreichen.
5. Konzentrieren Sie sich oft auf Ihr Ziel, um Ihren Entschluß zu bekräftigen.
6. Praktizieren Sie diese Übung so lange, bis Sie Ihr Ziel entweder erreicht haben oder es nicht mehr erreichen möchten. Es kann sein, daß Sie oder Ihr Ziel sich verändern!

Wichtig

1. Machen Sie sich bewußt, ob das Ziel, das Sie gewählt haben, wirklich das ist, was Sie verwirklichen möchten.
2. Seien Sie bereit, die Richtung zu ändern, und bleiben Sie flexibel. Bleiben Sie sich in jedem Moment dessen, was geschieht, bewußt. Vielleicht müssen Sie Umwege machen, bevor Sie Ihr Ziel erreichen können.
3. Engagement und Beharrlichkeit sind wesentliche Voraussetzungen für einen Erfolg.
4. Überprüfen Sie von Zeit zu Zeit Ihr Ziel, um sicherzugehen, daß es noch dem entspricht, was Sie sich wünschen.
5. Wenn Sie irgend etwas Negatives fühlen, denken oder erfahren, transformieren Sie es in etwas Positives.
6. Sie können aus Ihrer Erfahrung nur lernen, und deshalb können Sie auf keinen Fall versagen, selbst wenn das nicht immer offensichtlich ist!
7. Belohnen Sie sich für Erfolge auf klare und spürbare Art und Weise. Klopfen Sie sich selbst auf die Schulter, indem Sie sich ein ganz spezielles Vergnügen gönnen.
8. Genießen Sie die ganze Erfahrung, und machen Sie sich einen Spaß daraus.

Erste-Hilfe-Leitfaden

Es folgt der Erste-Hilfe-Leitfaden von *Living Colour* zum Heilen mit Farbvisualisierungen. Wenden Sie diese Technik zusätzlich zu schulmedizinischen Behandlungen an, um Ihre Genesung zu beschleunigen.

Problem	*Farbe*	*Problem*	*Farbe*
Abszeß	Türkis	*Asthma*	Türkis/Blau
Agoraphobie	Orange/Rot	*Atembeschwerden*	Blau/Orange
Akne	Türkis		
Alkoholismus	Orange	*Bauchfell-*	
Anämie	Rot	*entzündung*	Blau
Angina	Grün	*Blähungen*	Blau
Angstzustände	Blau	*Blutdruck*	
Anorexie	Orange/Blau	– *hoch*	Blau/Türkis
Anspannung	Türkis/Blau	– *niedrig*	Orange/Rot
Arthritis	Gelb/Orange	*Bronchitis*	Grün/Blau

Problem	*Farbe*
Brustschmerzen	Grün
Depression	Orange
Dermatitis	Türkis/Blau
Diabetes Mellitus	Gelb
Divertikulitis	Orange
Drüsenfieber	Blau
Dyspepsie	Orange
Eierstockzysten	Magenta/Grün
Eingeweidebruch	Blau
Ekzem	Türkis
Emphysem	Grün/Blau
Entzündungen	Türkis/Blau
Epilepsie	Blau/Violett
Erbrechen	Magenta/Grün
Erkältung	Rot/Orange
Erschöpfung	
– geistig	Türkis
– emotional	Grün
– körperlich	Blau/Orange
Fieber	Türkis/Blau
Frostbeulen	Orange/Rot
Furunkel	Türkis
Gallensteine	Orange/Blau
Geisteskrankheit	Violett
Gelbsucht	Gelb
Gelenksteifheit	Orange/Gelb
Gerstenkorn	Blau/Violett
Geschwür	
– des Magens	Orange
– des Zwölffingerdarms	Blau
Gicht	Orange/Blau
Grippe	Blau
Hämorrhoiden	Türkis/Blau
Harnwegsinfektionen	Blau/Orange
Hautjucken	Blau
Hautprobleme	Türkis
Hepatitis	Gelb
Herpes Simplex	Blau
Herpes Zoster	Türkis/Blau
Herzbeschwerden	Grün
Herzstolpern	Grün/Magenta
Heuschnupfen	Türkis/Blau
Hitzschlag	Blau
Husten	Blau
Insektenstiche	Türkis/Blau
Ischias	Blau/Violett
Katarakt	Grün/Blau
Katarrh	Türkis/Blau
Kehlkopfentzündung	Blau
Keuchhusten	Blau
Klaustrophobie	Grün
Konjunktivitis	Blau/Violett
Kopfschmerzen	Blau/Magenta
Krampfadern	Blau/Violett
Krämpfe	Blau
Krebs	Grün/Magenta
Kurzsichtigkeit	Blau/Violett
Lähmungserscheinungen	Rot
Lebererkrankung	Gelb/Orange
Leukämie	Rot
Lippenherpes	Türkis/Blau
Lumbago	Blau
Lungenentzündung	Türkis/Blau
Lungenerkrankung	Grün/Blau
Magen-Darm-Katarrh	Türkis
Magengeschwür	Grün
Mandelentzündung	Blau
Masern	Blau
Menopause	Violett/Magenta
Migräne	Magenta/Blau
Morgenübelkeit	Magenta
Müdigkeit, chronische	Blau/Magenta
Multiple Sklerose	Gelb
Mumps	Blau
Muskelschwund	Gelb

Problem	Farbe	Problem	Farbe
Nahrungsmittel-vergiftung	Gelb/Türkis	*Schluckauf*	Blau
Narbenbildung	Blau	*Schock*	Magenta/Grün
Nasenbluten	Blau/Violett	*Schwellungen*	Türkis/Blau
Neuralgie	Blau/Violett	*Schwindel*	Magenta
Nierenerkrankung	Orange	*Sinusitis*	Türkis/Blau
Niesen	Blau	*Sodbrennen*	Grün/Magenta
		Sonnenbrand	Blau
Ödem	Blau	*Soor*	Blau
Ohnmacht	Magenta/Pink	*Stottern*	Blau
Ohrenschmerzen	Blau/Violett	*Streß*	Türkis/Blau
Ohrgeräusche	Blau/Violett		
		Taubheit	Rot
Paranoia	Violett	*Thrombose*	Blau
Prämenstruelles Syndrom	Blau	*Trauma*	Grün/Magenta
		Tuberkulose	Grün/Türkis
Quetschungen	Blau	*Tumore*	Grün/Magenta
Raynaudsche Krankheit	Rot/Orange	*Übelkeit*	Magenta/Blau
Reisekrankheit	Blau		
Rheumatismus	Gelb/Orange	*Venen-entzündung*	Blau
Rippenfell-entzündung	Grün/Blau	*Verbrennungen*	Blau
Rückenschmerzen	Blau	*Verdauungs-beschwerden*	Blau
		Verstauchungen	Blau
Schilddrüse		*Verstopfung*	Orange/Gelb
– Überfunktion	Blau		
– Unterfunktion	Orange	*Warzen*	Grün/Violett
Schizophrenie	Gelb/Weiß	*Wunden*	Blau
Schlaflosigkeit	Blau		
Schlaganfall	Magenta	*Zahnschmerzen*	Blau
		Zysten	Grün/Magenta
		Zystitis	Magenta

Farbmeditationen

Die Farbvisualisierungsübungen können als eine Form der Meditation eingesetzt werden, um positive, heilende und spirituell erhebende Wirkungen zu erzielen – oder zum reinen Vergnügen. Da Meditation Gesundheit und Harmonie im physischen, emotionalen und mentalen Körper bewirkt, wird auch die Aura selbst durch den Akt der Meditation revitalisiert. Die folgenden Meditationen für jede der acht Farben basieren auf den Farben, die wir in der Natur finden. Es spielt keine Rolle, ob Sie im wirklichen Leben die Szenerien, die in den folgenden Meditationen beschrieben werden, tatsächlich gesehen oder erfahren haben. Wichtiger ist, inwieweit Sie sich selbst erlauben, Ihrer Vorstellungskraft zu folgen, um sich die Szene vorzustellen, als sei sie tatsächlich Wirklichkeit. Setzen Sie Ihre ganze Vorstellungskraft ein, um die Bilder der beschriebenen Szenen möglichst lebensecht vor Ihrem inneren Auge erscheinen zu lassen, so, als erlebten Sie diese Dinge zum erstenmal. Die folgenden Farbmeditationen sind wie eine Reise. Jede sollte etwa zwanzig Minuten dauern und kann zu jeder Tageszeit durchgeführt werden. Wenden Sie sie zu Ihrem eigenen Vergnügen an und darüber hinaus, um Ihre Wahrnehmung jeder Farbe und der ihr zugeordneten Eigenschaften zu verbessern. Sie können außerdem eingesetzt werden, um ganz persönliche Bedürfnisse zu erfüllen und um einem speziellen emotionalen Zustand entgegenzuwirken. Wenn Sie beispielsweise traurig oder deprimiert sind (im Englischen: »feeling blue«), sollten Sie versuchen, sich mit der Meditation »Sonnenuntergang in Orange« oder sogar mit der Meditation »Gelbe Sonnenblumen« aufzuheitern. Stehen Sie dagegen sehr unter Spannung oder sind Sie hyperaktiv, wäre wahrscheinlich die Meditation »Blaues Meer« am besten für Sie geeignet. (Beachten Sie auch den *Living-Colour*-Wegweiser zu den Farben und ihren Wirkungen auf Seite 179). Ein weiterer Punkt, der an dieser Stelle in bezug auf Meditation Erwähnung verdient, ist die Tatsache, daß viele Menschen (besonders jene, die sich zum erstenmal mit Meditation beschäftigen) dazu neigen, schnell die Lust zu verlieren, weil sie nicht fähig sind, sich zu konzentrieren. Machen Sie deshalb während der gesamten Meditation regelmäßig einige Augenblicke Pause, um Ihre Erfahrungen ganz in sich aufnehmen zu können. Tiefes rhythmisches Atmen ist sehr hilfreich, um in der eigenen Mitte und »bei der Stange« zu bleiben.

Falls aus irgendeinem Grunde Gedanken oder Bilder in Ihnen aufsteigen, die nichts mit Ihrer Meditation zu tun haben, sollten Sie versuchen, diese ganz sanft beiseite zu schieben, und wieder dort beginnen, wo Sie unterbrochen wurden. Es ist recht häufig, daß Menschen während der Meditation mit sogenannten störenden Gedanken und Ablenkungen konfrontiert werden, und Sie sollten sie so gut wie möglich vermeiden. Zumindest sollten Sie während der Meditation diesen Gedankengängen nicht folgen, denn das würde sie nur weiter von Ihrer Meditation entfernen und Ihre mentale Aktivität anregen. Doch solche Erfahrungen sind nicht notwendigerweise negativ: Man kann sie als subtile Reaktion des Körpers, im Organismus gespeicherten Streß und Spannungen loszulassen, betrachten. Falls Sie also diese Erfahrung machen, sollten Sie sich entspannen, die ablenkenden Gedanken und/oder Bilder loslassen und ganz natürlich zu Ihrer Meditation zurückkehren. Die Fähigkeit, sich ohne Ablenkungen zu konzentrieren und zu zentrieren, wächst mit der regelmäßigen Meditationspraxis, die Ihnen wiederum helfen wird, Ihren Organismus frei von Streß zu halten.

Lesen Sie nun die acht Farbmeditationen durch, wählen Sie eine aus, die Ihren gegenwärtigen Bedürfnissen entspricht, und beginnen Sie mit Ihrer Praxis der Farbmeditation. Es kann hilfreich sein, die betreffende Meditation langsam auf eine Kassette zu sprechen, und sie sich während der Meditation dann wieder vorzuspielen. So können Sie sich entspannen und die Erfahrung tiefer in sich aufnehmen.

Die von uns benutzten Farben und ihre Wirkungen

Farbe	*Chakra*	*Psychische Wirkung*	*Physische Wirkung*
Rot	Kreuzbein	regt an und erhöht die Wachsamkeit	erhöht den Blutdruck und die Adrenalinausschüttung
Orange	Nebenniere	bewirkt Heiterkeit und Freude	regt die Verdauung und den Stoffwechsel an
Gelb	Solarplexus	positiv und strahlend	nervöse Beschwerden
Grün	Herz	harmonisiert und gleicht aus	Herz- und Brustbeschwerden
Türkis	Thymus	erfrischend und kühl	lindert Schmerzen und wirkt entzündungshemmend
Blau	Schilddrüse	beruhigt und besänftigt	senkt den Blutdruck und lindert Halsbeschwerden
Violett	Hypophyse	fördert Bewußtheit	reinigt den Körper und sorgt für guten Schlaf
Magenta	Zirbeldrüse	Liebe und Mitgefühl Ganzheit	lindert Migräne und andere Kopfschmerzen

Rotes Feuer

Es ist ein kalter Winterabend, und Sie lehnen sich bequem in Ihrem Lieblingsohrensessel zurück, der rechts vor einem lodernden Kaminfeuer steht. Das Licht ist gedämpft und der Raum scheint sanft zu glühen. Ihre Aufmerksamkeit ist auf den Kamin vor Ihnen gerichtet. Die Flammen flackern und tanzen in verschiedenen Rottönen und werfen Schatten gegen die Kaminwand aus rotem Backstein. Während die Kraft des Feuers sich entfaltet, strahlt der Glanz des tanzenden Lichtes auf Ihr Gesicht aus. Sie fühlen sich von der Hitze, die das knackende, brennende Holz erzeugt, gewärmt und getröstet. Sie kuscheln Ihren müden Körper tief in die weichen Kissen, die Ihren Rücken stützen und die Hitze, die jeden Teil Ihres Körpers durchdringt, aufnehmen.

Die Flammen scheinen zu Ihnen zu sprechen, scheinen Sie zu locken, näherzukommen. Sie antworten, indem Sie tief in das Herz des Feuers hineinschauen und seine nach außen strahlende Macht und Kraft bewundern. Sie atmen tief ein und beginnen, sich erfrischt und wach zu fühlen. Sie staunen über das Spektrum der Farben in den Flammen: tiefes Rot, Karmesin, Scharlach und grelles Zinnoberrot. Die Intensität wird fast unerträglich, Ihr Herz beginnt schneller zu schlagen, erregt durch die zunehmende Energie und das Licht, das bis zum tiefsten Kern Ihres Wesens dringt. Mit unglaublicher Kraft und dem Willen, das Leben voll zu leben, aufgeladen, erkennen Sie Ihr Potential, all jenen Menschen, mit denen Sie in Kontakt kommen, Wärme, Liebe und Zuneigung entgegenzubringen.

Sonnenuntergang in Orange

Sie sitzen in einem Sessel auf der Terrasse eines Hauses, das oben auf einer Klippe liegt und einen wunderbaren Blick über das Meer bietet. Es ist ein Abend im späten August, und die Sonne wird bald untergehen. Während Sie hinaus aufs Meer blicken, denken Sie noch einmal über die Ereignisse des Tages nach. Sie erinnern sich, wieviel Freude es Ihnen machte, Freunde wiederzutreffen, die Sie lange Zeit nicht gesehen hatten, und daran, wieviel Spaß und Gelächter Sie miteinander teilten. Sie erinnern sich an die strahlenden Gesichter und an das Glücksgefühl über das Zusammensein. In Ihrer Hand halten Sie ein Glas mit einem kühlen, erfrischenden Getränk: Sie nehmen einen Schluck und schauen wieder in die Ferne.

Die Sonne geht gerade am Horizont unter. Eine riesige orangefarbene Scheibe am Himmel bewegt sich ganz langsam und sinkt Zentimeter für Zentimeter herab, um sich mit dem Meer zu vereinen. Sie wirkt wie ein Loch im Himmel, sie brennt und läßt ihr Licht über die Wellen des Ozeans strahlen; sie streichelt zärtlich das Wasser, das glitzert wie Schmuck auf einem Abendkleid. Der Himmel leuchtet mit goldenen, aprikose- und orangefarbenen Streifen, die von sanften Schattierungen der Komplementärfarben durchzogen sind. Ihre Augen leuchten hell im Glanz der Sonnenstrahlen. Als die Sonne halb hinter dem Horizont verschwunden ist, scheint ihre Spiegelung das Meer in Brand zu setzen, voller Freude über die Herrlichkeit des Lebens und die Vitalität, die sie schenkt.

Sie denken wieder an Ihre Freunde und erinnern sich daran, wie Sie einander beim Abschied versprachen, in Verbindung zu bleiben und sich häufiger zu treffen. Jetzt ist nichts mehr zu hören vom geschäftigen Treiben, von den Erwachsenen, die miteinander sprachen und den Kindern, die am Meer spielten und im Wasser planschten. Es liegt etwas Erwartungsvolles in der Luft. Einen Moment lang herrscht völlige Stille. Wenn jetzt eine Nadel zu Boden fiele, könnten Sie es hören. Die goldorangefarbene Kugel ist dabei, hinter dem Horizont zu verschwinden. Das letzte Schimmern dieses kolossalen Himmelskörpers verschmilzt in der Entfernung. Jetzt bleibt Ihnen nur noch die Erinnerung an dieses abendliche Feuerwerk – zumindest bis morgen.

Gelbe Sonnenblumen

Stellen Sie sich vor, daß Sie durch ein Feld voller Sonnenblumen gehen, von denen die meisten gut zwei Meter hoch gewachsen sind. Die Stiele sind grün, dick und rauh; die groben Blätter sind über den Stamm verteilt. Ihre Köpfe sind groß und rund, mit leuchtend goldgelben Blütenblättern, die das Innere der Blüte umrahmen: ein Netzwerk von bienenwabenähnlichen, mit Kernen gefüllten Öffnungen, die von einer dicken, senfgelben Schicht feiner Haare bedeckt sind, an deren Spitzen Blütenstaub hängt. Die Blütenblätter fühlen sich weich und samtig an. Sie sind lang und dünn und an der Spitze leicht gerundet. Sie blicken in das Innere einer der Sonnenblumen und erkennen die wunderbare Struktur und das darin enthaltene geordnete Muster. Staunend stehen Sie vor ihrer Schönheit, und Sie lächeln, um Ihre Bewunderung zu zeigen. Die Sonne steht hinter Ihnen am Himmel, und alle Sonnenblumen lächeln Sie an, strahlen positiv und optimistisch in Ihr Gesicht. Sie beginnen zu leuchten, Ihr Gesicht hellt sich vor Glück und Freude auf.

Jetzt erinnern Sie sich an eine bestimmte Zeit Ihres Lebens, in der Sie sehr glücklich waren. Das Verweilen in dieser Erinnerung bringt weitere Erinnerungen ähnlicher Freuden hervor, und eine Zeitlang verlieren Sie sich in der Vergangenheit. Das Summen einer Biene, die nahe bei Ihrem Ohr herumschwirrt, bringt Sie wieder in die Gegenwart zurück. Sie fangen an, über Ihre gegenwärtigen Lebensumstände nachzudenken, und fragen sich, wie Sie sie verbessern könnten. Sie denken an die Zukunft und die darin enthaltenen Möglichkeiten und fragen sich, was das Leben in einem Jahr für Sie bereithält oder in den nächsten drei oder fünf oder sogar zehn Jahren. Doch für den Augenblick möchten Sie nichts anderes, als diese Freude auskosten, durch das Feld von Sonnenblumen zu gehen.

Zusammen mit den Sonnenblumen, die ihre Köpfe der Sonne entgegenstrecken, sind Sie in eine Sphäre goldgelben, unablässig strahlenden Lichts getaucht. Die Sonnenblumen wissen, daß sie, ganz gleich, wie sie sich drehen, immer von diesem Licht erfüllt werden. Plötzlich dämmert es Ihnen, daß das auch für Sie selbst zutrifft. Wohin Sie sich auch wenden, wohin Sie auch gehen: Sie tragen das Licht mit sich. Sie sind ein Gefäß für das Licht. Das macht Sie sehr glücklich; Sie freuen sich, lebendig zu sein.

Grüne Wiese

Stellen Sie sich vor, wie Sie eines Nachmittags auf einem grünen Hügel sitzen. Er ist von weiteren Hügeln umgeben, die von Baumgruppen geschmückt sind. Der Wind flüstert sanft in Ihr Ohr und streicht über die Blätter, die im klaren Tageslicht schimmern. Die weite Klarheit des Himmels wird nur durch ein paar Wolken unterbrochen, die langsam vorüberziehen. Sie spüren den vollkommenen Frieden und die Stille, die Sie umgibt, und genießen das Gefühl der Freiheit und Leichtigkeit dieses Augenblicks. Das zarte, saftige und leuchtend grüne Gras umarmt Sie und scheint Sie bis in Ihr innerstes Wesen zu berühren. Sie fühlen sich zuversichtlich und sind glücklich, am Leben zu sein, dankbar für die Schönheit des Lebens und die einfachen Freuden, die es schenkt. Wohin Sie auch blicken, sehen Sie Harmonie und Gleichgewicht. Sie empfinden ein tiefes Gefühl von Sicherheit und Schutz. Ganz gleich, welche Herausforderungen das Leben mit sich bringt: Sie sind ganz sicher, daß alles gut sein wird.

Türkisfarbener Wasserfall

Sie befinden sich auf einem schmalen Pfad am Rande eines felsigen Berges und folgen den Geräuschen strömenden Wassers, das über große Felsbrocken schießt und gleichzeitig in jeden Winkel und jede Spalte sickert, während es sich seinen Weg bahnt, um sich irgendwann mit dem Meer zu vereinen. Als Sie hinabsteigen, stoßen Sie auf eine Lichtung seitlich des Gipfels, auf die Sonnenlicht fällt, das sich im klaren, frischen Wasser eines kleinen Sees spiegelt. Ein Wasserfall auf der gegenüberliegenden Seite der Lichtung erfüllt den Ort mit Leben.

Kaskaden weißschäumenden Wassers stürzen hinunter, und glitzernde Wassertropfen fallen wie Diamanten in das sich kräuselnde Bett des Sees. Es ist ein Anblick, den Sie nie wieder vergessen werden. Sie beginnen, sich erfrischt und vitalisiert zu fühlen, ohne das Wasser berührt oder in ihm gebadet zu haben.

Die Versuchung ist zu groß: Sie streifen Ihre Kleider ab und laufen in das Wasser hinein. Sie spüren die seidige Qualität der türkisfarbenen Energie. Schwimmen Sie hinüber zum Rand des Wasserfalls, und lassen Sie Ihren Körper vom herabfallenden Wasser reinigen; spüren Sie den Druck der Wassertropfen, die von Ihrem Körper abprallen. Kosten Sie jeden Moment aus, während die natürliche türkisfarbene Energie Sie heilt. Schwimmen Sie jetzt wieder zu Ihren Kleidern zurück, die auf den Felsen liegen, und spüren Sie, wie Ihr ganzer Körper vor Energie und Vitalität vibriert und prickelt. Wenn Sie soweit sind, ziehen Sie Ihre Kleidungsstücke wieder an und machen sich auf den Weg hinunter zum Fuße des Berges und dann zum Meer.

Blaues Meer

Sie sitzen auf dem Deck eines Segelbootes, weit draußen auf dem Meer. Es ist sehr früh am Morgen, vielleicht fünf oder sechs Uhr, und der Himmel ist von einem vollkommenen blassen Blau, ohne ein einziges Wölkchen. Er wirkt weich und friedvoll. In diesem Moment gibt es nichts anderes als Sie selbst, Ihr Boot, den sanften blauen Himmel und das samtig-blaue Meer. Und gerade, weil Sie so allein sind, ist Ihre Aussicht ungehindert und ungestört, so daß Sie die Wölbung des Horizonts sehen können.

Dort, wo der Himmel auf das Meer trifft, scheint der Horizont aus einer klar abgegrenzten dunkelblauen Linie zu bestehen, die Himmel und Erde teilt. Das Meer ist still und unbewegt und vermittelt Ihnen ein unglaublich starkes Gefühl von Frieden und Heilung.

Sie sind allein, doch Sie fühlen sich mit dem ganzen Universum verbunden. Die einzig sichtbare Bewegung ist die des sich kräuselnden Wassers, während das Boot sanft durch die Morgenbrise gleitet. Wie hypnotisiert beobachten Sie die winzigen, vom Boot verursachten Wellen. Sie befinden sich in einem Zustand vollkommenen Friedens und völliger Entspannung.

Als die Sonne aufgeht, wird der Himmel in einen goldenen Glanz getaucht, der sich auf dem glitzernden Wasser des Meeres widerspiegelt und Sie in die Gegenwart zurückbringt.

Violettfarbene Berge

Es ist etwa acht Uhr an einem Spätsommerabend. Sie schauen von einem hohen Gebäude aus über eine weite Ebene in die Ferne. Dort sehen Sie eine Kette purpur-violettfarbener Berge, die fest und majestätisch die große Stadt bewachen. Die Luft ist feucht und schwül. Zu Ihrer Rechten erstrecken sich purpurfarbene Wälder, so weit das Auge reicht. Der Himmel ist von grauen, purpurnen und violetten Bändern durchzogen, in deren Schatten silberne Streifen geheimnisvoll schimmern. Zur Linken werfen die Felsen an der Küste amethystfarbene Schatten, die einen Kontrast zum goldgelben Sand bilden. Der Wind frischt auf und warnt vor einem heraufziehenden Sturm.

Während das gedämpfte Licht schwächer wird, ziehen Wolken

auf, die schwer am Himmel hängen. Der Wind wird stärker. Plötzlich durchbricht ein Donnern die Stille, und ein sanfter Sprühregen beginnt zu fallen. Innerhalb von Sekunden wird dieser zu einem heftigen Regenguß, der alles reinwäscht.

Regen fiel geraume Zeit, doch nun hat er aufgehört. Die Luft ist klar und erfrischend. Alles wurde neu belebt, die Wolken haben sich zerstreut, das Licht bricht wieder hervor. Ein angenehmer Duft zieht in Ihre Richtung Sie bemerken die lilafarbene Glyzinie, die sich an der Seite des Gebäudes hochwindet.

Magentafarbene Wolke

An einem Frühlingsnachmittag machen Sie einen unbeschwerten Spaziergang auf dem Land. Sie gehen eine von saftigem Grün eingerahmte Landstraße hinunter, die zu beiden Seiten von hohen grasbewachsenen Böschungen eingerahmt ist. Es weht ein feines Lüftchen, das Sie sehr angenehm finden. In der Entfernung nehmen Sie eine pinkfarbene Wolke wahr, und Sie beschließen, in diese Richtung zu gehen. Während Sie sich dieser farbigen Wolke nähern, erkennen Sie, daß es ein Kirschbaum in voller Blüte ist. Je mehr Sie sich dem Baum nähern, desto einladender, intensiver und leuchtender scheinen die Farben zu werden. Weiches, blasses Rosa und Rosenrot ist mit weißen, fuchsiafarbenen, kirschroten und pinkfarbenen Sprenkeln und Streifen durchsetzt. Die weiten Äste hängen schwer herunter, über und über voll zarter Blüten, die mit dem Versprechen von Liebe, Sanftheit, Freundlichkeit und Mitgefühl erfüllt sind. Sie schwingen leicht in der frischen, klaren Brise.

Sie sind nun bei dem Baum angekommen und bleiben staunend stehen. Einen Moment lang raubt Ihnen der Anblick den Atem. Es ist unbeschreiblich schön. Während Sie in eine weiche Wolke aus rosarotem Stoff blicken, sehen Sie sich selbst als Baby in einer himmlischen Krippe liegen. Hier stehen Sie unter einem Himmel von strahlender Schönheit, während der Wind sanft Blütenblätter herabregnen läßt, die wie Konfetti auf Ihrem Kopf und Ihren Schultern liegenbleiben. Unter Ihnen ist der Boden mit einem Teppich aus pinkfarbenen, rosaroten und magentafarbenen Blütenblättern übersät. Einen Moment lang erfahren Sie die Schönheit und Herrlichkeit der magentafarbenen Wolke.

Farbaffirmationen

Die Farbaffirmationen sollten Ihren persönlichen Bedürfnissen, die sich durch Ihre dritte Farbwahl beim *Colour Reflection Reading* offenbart haben, entsprechen. Die Affirmation muß sich auf diese spezielle Farbe beziehen.

Eine Affirmation ist ein bewußter positiver Gedanke, den Sie sich regelmäßig ins Bewußtsein rufen, um ein ganz bestimmtes gewünschtes Ergebnis zu erzielen. Indem Sie diesen Gedanken oder diese Idee innerlich ständig wiederholen, können Sie Ihren Geist so beeinflussen, daß er das anzieht oder erschafft, was Sie sich wünschen. Der gleiche Prozeß, den man in den Dienst positiver Ergebnisse stellen kann, wird allerdings auch dazu benutzt, negative Glaubenssätze über uns selbst und andere zu verstärken, obwohl dies gewöhnlich unbewußt abläuft.

Es gibt viele verschiedene Möglichkeiten, Affirmationen auf bewußte und positive Art und Weise einzusetzen. Eine anerkannte Methode besteht darin, die eigenen negativen Gedanken in positiver Form niederzuschreiben, und wir wollen Ihnen im folgenden zeigen, wie Sie diese Methode zusammen mit der Macht der Farben einsetzen können. Jede Farbe hat das Potential, unsere Affirmation durch ihre spezifische Energie zu verstärken, und wir werden Ihnen einige Beispiele dieser Wirkungsweise vorstellen. Sie müssen die Farbe benennen und sie mit der von Ihnen benutzten Affirmation durch die Worte »in«, »durch« oder »mit« verbinden. Es ist auch hilfreich, sich selbst in der Affirmation zu benennen: »Ich, Sally, ...« oder »Ich, Richard, ...«.

Es folgt eine Liste von Stichworten, die Ihnen helfen wird, negative Glaubenssätze in positive Vorstellungen zu transformieren. Konzentrieren Sie sich zunächst auf die von Ihnen beim *CRR* an dritter Stelle gewählten Farbe, wählen Sie dann ein bestimmtes Wort oder eine Anzahl von Wörtern aus der Stichwortliste zu den Farbaffirmationen. Diese Begriffe müssen so klar wie möglich mit Ihrem Ziel und der zugehörigen Farbe in Beziehung gesetzt werden. Um sicher zu sein, daß das Wort oder die Wörter, die Sie gewählt haben, Ihre dritte Farbwahl widerspiegeln, sollten Sie noch einmal die in Kapitel 1 beschriebenen Eigenschaften und den Abschnitt über förderliche und abträgliche Farbqualitäten in Kapitel 2 lesen. Falls Sie in der folgenden Stichwortliste nicht die richtigen Wörter finden, die Ihre persönlichen negativen Glaubenssätze beschreiben, können Sie der Liste eigene Begriffe (einschließlich der entgegengesetzten positiven Begriffe) hinzufügen.

Stichwortliste für Farbaffirmationen

Rot

Negativ	*Positiv*
kalt	warm
schwach	stark
zornig	geduldig
erschöpft	lebendig
willensschwach	entschlossen
unfreundlich	freundlich
unpraktisch	praktisch
gefühllos	leidenschaftlich
unterwürfig	selbstbewußt
träge	energiegeladen
nachahmend	anregend
apathisch	engagiert

Gelb

Negativ	*Positiv*
irrational	vernünftig
unlogisch	logisch
dumm	intelligent
schwer	leicht
pessimistisch	optimistisch
ausdrucksschwach	ausdrucksstark
dunkel	hell
boshaft	wohlwollend
nachtragend	verzeihend
traurig	glücklich
unordentlich	ordentlich
nervös	sicher

Orange

Negativ	*Positiv*
leblos	überschäumend
melancholisch	lebenslustig
depressiv	erhebend
feige	mutig
zaudernd	spontan
einzelgängerisch	gesellig
ernst	humorvoll
ausgelaugt	vital
destruktiv	konstruktiv
ängstlich	vertrauend
zurückhaltend	impulsiv
zögernd	bereitwillig

Grün

Negativ	*Positiv*
unausgeglichen	ausgeglichen
ineffizient	effizient
ziellos	methodisch
ungerecht	gerecht
mißachtend	anerkennend
unaufrichtig	aufrichtig
disharmonisch	harmonisch
bedrohlich	beschützend
selbstsüchtig	teilend
gefangen	frei
unsicher	sicher
eifersüchtig	zufrieden

Türkis

Negativ	*Positiv*
dumpf	strahlend
ältlich	jugendlich
einfallslos	einfallsreich
gereizt	ruhig
unterdrückt	wandlungsfähig
toxisch	rein
unempfänglich	empfänglich
statisch	verändernd
niederdrückend	erhebend
konfus	klar
unsicher	offensichtlich
erfolglos	erfolgreich

Violett

Negativ	*Positiv*
einsam	gemeinsam
wertlos	wertvoll
unwürdig	würdevoll
berechnend	intuitiv
verneinend	anerkennend
versteckt	enthüllt
unattraktiv	schön
unterwürfig	stolz
engstirnig	geistig offen

Blau

Negativ	*Positiv*
disharmonisch	friedvoll
verstört	ruhig
aktiv	passiv
mißtrauisch	vertrauend
unehrlich	ehrlich
unzuverlässig	zuverlässig
isoliert	vereint
flüchtend	annehmend
unflexibel	flexibel
zurückweichend	standhaft
depressiv	heiter
einschüchternd	beruhigend

Magenta

Negativ	*Positiv*
unfreundlich	freundlich
hindernd	unterstützend
egoistisch	rücksichtsvoll
leidend	erlöst
gnadenlos	mitfühlend
unreif	reif
lieblos	liebevoll
künstlich	echt
nicht hilfreich	hilfreich
überheblich	natürlich
klein	groß
stur	nachgiebig

Wie man eine Farbaffirmation bildet

Konzentrieren Sie sich auf die dritte, von Ihnen beim *CRR* gewählte Farbe, die sowohl Ihre bewußten Wünsche für die Zukunft als auch einige zutiefst unbewußte Bedürfnisse widerspiegelt. Zur Erläuterung folgt das Beispiel von Paul, der uns wegen eines *Colour Reflection Reading* aufsuchte. Als erste Farbe wählte er Grün, als zweite Gelb und als dritte Türkis. Im Hinblick auf seine Wahl gaben wir ihm die vier grundlegenden Schritte zur Bildung einer Farbaffirmation mit auf den Weg.

1. Aufgrund der Interpretation der dritten Farbe (Türkis) und der Schlüsse, die wir daraus zogen, empfahlen wir Paul, alle negativen Gedanken und Gefühle, die mit seinen unmittelbaren Zielen in Verbindung standen, niederzuschreiben. Diese konnten grundsätzlich als (a) Verwirrung und (b) Unsicherheit zusammengefaßt werden.
2. Die mit den einzelnen Farben in Beziehung stehenden positiven oder negativen Eigenschaften können Sie in der Stichwortliste für Farbaffirmationen finden.
3. Schreiben Sie nun ohne nachzudenken oder zu zögern die gegensätzlichen positiven Eigenschaften nieder. Paul wählte (a) Klarheit und (b) Sicherheit.
4. Bilden Sie auf der Basis dieser positiven Eigenschaften Ihre eigene Farbaffirmation (siehe Seiten 190 ff). Pauls Affirmation lautete: »Ich, Paul, bringe mehr Klarheit in mein Leben und bin mir meiner nächsten Schritte sicher durch die Farbe Türkis.«
5. Wenn Sie Ihre Farbaffirmation gebildet haben und sie sich für Sie stimmig anfühlt, schreiben Sie den Satz nieder, und wiederholen Sie ihn mehrmals, während Sie die betreffende Farbe visualisieren.
6. Wir empfehlen, die Affirmation jeweils mindestens fünf Minuten morgens nach dem Aufwachen und abends vor dem Einschlafen zu wiederholen. Möchten Sie sie auch zu verschiedenen Zeiten im Laufe des Tages wiederholen? Es kann hilfreich sein, die Affirmation auf eine kleine Karte der entsprechenden Farbe zu schreiben, so daß Sie sie überall mit sich tragen oder an einem Ort plazieren können, wo Sie sie oft sehen.

Einige Farbaffirmationen

Es folgen einige weitere Farbaffirmationen, die Ihnen eine Vorstellung geben sollen, wie Sie Ihre eigenen bilden können.

Rot

»Jeden Tag werde ich, . . ., durch die Farbe Rot mit Energie aufgeladen und vitalisiert.«

»Ich, . . ., bin in der Lage, durch die Kraft und Energie der Farbe Rot praktisch zu handeln und Verantwortung für mein Leben zu übernehmen.«

»Ich, . . ., bin durch die Farbe Rot selbstsicherer denn je zuvor.«

»Durch die Farbe Rot spüre ich, . . ., wie mein Körper mit neuem Leben und neuer Kraft erfüllt wird.«

Orange

»Ich, . . ., erlebe Spontaneität durch die Farbe Orange.«

»Durch die Farbe Orange gewinne ich, . . ., mehr Selbstvertrauen.«

»In Orange genieße ich, . . ., die Gesellschaft anderer und meine Beziehungen zu ihnen.«

»Durch die Farbe Orange erlebe ich, . . ., Spaß und Humor.«

Gelb

»Jeden Tag werde ich, . . ., mit Hilfe der Farbe Gelb intelligenter und fähiger, mich zu artikulieren.«

»Mir, . . ., fällt es immer leichter, durch die Farbe Gelb optimistisch zu sein.«

»Jeden Tag wird mein, . . ., Leben geordneter und erfüllender durch die Farbe Gelb.«

»Ich, . . ., bin erfüllt von Glück und Licht durch die Strahlkraft der Farbe Gelb.«

Grün

»Durch die Farbe Grün kann ich, . . ., meine Gefühle leicht ausdrücken.«

»Mit Grün fühle ich, . . ., mich sicher und beschützt.«

»Ich, . . ., erkenne nun meine Fähigkeit, mit Hilfe der Farbe Grün zu jeder Zeit in meiner Mitte zu bleiben.«

»Durch die Farbe Grün, bin ich, . . ., effizienter und methodischer in meinem Leben.«

Türkis

»Ich, . . ., empfinde meinen Körper als jung und gesund durch die Farbe Türkis.«

»Die Farbe Türkis transformiert. Ich, . . ., fühle mich durch sie beflügelt.«

»Durch die Farbe Türkis werde ich, . . ., kreativer und einfallsreicher bei meiner Arbeit.«

»Durch die Farbe Türkis werde ich, . . ., mir mehr meines erfrischenden Wesens und des wertvollen Beitrages bewußt, den ich in der Welt leisten kann.«

Blau

»Durch die Farbe Blau bringe ich, . . ., mehr Frieden und Stille in mein Leben.«

»Ich, . . ., stelle fest, daß meine Stärke darin liegt, mich verbal durch die Farbe Blau auszudrücken.«

»Durch die Farbe Blau werde ich, . . ., ehrlicher zu mir selbst und anderen.«

»Ich, . . ., stelle fest, daß ich durch die Farbe Blau darin unterstützt werde, flexibler und verantwortlicher in meinem Leben zu sein.«

Violett

»In der Farbe Violett wird mir, . . ., Anerkennung und Achtung durch andere zuteil.«

»Ich, . . ., erfahre meine künstlerischen Talente und meine Kreativität durch die Farbe Violett.«

»Jeden Tag verbessert sich mein, . . ., Gedächtnis mit Hilfe der Farbe Violett.«

»Durch die Farbe Violett finde ich, . . ., spirituelle Kraft darin, bescheiden und maßvoll zu sein.«

Magenta

»Ich, . . ., verdiene es, mit Hilfe der Farbe Magenta zu empfangen und zu geben.«

»Jeden Tag werde ich, . . ., großzügiger und gebe in Beziehungen mehr durch die Farbe Magenta.«

»Durch die Farbe Magenta liebe ich, . . ., mich selbst und erlaube auch anderen, mich zu lieben.«

»Ich, . . ., biete durch die Farbe Magenta meine Unterstützung und Freundlichkeit überall dort an, wo sie gebraucht werden.«

Die kreative Farbtechnik

Die kreative Farbtechnik entwickelte sich aus unserer praktischen Arbeit. Es ist eine ausgezeichnete Methode, die auf mentaler Farbprojektion und dem *Colour Reflection Reading* basiert.

Nachdem Sie die Techniken der Farbatmung, Farbvisualisierung und Farbaffirmation getrennt praktiziert haben, können Sie diese nun in der gleichen Reihenfolge kombinieren, um den gesamten Prozeß zu intensivieren.

Das mag Ihnen anfangs umständlich oder mühsam erscheinen, doch mit ein wenig Übung wird es ganz leicht. Die Kombination dieser Techniken funktioniert am besten, wenn die zweite und dritte Farbe Komplementärfarben sind, mit anderen Worten, wenn Sie eine Farbharmonie bilden. Doch sie ist auch sehr wirkungsvoll, wenn man nur mit der dritten Farbe arbeitet.

Es folgt eine Übersicht über die einzelnen Schritte.

1. Konzentrieren Sie sich auf die Farbe, die Sie an dritter Stelle gewählt haben.
2. Beginnen Sie die Übung, indem Sie ein paar Minuten normal atmen und sich entspannen.
3. Fangen Sie nun an, tief zu atmen, und beginnen Sie, die Energie der dritten Farbe zu spüren.
4. Nachdem einige weitere Minuten vergangen sind, beginnen Sie nun mit der Farbvisualisierung, während Sie weiter tief atmen und sich auf die Energie der dritten Farbe konzentrieren. Dies sollte zehn Minuten dauern.
5. Beginnen Sie nun, Ihre Farbaffirmation, die Sie zuvor gewählt und niedergeschrieben haben, entweder still oder laut zu wiederholen, während Sie die Übung ausklingen lassen.
6. Bringen Sie Ihren Atemrhythmus bewußt mit der Wiederholung Ihrer Affirmationen und dem Fluß Ihrer visuellen Bilder in Einklang, während Sie die ganze Zeit über die Qualität der Farbenergie wahrnehmen. Tun Sie das ein paar Minuten lang, und entspannen Sie sich dann.

Die Übungszeit für die kombinierte kreative Farbtechnik beträgt im ganzen etwa zwanzig Minuten.

Die kreative Farbtechnik funktioniert auf zwei verschiedenen Ebenen – innerlich und äußerlich. Auf der ersten Ebene wird die Farbenergie der dritten von Ihnen gewählten Farbe durch Farbatmung, Farbvisualisierung und Farbaffirmationen aufgenommen. Auf der zweiten Ebene nimmt man die Farbe, die man an dritter Stelle gewählt hat, auf, wenn man sie in seiner Umgebung sieht. Dadurch wird die Erfahrung greifbarer und lebendiger. Setzen Sie diese Technik nach Ihrem Ermessen ein!

Immer wenn Sie die Farbe, auf der Ihre Affirmation beruht, in Ihrer Umgebung sehen, werden Sie an die Botschaft Ihrer Affirmation erinnert, und das wird Sie wiederum dazu anregen, die Affirmation bewußt zu wiederholen. Wenn Sie regelmäßig üben, wird irgendwann der Zeitpunkt kommen, wo Sie die Worte nicht mehr aussprechen müssen: Sie empfangen die Botschaft unmittelbar. Schon dadurch, daß Sie regelmäßig die betreffende Farbe wahrnehmen und die Botschaft, die sie für Sie hat, aufnehmen, wird der positive Gedanke in Ihr Bewußtsein eingepflanzt, und Ihr Ziel rückt seiner Verwirklichung näher. Wenn man auf diese Weise mit Affirmationen arbeitet, erkennt man die eigenen Bedürfnisse an sowie die Schritte, die notwendig sind, um sie zu erfüllen, und entwickelt gleichzeitig die eigene Sensitivität und Empfänglichkeit für Farben weiter.

Denken Sie daran, wie oft Sie durch Farben positive Heilenergie und schöpferische Kraft in Ihr Leben bringen können. So kann beispielsweise jemand, der an dritter Stelle Blau gewählt hat, jedesmal an seine Affirmation erinnert werden, wenn er eine blaue Blume, ein blaues Kleidungsstück, Bild oder Objekt sieht. Alles, was die Farbe Blau zeigt, mag hier als Erinnerungshilfe dienen. Machen Sie sich also Ihre Ziele bewußt, und setzen Sie die kreative Macht der Farben ein, um sie zu erreichen.

Achtes Kapitel

Farbtherapie

Bevor wir uns der Farbtherapie und ihrer Anwendungsweise zuwenden, wollen wir einen kurzen Blick auf einige der physikalischen Eigenschaften des Lichtes und seiner Wirkungen auf Menschen und Pflanzen werfen.

Die Wirkungen von Licht und Farbe

Die Quelle jeglichen Lichtes ist die Sonne. Das Licht der Sonne ist mit elektromagnetischer Energie aufgeladen und bewegt sich mit Lichtgeschwindigkeit (dreihunderttausend Kilometer pro Sekunde), allerdings auf verschiedenen Frequenzen und mit unterschiedlichen Wellenlängen. Als Stern, der unserem Planeten Erde am nächsten liegt, scheint ihre Hauptfunktion darin zu liegen, uns mit ungeheuren Mengen elektromagnetischer Energie zu versorgen, die alle lebenden Organismen – Pflanzen, Tiere und Menschen – erhält und nährt. Die Pflanzen fangen die Energie des natürlichen Tageslichtes durch ihr Chlorophyll ein (die grünen Pigmente, die den meisten Pflanzen ihre Farbe verleihen) und verwenden sie zum Aufbau komplexer organischer Moleküle innerhalb der Pflanzenzellen. Dieser Vorgang ist allgemein als Photosynthese bekannt und weist auf die enge Verbindung zwischen Licht und Leben hin, da wir alle, direkt oder indirekt, davon genährt werden. Ohne Licht nehmen Pflanzen beispielsweise eine gelbliche oder weißliche Färbung an und haben gewöhnlich unterentwickelte Blätter aufgrund des Chlorophyllmangels.

Im Jahre 1895 entdeckte C. Flammarion, daß rotes Licht die besten Bedingungen für das Längenwachstum von Pflanzen schafft. Er stellte fest, daß Pflanzen, die rotem oder orangefarbenem Licht ausgesetzt wurden, höher sprossen und dünnere Blätter hervorbrachten als solche, die unter blauem Licht wuchsen. Letztere waren im Vergleich relativ schwach und unterentwikkelt. So wie zuwenig Licht Mangelerscheinungen bei Pflanzen und Menschen hervorrufen kann, so kann auch eine übermäßige Bestrahlung mit Licht negative Auswirkungen auf Pflanzen haben. Die langwelligen infraroten und die kurzwelligen ultravioletten Strahlen sind beide dem Wachstum der Pflanzen abträglich und werden sie schließlich sogar zerstören. Und doch werden eben diese Strahlen in der Humanmedizin als wertvolles therapeutisches Mittel betrachtet. Weshalb sollten diese Strahlen eine so gegensätzliche Wirkung auf Pflanzen und Menschen ausüben? Mehr Forschung ist nötig, wenn die wertvolle Rolle, die Farben in der Medizin der Zukunft als anerkanntere Therapieform spielen können, allgemein verstanden werden soll.

Eines ist sicher: Der menschliche Körper reagiert auf Licht. Infrarotes Licht produziert Hitze im Körper, und dieser Effekt wird bei der Behandlung von Neuralgien genutzt. Ultraviolettes Licht hilft, die Haut gesund zu erhalten, und ist unentbehrlich für die Produktion des lebenswichtigen Vitamin D im Körper sowie für die Vernichtung von Bakterien. Übermäßige Bestrahlung mit ultraviolettem Licht verursacht jedoch im schlimmsten Fall bösartige Hauttumore, es beschleunigt die Faltenbildung und den Alterungsprozeß der Haut.

Wie wir Farbe und Licht sehen

Die Art und Weise, wie wir Menschen die Welt sehen, wird teilweise von der physischen Beschaffenheit und der Funktionsweise unserer Augen bestimmt, und das Spektrum der Farben, die wir sehen können, hängt teilweise von den chemischen Eigenschaften bestimmter Pigmente in der Netzhaut ab.

Innerhalb der Netzhaut existieren spezielle Lichtrezeptoren, die nach ihrer Form als Stäbchen und Zapfen bezeichnet werden. Diese Zellen leiten den Umwandlungsprozeß ein, bei dem die Muster, die wir sehen, in elektrische Gehirnimpulse transformiert werden. Die Stäbchen sind dafür verantwortlich, wieviel Licht, das heißt Schwarz und Weiß, wir sehen. Diese Zellen sprechen schon auf niedrige Lichtpegel an und dienen dem Sehen bei Nacht. Die Zapfen regulieren die Qualität des empfangenen

Lichtes und ermöglichen uns so, Farben zu sehen. Die Zapfen können viel schärfere Bilder formen als die Stäbchen, und das hängt zum Teil damit zusammen, daß sie intensiveres Licht absorbieren können. Es gibt drei verschiedene Arten von Zapfen, und zwar solche, die auf Rot, auf Blau und auf Grün ansprechen. Alle Farben, die wir mit unseren Augen sehen können, werden aus diesen drei Primärfarben gebildet. Wenn das Gehirn die Schwingungen der elektrischen Impulse empfängt, fügt es sein Urteil und seine Wahrnehmung über das, was es empfängt und »sieht«, hinzu. Das Licht, das wir über die Netzhaut der Augen aufnehmen, wird zum Gehirn und dort zum Hypothalamus weitergeleitet. Der Hypothalamus ist ein Teil des Zwischenhirns und steuert die Funktionen der Zirbeldrüse und der Hypophyse, die wiederum die hormonellen und neurochemischen Prozesse anregen und steuern. Da der Hypothalamus lebenswichtige Körperfunktionen reguliert, ist seine Unversehrtheit lebenswichtig für uns. Er ist Teil eines Systems, das den physiologischen Ausdruck unserer Gefühle kontrolliert. Sowohl die Zirbeldrüse als auch die Hypophyse reagieren auf Licht. Die Hypophyse ist sozusagen die Schaltzentrale der anderen endokrinen Drüsen, die einen Teil des autonomen Nervensystems bilden. Letzteres steuert die unwillkürlichen Körperfunktionen, wie beispielsweise den Herzschlag, den Blutkreislauf, die Bewegungen der Pupillen, aber es reguliert auch unsere Stimmungen und unsere Gefühle anderen gegenüber.

Experimente aus den fünfziger bis siebziger Jahren, bei denen Nachttischlampen dazu benutzt wurden, um den Menstruationszyklus von Frauen zu verkürzen und zu regulieren, weisen darauf hin, daß Licht bei der Behandlung von Unfruchtbarkeit, als Kontrazeptionshilfe sowie bei Störungen des endokrinen Systems eingesetzt werden kann.

Licht und Farben scheinen also »nährend« zu wirken, indem sie uns mit lebenswichtigen Elementen versorgen, um unseren Körper zu erhalten, und sie können subtile chemische Veränderungen innerhalb unseres Körpers hervorrufen und dadurch Heilprozesse bei bestimmten Krankheiten unterstützen.

Licht gelangt über zwei Wege in unseren Körper: über die Augen und die Haut. Die Einwirkung des Lichtes auf die Haut regt die Produktion von Melanin an und füllt die Vitamin-D-Vorräte des Körpers auf. Das Vitamin D gelangt in den Blutstrom und wird von diesem zu den Nieren und der Leber weitergeleitet, wo es eine lebenswichtige Rolle bei der Kalziumaufnahme aus der Nahrung spielt. Das Kalzium wird dann dazu benutzt, um Zähne und Knochen zu aufzubauen.

Millionen von Menschen überall auf der Welt leiden an einem Krankheitsbild, das als jahreszeitlich bedingtes Lichtmangelsyndrom bekannt ist und sich in Depressionen, Rückzug, Erschöpfung, übermäßigem Schlafbedürfnis, vermindertem Sexualtrieb, Konzentrationsmangel, allgemein reduzierter mentaler Aktivität, Kopfschmerzen und oft übermäßigem Verlangen nach Kohlehydraten äußert. Es resultiert aus einem Mangel an Sonnenlicht und wurde auch als »Winterdepression« beschrieben, da viele davon Betroffene die Symptome zwischen Herbst und Frühling zeigen.

Falls Sie im Winter oft depressiv, lethargisch und an sozialen Kontakten kaum interessiert sind, leiden Sie vielleicht an einigen Symptomen dieses Syndroms. Versuchen Sie, mehr Zeit draußen zu verbringen, nehmen Sie sich Zeit für Spaziergänge oder Sportarten, die im Freien ausgeübt werden wie Joggen oder Laufen. Stellen Sie, wenn möglich, Ihren Schreibtisch in die Nähe eines Fensters, oder richten Sie Ihren Arbeitsplatz im sonnigsten Raum des Hauses ein. Ihre Wohnung sollte viele Fenster haben, die nicht zu sehr durch Bäume oder Hecken beschattet werden. Falls Sie akut am Lichtmangelsyndrom leiden, sollten Sie, wenn Sie es ermöglichen können, Winterurlaub in einem sonnigen Klima machen. Als Alternative bieten sich auch verschiedene Arten von Vorrichtungen und Glühbirnen an, die auf künstlichem Wege natürliches Licht simulieren und die erfolgreich zur Behandlung dieses Krankheitsbildes eingesetzt werden. Diese Vorrichtungen arbeiten mit speziellen Neonröhren, die ein ausgeglichenes Spektrum natürlichen Lichtes reflektieren und auch als Vollspektrumlicht bekannt sind. Sie scheinen in der Lage zu sein, den Mangel an Sonnenlicht, unter dem wir im Winter oft leiden, zu kompensieren. Um ihre Beschwerden zu lindern, sitzen die Patienten etwa sechs Stunden pro Tag vor speziellen Lichtkästen, die ein extrem intensives Licht abgeben.

Im Jahre 1986 wurde in einer englischen Zeitschrift über einen interessanten Fall berichtet. Es handelte sich um eine Schriftstellerin Anfang Dreißig, die zwei kleine Kinder hatte und unter den üblichen Symptomen des jahreszeitlich bedingten Lichtmangelsyndroms litt. Sie setzte sich morgens und abends jeweils einige Stunden einem Licht aus, das das natürliche Tageslicht simulierte und fünfmal heller als normale Innenraumbeleuchtung war. Ihr Körper reagierte mit dramatischen Veränderungen. Sie berichtete: »Schon nach ein paar Tagen fühlte ich mich mit neuer Energie aufgeladen, und während ich unter den Lampen einen Artikel zu Ende schreiben konnte, war ich zuvor kaum in der Lage gewesen, mit meiner Arbeit zu beginnen. Ich fühlte mich sogar von dem Bild eines riesigen Schokoladenkuchens auf dem Titelblatt eines Gourmetmagazins abgestoßen. Die Veränderung war so deutlich, daß ich mich fühlte, als hätte jemand einen chemischen Schalter in meinem Körper angeknipst.«

Es gibt zwei verschiedene Typen der gewöhnlichen Neonbeleuchtung: warmes (rotes) Licht und kühles (blaues) Licht. Der erste Typ gibt ein gelbliches Licht ab, und der zweite ein bläulichweißes. In den letzten Jahren wurde Neonlicht mit verschiedenen Gesundheitsstörungen in Zusammenhang gebracht, besonders in den Fällen, wo Menschen diesem Licht über lange Zeiträume hinweg ausgesetzt waren. Abgesehen von der Unausgewogenheit der Farben und dem Flackern, kann schon allein die Menge künstlichen Lichtes, der wir durch die Neonbeleuchtung ausgesetzt werden, zu Streß, Kopfschmerzen, Ermüdungserscheinungen, Reizbarkeit, Konzentrationsstörungen und Übelkeit führen. Der Erfinder der Neonröhren hatte nicht beabsichtigt, daß sie in dem Ausmaß verwendet werden, wie das heute der Fall ist. Tatsächlich war er selbst davon überzeugt, daß sie bei langanhaltendem Gebrauch schädlich sein können. Neonröhren fanden weite Verbreitung während des zweiten Weltkrieges, aufgrund der damaligen starken Nachfrage nach billiger Elektrizität.

Eine Verbesserung im Vergleich zur gewöhnlichen Haushaltsglühbirne war die Entwicklung der Tageslichtglühbirne, die das natürliche Licht auf künstliche Weise simulieren soll. Mit ihrem natürlich blaugefärbten Glas filtert sie den Überschuß an rotem Licht heraus, der charakteristisch für normale Haushaltsglühbirnen ist, und ruft, wie berichtet wurde, positive Wirkungen hervor. So soll sie beispielsweise Wachheit und Konzentrationsfähigkeit fördern, eine Überanstrengung der Augen verhindern und gegen Streß, Kopfschmerzen und Depressionen wirksam sein. Viele Menschen empfinden diese Art der Beleuchtung als weicher und angenehmer für die Augen. Sie scheint auch sehr positiv auf Pflanzen zu wirken.

Tageslichtglühbirnen können über das *Living-Colour*-Institut bezogen werden. Nähere Einzelheiten hierzu finden Sie auf Seite 218.

Farbiges Licht

Sich direkt intensiv gefärbtem Licht auszusetzen bedeutet, sich in den Bereich der Farbtherapie zu begeben, und das sollte nicht ohne die Überwachung durch einen erfahrenen Behandler geschehen. Die Behandlung mit farbigem Licht ist eine der intensivsten Methoden, Farbe einzusetzen, denn hier wirken die Farben über das Nervensystem auf den gesamten Körper ein. Im *Living-Colour*-Institut wenden wir ganz bestimmte Farben an und arbeiten mit unterschiedlichen Farbintensitäten, die auf die speziellen physischen und emotionalen Probleme des Klienten abgestimmt sind und dazu dienen sollen, einen Mangel an bestimmten Farbenergien im Organismus zu beheben. Wir berechnen den speziellen Intensitätsgrad, die Dauer der Bestrahlung und so weiter, um die ganz individuelle Unausgewogenheit im Organismus einer bestimmten Person zu behandeln. Die falsche Anwendung von farbigem Licht kann negative Wirkungen in uns hervorrufen. Wenn man Menschen beispielsweise einer zufälligen Auswahl von Farben aus dem Spektrum aussetzt, treten Schwindel, Übelkeit und Streßsymptome auf. Farbiges Licht muß also achtsam und umsichtig eingesetzt werden.

Robert Gerard, ein amerikanischer Wissenschaftler, führte ein großangelegtes Forschungsprojekt über die Auswirkungen von Farbe und Licht auf Menschen durch. Im Jahre 1932 experimentierte er mit Strafgefangenen, die er mit farbigem Licht behandelte. Er setzte sie zuerst rotem Licht aus und stellte fest, daß sie ruhelos, erregt und sogar aggressiv wurden. Rot, so dokumentierte er in seinem Bericht, rief Gefühle der ängstlichen Anspannung hervor, beschleunigte den Herzschlag und die Atmung und regte die Muskeltätigkeit an. Die Gefangenen registrierten im allgemeinen einen Anstieg an physischer und mentaler Aktivität. Blau hatte andererseits eine beruhigende, besänftigende Wirkung. Es rief die entgegengesetzten Effekte hervor, indem es Gefühle der Ruhe und Entspannung vermittelte. Auf der physischen Ebene ließ es den Blutdruck sinken und reduzierte im Vergleich zu Rot die Aktivität des Atmungssystems und der Muskeln.

Bei unserer Arbeit setzten wir die Bestrahlung mit farbigem Licht bisher unter anderem zur Behandlung von Verstopfung, Psoriasis, Magengeschwüren, Prostatabeschwerden, niedrigem beziehungsweise hohem Blutdruck, verschiedenen Augenkrankheiten, Atembeschwerden, Darmkrankheiten, Streß, Anämie und Halsbeschwerden ein. Psychische Probleme, die auf einem Mangel an Selbstvertrauen beruhen, Beziehungsschwierigkeiten, sexuelle Probleme und verschiedene Arten von Phobien sprechen ebenfalls auf die Therapie an.

Um farbiges Licht zur Behandlung eines physischen oder psychischen Problems sicher und effektiv einsetzen zu können, ist es unerläßlich, mit den Prinzipien der Farbtherapie vertraut zu sein und eine spezielle Ausbildung zu absolvieren, wie wir sie beispielsweise auch im *Living-Colour*-Institut anbieten (siehe Seite 218).

Was ist Farbtherapie?

Farbtherapie ist die Kunst, verschiedene Spektralfarben wieder in den menschlichen Organismus einzuschleusen, um einem Menschen zu Gesundheit, Ausgeglichenheit und allgemeinem Wohlbefinden zu verhelfen. Die Farbschwingungen werden durch die feinstofflichen Energiefelder, die um den menschlichen Körper herum existieren (die Aura), absorbiert. Diese Schwingungen werden auch über die Augen und die Haut sowie über die Kraftzentren (die Chakras) aufgenommen, die mit dem endokrinen System in Verbindung stehen. Die über diese Systeme stattfindende Regulierung der Aufnahme und Abgabe von Farbschwingungen ermöglicht eine physische, emotionale und mentale Regeneration sowie die Revitalisierung und Regeneration jedes Körperorganes und seines ätherischen Gegenstückes. Die Farbtherapie hilft, den menschlichen Organismus auf der körperlichen, mentalen und emotionalen Ebene in ein gesundes Gleichgewicht zu bringen. Diese Ausbalancierung durch die Macht der Farben fördert das persönliche Wachstum und die spirituelle Weiterentwicklung.

Die Prinzipien der Farbtherapie

Die Prinzipien der Farbtherapie erscheinen auf den ersten Blick recht simpel. Das heißt, viele Menschen, die etwas über die positiven und negativen Auswirkungen der Farben gelernt haben und sich in der Lage wähnen, diese Eigenschaften den spezifischen Chakras, die diese Schwingungen absorbieren, zuzuordnen, glauben, daß sie damit bereits Farbtherapie praktizieren können. Doch das ist ein großer Irrtum. Wie wir bereits betont haben, ist es *unbedingt* notwendig, mit jeder Farbe wirklich vertraut zu werden. Das heißt, man muß die Wirkungen jeder Farbe auf der physischen, emotionalen und mentalen Ebene genau kennen. Dadurch wird der Grundstein des Wissens gelegt, der Ihnen bei jeglicher zukünftigen Arbeit mit Farben von Nutzen sein wird. Doch dieses Wissen allein reicht nicht aus, um Farben verordnen oder mit Farben heilen zu können, noch sollte man auf dieser Basis anderen Menschen Farben empfehlen. Jeder Mensch ist ein einzigartiges Individuum und muß, gerade bei der Verordnung von Farben und der Anwendung von Farbtherapie, als solches gesehen und behandelt werden. Da die Bedürfnisse eines jeden Menschen verschieden sind, müssen die Empfehlungen und Verordnungen ganz persönlich auf diesen Menschen zugeschnitten sein.

Wie kann Farbtherapie angewandt werden?

Die wohl einfachste und einleuchtendste Methode, sich das gesamte Spektrum der Farben zuzuführen, ist der Aufenthalt im natürlichen Sonnenlicht, so wie es schon die alten Griechen und

Ägypter praktizierten. Leider ist es nicht immer möglich, die therapeutisch wirksamen Strahlen der Sonne zu empfangen, wenn wir es gerade möchten oder tatsächlich brauchen, und deshalb wurden Farbtherapiegeräte entwickelt, die diesen Zweck erfüllen. Diese Instrumente können auch bestimmte Farbstrahlen aus dem Spektrum herausfiltern und entweder auf den ganzen Körper oder nur einen Teilbereich projizieren.

Auf der physischen Ebene kann die Farbtherapie angewendet werden, indem man den Körper künstlich gefärbtem Licht aussetzt, das von eigens konstruierten Geräten abgestrahlt wird. Das von uns entwickelte ist ein tragbares Instrument, das etwa fünfzig Zentimeter hoch, fünfzig Zentimeter breit und dreißig Zentimeter tief ist und mit verschiedenen Farbfiltern betrieben werden kann (sowohl mit Glasfiltern als auch mit Plastikfiltern, wie sie gewöhnlich beim Film verwendet werden). Bei diesem Gerät kann das farbige Licht auch durch einen großen Kristall projiziert werden. Die Lichtintensität ist über ein Steuergerät einstellbar.

Andere Formen der Farbtherapie arbeiten mit mentaler Projektion, Meditation und Suggestionstechniken wie Visualisierung und Affirmation. Bei diesen Methoden, Farbe einzusetzen, nutzen wir unsere angeborenen, schöpferischen Heilkräfte, indem wir unser eigenes inneres Licht und die uns umgebenden universellen Energien anzapfen.

Jeder von uns ist mit der konstanten, unerschöpflichen Energiequelle der Erde und des Kosmos verbunden. Als bewußte, intelligente Menschenwesen können wir durch die regelmäßige Praxis stiller Meditationen lernen, diese Energien positiv einzusetzen. Wir werden bald erkennen, daß die Macht, Heilung zu bewirken, tatsächlich in uns selbst liegt, gewöhnlich aber in uns schlummert und erst erweckt werden muß. Das ist so, weil wir dazu neigen, Lösungen für unsere Probleme außerhalb von uns selbst zu suchen, anstatt nach innen zu schauen. Wir nehmen unsere Heilkräfte gar nicht wahr, und die meisten von uns sind eher damit beschäftigt, ihre eigene Kraft und ihre angeborenen Fähigkeiten zu untergraben. Diese Energie und Heilkraft konstruktiv einzusetzen bedeutet, daß wir die Möglichkeit und Fähigkeit haben, auftretende Krankheiten in großem Maß zu lindern und zu heilen, aber wir können diese Kräfte auch zur

Vorbeugung einsetzen. Im vorangegangenen Kapitel haben wir uns mit einigen Prinzipien der oben genannten Techniken beschäftigt, bei denen es um das Erkennen unseres eigenen inneren Lichtes und unserer Selbstheilungskräfte geht.

Dieses Buch beschäftigt sich hauptsächlich mit dem *Colour Reflection Reading*, und daher nimmt die Frage, wie Farben auf unsere Gefühle wirken, hier einen breiten Raum ein. Im Jahre 1987 führten wir beim *Living-Colour*-Institut den Begriff »Farbberatung« ein. Eine Farbberatung in unserem Sinne umfaßt ein *CRR* und die darauffolgende gründliche Beratung, die sich auf die hauptsächlichen Fakten, die während der Interpretation des *CRR* zutage treten, stützt. Bei der Farbberatung konzentrieren wir uns auf diese Bereiche separat, während dennoch gleichzeitig der allgemeine Zustand des Patienten stets einbezogen wird. Das Ziel des Farbberaters ist es, den Patienten zu unterstützen und zu ermutigen, indem er ihm durch eine Verbindung seiner beratenden Fähigkeiten mit Farbpsychologie und Farbbewußtheit hilft, unabgeschlossene Dinge in seinem Leben zu einem guten Ende zu führen.

Es gibt noch verschiedene andere Methoden der Farbtherapie, von denen einige in diesem Buch nicht erwähnt werden. Dazu gehören Körperübungen, Ernährung, Edelsteine und Kristalle. Diese Anwendungsmöglichkeiten können auch als alltägliche praktische Methoden mehr Farbe in unser Leben zu bringen, betrachtet werden.

Die Living-Colour-Methode

Wenn ein Klient zu einem *Colour Reflection Reading* in unsere Praxis kommt, bitten wir ihn, ein einfaches Formular auszufüllen, in dem grundlegende Einzelheiten über ihn und seine Farbvorlieben erfaßt werden. Wo es angebracht ist, geben wir im Verlauf dieser Sitzung Ratschläge zur Anwendung von Farben. Zusätzlich erhält der Klient eine Farbtherapiebehandlung auf der Basis der Farbe, die beim *CRR* als wichtigste Farbe zutage trat. Eine solche Sitzung dauert gewöhnlich eineinhalb Stunden.

Es gibt für den Klienten zwei Möglichkeiten der Farbbehandlung:

1. Eine Serie von *Colour Reflection Readings*, die im Abstand von drei Monaten im Laufe eines Jahres gegeben werden. Bei diesen Sitzungen werden der Zustand des Klienten und auftretende Veränderungen überwacht. Der Klient hat die Möglichkeit, zwischen den Sitzungen die erhaltenen Ratschläge in die Praxis umzusetzen.
2. Eine Serie von Farbtherapiebehandlungen.

Eine Serie von Farbtherapiesitzungen bei Living Colour

Bei einer solchen Behandlungsreihe kommt ein Patient einmal im Monat zu einer Farbtherapiesitzung. Eine komplette Serie dauert zwischen neun und zwölf Monaten. Bei der ersten »Orientierungssitzung« füllt der Klient ein Formular aus, in dem er Einzelheiten über seinen allgemeinen Gesundheitszustand, über gegenwärtige und früher erfolgte medizinische Behandlungen sowie seine Vorlieben und Abneigungen in bezug auf bestimmte Farben angibt. Danach erfolgt eine Beratung, um den Klienten auf die Serie von Farblichtbehandlungen vorzubereiten.

Vor der ersten Farblichtbehandlung wird eine Wirbelsäulen-Farbkarte erstellt. Zu diesem Zweck wird das ausgefüllte Formular unter eine Wirbelsäulen-Schablone gelegt. Diese benutzt der Farbtherapeut, um existierende Unausgewogenheiten oder Disharmonien aufzuspüren.

Bei der Schablone handelt es sich um eine gedruckte Abbildung der Wirbelsäule, wobei jeder einzelne Wirbel mit einer bestimmten Farbe assoziiert wird. Da die Wirbelsäule über das Nervensystem mit allen Teilen des Körpers verbunden ist, steht jeder Wirbel mit einem bestimmten Organ in Verbindung. Der Farbtherapeut spürt die Unausgewogenheiten der Farbenergien auf, indem er jeden einzelnen Wirbel »untersucht« (*Scanning*), während er das Bild des Patienten vor seinem inneren Auge sieht.

Beim *Scanning* fährt der Therapeut mit dem Mittelfinger über jeden einzelnen Wirbel, ohne den Patienten zu berühren. Unausgewogenheiten der Energien können sich als Kribbeln, Prickeln, heiße oder kalte Empfindungen bemerkbar machen, die dem Therapeuten zeigen, an welcher Stelle die Disharmonie besteht und welche Farbe notwendig ist, um den Mangel oder den Überschuß auszugleichen. Diese Untersuchungsmethode lernt man im Rahmen der fortgeschrittenen Stufen der Farbtherapie. Sie erfordert höchste Konzentration, vollkommene Stille und ausgeprägte Beobachtung. Die Wirbelsäulen-Farbkarten weisen auch auf die wichtigste Farbe hin, die bei der ersten Behandlung und allen folgenden Sitzungen durch das Farblichtgerät zugeführt werden muß. In Fällen, bei denen ein Klient nicht persönlich zu einer Farblichtbehandlung erscheinen kann, benutzt der Farbtherapeut das ausgefüllte Formular als Grundlage für eine geistige Farbfernheilung.

Eine Fallgeschichte

Vor einigen Jahren kam Sally zu uns ins *Living-Colour*-Institut, um zum erstenmal in ihrem Leben eine Farbtherapie zu erhalten. Sie hatte an der Außenseite ihrer rechten Brust eine runde Stelle von verhärtetem Gewebe (etwa vier Zentimeter groß) entdeckt. Diese Zyste war unansehnlich und machte ihr Sorgen. Ihr Facharzt hatte ihr zu einer chirurgischen Entfernung der Zyste geraten, damit sich aus diesem Gewebe kein bösartiger Tumor entwickelte. Sie war froh, zu wissen, daß sie keinen Krebs hatte, aber sie war dennoch unglücklich mit der empfohlenen Lösung, das heißt mit einem chirurgischen Eingriff. Das war der Zeitpunkt, zu dem sie uns aufsuchte. Sie wollte von uns wissen, ob eine Chance bestand, die Zyste durch Farbtherapie zu entfernen. Wir konnten ihr natürlich keine Garantie geben, aber wir versicherten ihr, daß wir tun würden, was wir könnten. Beim *Colour Reflection Reading* wählte unsere Patientin als erste Farbe Magenta, als zweite Grün und als dritte Blau. Diese Farben schienen ihre Persönlichkeit, ihre persönlichen Lebensumstände und ihre individuellen Bedürfnisse exakt widerzuspiegeln.

Im Verlauf ihrer Farbtherapiesitzungen, die sie über einen Zeitraum von neun Monaten erhielt, bildete sich das verhärtete Gewebe vollständig zurück. Während der Therapie empfand sie Magenta als wichtigste Farbe, die natürlich mit Grün ausbalanciert wurde. Nur bei einer Sitzung erhielt sie Grün als Hauptfarbe. Wir gaben ihr auch Farbatmungs-, Farbvisualisierungs- und Farbaffirmationsübungen, die sie zu Hause mindestens zweimal am Tag, morgens und abends, durchführen sollte. Wir baten sie, die Farben, die sie benötigte, in ihre Garderobe und ihre Wohnung zu integrieren. Durch die Anwendung der kreativen Farbtechnik wurde sie sich zunehmend der Wirkung von Farben in ihrem Leben bewußt und war in der Lage, ihren Zustand im Verlauf von neun Monaten kontinuierlich zu verbessern. So tat sie auch etwas zur Vorbeugung. Drei Monate später wurde sie im Krankenhaus untersucht, und obwohl die Zyste zu diesem Zeitpunkt noch nicht verschwunden war, hatte sie sich bereits um die Hälfte der ursprünglichen Größe verkleinert. Der Facharzt und das Krankenhauspersonal standen vor einem Rätsel. Nach neun Monaten suchte sie das Krankenhaus noch einmal auf, um sich bestätigen zu lassen, daß die Zyste vollständig verschwunden war. Und so war es tatsächlich. Der Spezialist sagte ihr, daß sie nun nicht mehr zu Nachuntersuchungen kommen müsse, es sei denn, die Zyste würde sich erneut bilden. Sie mußte ihn bis zum heutigen Tag nicht wieder aufsuchen.

Für Sally sowie für alle anderen Klienten, die wir behandelten, geht die Heilung weit über das Verschwinden der Symptome hinaus. Als sie ihre Serie von Therapiesitzungen beendete, wußte Sally sehr viel mehr über sich selbst und war sich der Ursachen, die zu ihrem Problem geführt hatten, und der dazu beitragenden Faktoren viel bewußter. Sie war in der Lage, ihr Problem zu lösen und seine Auswirkungen zu beseitigen. Aus diesem Prozeß gewann sie einige wichtige Einblicke in ihre eigene Persönlichkeit und verstand, wie sie dazu beitragen konnte, daß Unausgewogenheiten dieser Art in Zukunft gar nicht mehr auftraten. Überdies fühlte sie sich ganz allgemein sehr viel ausgeglichener und stärker. Sie stellte fest, daß sie besser mit Streß umgehen konnte und ein glücklicherer Mensch geworden war. Sie erkannte auch, daß ihre Krankheit als Katalysator für eine völlig neue Selbstwahrnehmung gedient hatte.

Neuntes Kapitel

Nachwort

Wir haben in diesem Buch einige der grundlegenden Prinzipien der Farbtherapie beschrieben und Wege aufgezeigt, wie man sie effektiv und praktisch anwenden kann, um mehr Farbe in das eigene Leben zu bringen. Wir haben über das *Colour Reflection Reading* berichtet, das ein wertvolles Instrument darstellt und als Basis für die Anwendung der anderen beschriebenen Techniken dient.

Unser Ziel bestand im wesentlichen darin, zu mehr Selbsterkenntnis und Bewußtheit zu ermutigen, indem wir versuchten, Ihre Sensibilität für Ihre eigenen Bedürfnisse mit Hilfe des Mediums Farbe zu erhöhen. Falls es in Ihrem Leben an Farbe mangelt, sagt man Ihnen vielleicht nach, »farblos« oder »ohne Ausstrahlung« zu sein. Indem Sie mehr Farbe in Ihr Leben bringen, können Sie Ihre Ausstrahlung und Vitalität verstärken.

Das *Colour Reflection Reading* hilft Ihnen, ein vollständigeres Bild Ihrer wahren Persönlichkeit zu erschaffen. Manche Menschen sagten, es sei, als ob sie in einen Spiegel blickten und das Spiegelbild ihrer wahren Natur in Farbe sehen würden. Wir hoffen, daß auch Sie beim Lesen dieses Buches begonnen haben, sich selbst in einem anderen, neuen Licht zu sehen, und wir wünschen Ihnen, daß das positive und wertvolle Veränderungen in Ihrem Leben auslösen wird.

Anhang

Bibliographie

Anderson, Jan: Colour Revolution, Anderson Press, 1981.
Babbit, Edwin: The Principles of Light and Colour, Citadel Press, 1967, 2. Auflage.
Birren, Faber: Colour, Marshall Editions, 1980.
Birren, Faber: Colour and the Human Response, Van Nostrand Reinhold, 1970.
Clark, Linda: The Ancient Art of Colour Therapy, Pocket Books, 1975.
Gawain, Shakti: Stell dir vor. Kreativ visualisieren, Rowohlt, 1986.
Hunt, Roland: Lighting – Therapy and Colour Harmony, C. W. Daniel, 1941.
Gimbel, Theo: Healing through Colour, C. W. Daniel, 1980.
Jackson, Carole: Colour Me Beautiful, Entdecken Sie Ihre natürliche Schönheit durch Farben, Hallwag, 1985.
Karagulla, Dr. Shafica, und van Gelder Kunz, Dora: The Chakras and the Human Energy Fields, The Theosophical Publishing House, 1989.
Lüscher, Dr. Max: Die Lüscher-Farben, Mosaik, 1989.
Ray, Sondra: Auch lieben will gelernt sein, Erd-Verlag, 1991.
Rossotti, Hazel: Colour, Pelican Books, 1983.
Tibbs, Hardwin: The Future of Light, Watkins, 1981.
Wilson, Annie, und Bek, Lillia: Farbtherapie. Farben als Schlüssel zur Seele und Mittel der Heilung, Scherz, 1988.
Wood, Betty: The Healing Power of Colour, Aquarian Press, 1984.

Living-Colour-Logo

Vielleicht hat unser Logo Ihr Interesse erregt. Ich habe es im Jahre 1983 nach einem Gemälde mit dem Titel *Manifestation* kreiert und als Teil meiner Abschlußarbeit im Rahmen meiner Farbtherapieausbildung vorgelegt. Dieses Bild soll auf symbolische Weise die Essenz der *Living-Colour*-Philosophie über persönliches Wachstum und menschliches Bewußtsein vermitteln.

Es gibt grundsätzlich fünf Hauptstufen der Manifestation, die alle lebenden Wesen auf ihrem Weg von der geistigen Welt in die grobstoffliche materielle Welt durchlaufen müssen. Jede Stufe stellt eine Evolutions- oder Bewußtseinsebene dar.

Unser »wahres Selbst« wählt bewußt, von den höheren Ebenen in die niederen, physischen hinabzusteigen. Auf der spirituellen Ebene senden wir die Idee aus, uns als menschliche Wesen zu inkarnieren, und dort beginnt unser Manifestationsprozeß, von dort aus beginnt unser Abstieg. Auf diese Weise wählen wir unsere Eltern, die individuelle Umgebung und die Lebensumstände, die unser individuelles Wachstum unterstützen und die wir für unsere Erfahrungen auf der Erde brauchen.

Die fünf Stufen der Manifestation sind: Dunkelheit, Licht, Farbe, Klang und Form.

Dunkelheit

Auf unserem Logo wird die Dunkelheit durch die schwarze Säule, die aus den Tiefen des Ozeans der universalen Energie aufsteigt, dargestellt. Dunkelheit, eine Energieform, die ihre eigene Berechtigung hat, ist der Pol, von dem ihr Gegenteil – das Licht – entspringen kann. Die Dunkelheit, das Unbekannte, wird hier als das Mysterium des Lebens gesehen – noch nicht physisch, aber von Spiritualität erfüllt. Aus der Dunkelheit entsprang das Licht.

Licht

ist das Spiegelbild unserer inneren und wahren spirituellen Essenz. Auf dem Logo wird das als Sonne dargestellt, die alles auf der Erde mit ihrem Licht bestrahlt und Leben bringt. Das Licht gebiert alle biologischen Formen, Pflanzen, Tiere, Menschen und sogar Mineralien. Es ist das Licht in uns, das ständig reine Liebe ausstrahlt und ausdrückt. Und das ist auch der Zweck unseres Abstiegs in die materielle Welt: lieben zu lernen.

Wenn die extremen Kräfte des Universums, Dunkelheit und Licht, aufeinandertreffen und sich vereinen, entspringen aus dieser Vermählung die Farben. In der Natur können wir dies bei der Entstehung eines Regenbogens am Himmel betrachten.

Farbe

Die Farben sind in unserem Logo als Regenbogen dargestellt, der im Himmel entspringt und zur Erde hinabstrahlt. Er ist die Brücke zwischen der spirituellen und der physischen Welt. Wenn Dunkelheit und Licht aufeinandertreffen, entsteht Farbe. Farbe wird zu einer natürlichen ausgleichenden Kraft, die als machtvolles Mittel für Heilungszwecke dienen kann. Farben unterstützen unsere Entwicklung, helfen uns, unsere feinstofflichen Körper zu formen, so daß wir, wenn wir uns schließlich auf der physischen Ebene manifestieren, besser in der Lage sind, unser inneres Wesen auszudrücken. Auf dieser Stufe sind wir reine Lichtwesen, das heißt, wir haben uns noch nicht auf der physischen Ebene manifestiert. Wir müssen uns zuerst durch jede der acht Farben des Spektrums von Rot bis Magenta weiterentwickeln, um die nächste Entwicklungsstufe – Klang – erreichen zu können.

Klang

Wenn wir durch die Stufen der Farben hinabsteigen, werden die Lichtschwingungen allmählich immer dichter. Wenn Farbe aufhört, Farbe zu sein, und statt dessen zu Klang wird, bewegt sich dieser zunächst als unhörbarer Klang durch die Atmosphäre, um dann, wenn die Schwingungen langsamer und dichter werden, zu hörbarem und schließlich zu »erstarrtem Klang« zu werden. Auf dem Logo ist der Klang als Energiewirbel, die sich mit den Kräften des Universums bewegen, dargestellt.

Form

Aus dem erstarrten Klang entsteht feste, physische Materie. Erstarrter Klang verfestigt sich weiter, bis er schließlich zu sichtbarer, greifbarer und dauerhafter Masse wird. Auf dieser Stufe manifestiert sich zum erstenmal Form, entstehen feste Körper. In dem Logo wird dies durch die Erdenlandschaft symbolisiert.

Die gesamte Szenerie des Logos ist in Form eines Pentagons dargestellt. Es hat fünf Seiten, von denen jede eine Stufe der Manifestation repräsentiert. Es ist außerdem das Symbol für universale Ganzheit, Einheit und Liebe. Jeder Seite des Pentagons ist eine Farbe zugeordnet. Obere linke Seite: Grün, obere rechte Seite: Magenta, linke Seite: Gelb, rechte Seite: Blau, Unterseite: Rot. Diese Farben stehen in Verbindung mit den fünf Elementen: Rot mit Feuer, Gelb mit Luft, Grün mit Erde, Blau mit Wasser und Magenta mit Äther.

Dorothy Sun

Eine Bemerkung über Sun Yat-Sen

In China glaubt man, daß alle Menschen mit dem gleichen Nachnamen verwandt seien. Falls das wahr ist, dann regierten meine Vorfahren das größte und mächtigste der drei chinesischen Königreiche (222–280). Die damalige Hauptstadt war Nanking, wo auch der Familientempel meiner Vorfahren steht. Dort befindet sich auch das Mausoleum meines Urururonkels. Sun Yat-Sen (1866–1925) wurde in der Provinz Kwangtung geboren und erhielt seine medizinische Ausbildung in Hongkong. Als er seine Ausbildung 1892 mit dem Staatsexamen abschloß, änderte er seinen Vornamen von Tai-Cheong in Yat-Sen, was soviel bedeutet wie »unkonventioneller oder freier Geist«. Er hatte moderne Ansichten, die seine Antwort auf Chinas Leiden darstellten – die Idee zur Gründung einer demokratischen Republik.

Er war eine der treibenden Kräfte für den Fall der letzten chinesischen Dynastie – der Ching-Dynastie –, die nach elf erfolglosen Umsturzversuchen schließlich zusammenbrach. Während seiner Versuche, aus China eine demokratische Republik zu machen, war sein Leben ständig bedroht. Heute ist er bekannt als der »Vater des modernen China«, der im Jahre 1911 der erste Präsident der Republik China wurde.

Im ersten der Laubengänge an seinem eindrucksvollen Mausoleum findet man die Inschrift »Universelle Liebe«. Diese Worte spiegeln wider, was er dachte und glaubte. Ich glaube, daß er ein ganz besonderer Mensch war, der die Leiden seines Volkes erkannte und mit tiefem Mitgefühl auf sie reagierte. Sun Yat-Sen widmete sein Leben der Aufgabe, dem chinesischen Volk zu helfen, seine Würde wiederzugewinnen. Ich hoffe, daß ich auf meinem eigenen Weg als Lehrer und Therapeut mit meiner Arbeit diese Tradition fortsetze – denn tief in meinem Herzen glaube ich, daß wir wirklich verwandte Geister sind.

Howard Sun

Weitere Informationen über Living Colour

Wenn Sie mehr über *Living Colour* erfahren möchten, können Sie uns schreiben. Geben Sie bitte ihren persönlichen Interessenbereich an und fügen Sie Ihrem Brief einen adressierten Rückumschlag bei:

Living Colour
33 Lancaster Grove
Hampstead
London NW3 4EX

Ausbildung
Wir bieten eine Reihe von Seminaren an, in denen wir die Prinzipien der Farbtherapie vermitteln. Die Seminare beginnen stets mit dem Viertageprogramm *Colour Your Life* (Bring Farbe ins Leben).

Therapie
Wir bieten Einzelsitzungen an. Diese können ganz unterschiedlich gestaltet sein und beginnen immer mit einem *Colour Reflection Reading*.

Zubehör
Wir liefern eine kleine Auswahl von Produkten wie beispielsweise ein Set stabiler Farbkarten für das *Colour Reflection Reading*, Farbmustermappen, Tageslichtglühbirnen, Farblichtgeräte und Stifte. Falls Sie Mitglied der *Living Colour Association* werden möchten, so teilen Sie uns das bitte in Ihrem Brief mit.

Unser Informationsmaterial, das alle Einzelheiten über die Möglichkeiten der Ausbildung zum Farbberater oder Farbtherapeuten sowie Informationen über alle unsere Dienstleistungen und Produkte enthält, können Sie über die oben genannte Adresse beziehen.

Verlag Hermann Bauer · Freiburg im Breisgau

Erika J. Chopich und Margaret Paul

Aussöhnung mit dem inneren Kind

5. Auflage, 251 Seiten, gebunden
ISBN 3-7626-0455-X

Das Buch zur Aussöhnung mit dem inneren Kind: Techniken zur Hilfe und Selbsthilfe. Wie können wir den Kontakt zu dem Kind in uns herstellen? Die Autorinnen Chopich und Paul zeigen, daß der erste Schritt zu geglückten Beziehungen die Aussöhnung mit unserem inneren Kind ist. Erschließen Sie sich die Quelle von Lebensfreude und Kreativität! Werden Sie Ihrem inneren Kind ein liebevoller Erwachsener! Dieses mit großer Spannung erwartete Buch gibt Ihnen dazu eine Fülle von Anregungen und Einsichten. Ein mit Einfühlung und Sachwissen geschriebener Ratgeber für alle, die innere Ganzheit anstreben, in eine persönliche Krise geraten sind oder Menschen in Krisen beraten.

Dr. Margaret Paul, Autorin mehrerer Bücher, arbeitet seit mehr als zwanzig Jahren in der Nähe von Los Angeles als Psychotherapeutin mit eigener Praxis. Zudem gibt sie Seminare an vielen Orten der Vereinigten Staaten.

Auch *Dr. Erika Chopich* ist als Psychotherapeutin in eigener Praxis tätig. Sie entwickelte zusammen mit Dr. Paul die als *Inner Bonding Therapy* bezeichnete Therapieform und lebt derzeit in Santa Fé, USA.

Verlag Hermann Bauer · Freiburg im Breisgau

Verlag Hermann Bauer · Freiburg im Breisgau

David Carroll

Laßt die Kinderseele wachsen

Ein Elternbuch der spirituellen Erziehung

2. Auflage, 375 Seiten, kartoniert
ISBN 3-7626-0467-3

Wie kann ich meinem Kind in der heutigen Gesellschaft eine spirituell orientierte Erziehung geben? Wie kann ich ihm beim Hineinwachsen in die Welt helfen? Was tun, wenn mir dabei die herkömmliche Religion zu eng geworden ist?

Dieses Buch beantwortet Ihnen diese Fragen!

Sie erfahren,
- wie Spiritualität in die alltäglichen Beschäftigungen integriert werden kann;
- wie Sie Güte, Selbstlosigkeit, Liebe und Achtung vor allem Lebendigen lehren;
- daß auch Disziplin und Strafe durchaus dazugehören;
- in welcher Form der Tod als natürlicher Prozeß dem Kind nahegebracht werden kann;
- wie die psychischen Anlagen des Kindes entfaltet werden können;
- wie schon in jungen Jahren Meditation, Stille und Achtsamkeit als Wege zur inneren Kraft gepflegt werden können.

Wenn Sie die in diesem Buch geschilderten Lektionen in die Tat umsetzen, so werden Sie Ihrem Kind zur Entdeckung seines eigenen Potentials verhelfen. Lassen Sie sich in Ihrer Aufgabe von diesem neuen Elternbuch unterstützen!

Verlag Hermann Bauer · Freiburg im Breisgau

Verlag Hermann Bauer · Freiburg im Breisgau

Huston Smith

Eine Wahrheit – viele Wege

Die großen Religionen der Welt

470 Seiten, gebunden; ISBN 3-7626-0465-7

Eine Wahrheit, viele Wege, mit 1.500.000 verkauften Exemplaren Bestseller in den Staaten, will den interessierten Laien mit den großen spirituellen Traditionen der Menschheit vertraut machen und zeigen, wie diese Weisheitslehren in das menschliche Leben hineinwirken. Ungemein lebendig und direkt wird hier die zugrundeliegende Einheit, die gemeinsame kosmische Quelle aller Religionen sichtbar gemacht.
Erklärte Absicht des Autors: nicht trockene Daten und Fakten zu vermitteln, sondern Verständnis, Einfühlung, Wissen zu mehren und Toleranz zu wecken für die Vielfalt der Wege, denn »alle Wege führen zum Gipfel«.

»Das hilfreichste Buch seiner Art auf dem Gebiet der Religion . . .« *Library Journal*

Huston Smith, als Sohn eines amerikanischen Missionarsehepaars in China geboren und aufgewachsen, ist ein den USA sehr bekannter und beliebter Religionsphilosoph. Mehr als dreißig Jahre Lehrerfahrung an verschiedenen Universitäten und Hochschulen der USA flossen in seine Bücher, Artikel und Filme ein. Derzeit lehrt Huston Smith als Gast-Professor in Berkeley, Kalifornien.

Verlag Hermann Bauer · Freiburg im Breisgau

Verlag Hermann Bauer · Freiburg im Breisgau

Gertrud Hirschi

Yoga für Seele, Geist und Körper

269 Seiten mit 581 Zeichnungen, gebunden
ISBN 3-7626-0463-0

Mit diesem neuartigen Yoga-Buch können Sie

- körperliches Wohlbefinden, eine neue Berufskarriere oder einen streßfreien Alltag erreichen,
- Ihre Spiritualität besser zum Ausdruck bringen,
- mehr Tiefe in Ihrer Meditation finden,
- Ihre Lebenskräfte steigern und
- Ihre Beziehungen verbessern.

Es zeigt Ihnen, wie Sie das »Glücklichsein« und das »Glückhaben« im Jahreszyklus selbst erarbeiten und weitgehend beeinflussen können. In 52 Wochenthemen werden die verschiedensten Aspekte des Lebens angesprochen. Die Körperübungen – ausgewählt nach dem neuesten Stand medizinischer Erkenntnisse – garantieren Ihnen ein rückengerechtes Üben. Ganzheitlich angelegte Übungsfolgen, nach alter Yoga-Tradition verbunden mit positiven Visualisationen und Affirmationen, geben auch Ihnen die wunderbare Chance, eine neue Haltung dem Leben gegenüber zu finden.

Mit 580 Illustrationen des indonesischen Künstlers
Ito Joyoatmojo.

Gertrud Hirschi, gebürtige Schweizerin, ist Yogalehrerin des Berufsverbandes Deutscher Yogalehrer (BDY) und dort derzeit als Ausbildungs-Moderatorin und Buchrezensentin aktiv. Sie unterrichtet Yoga nach den modernsten medizinischen Gesichtspunkten. Seit zwölf Jahren leitet sie eine sehr erfolgreiche Yogaschule in Zürich.

Verlag Hermann Bauer · Freiburg im Breisgau